教英文，跨文化

大學英文課裡的多元文化教學

主編 黃淑真

書經國立政治大學出版委員會
文學門之編輯委員會審查通過
教育部資訊及科技教育司辦理補助

國家圖書館出版品預行編目(CIP)資料

教英文、跨文化：大學英文課裡的多元文化教學 / 柯宜
中等作；黃淑真主編. -- 再版. -- 臺北市: 政大出版社出
版: 政大發行, 2017.08
　　面；　公分
　　ISBN　978-986-95436-0-6（平裝）

1. 英語教學　2.高等教育　3.文集

805.103　　　　　　　　　　　　　　106016061

教英文、跨文化：
大學英文課裡的多元文化教學

主　　編｜黃淑真
作　　者｜柯宜中、許麗媛、陳彩虹、黃淑真、
　　　　　廖美玲、趙子嘉、蔣宜卿、賴宇彤、
　　　　　謝瑤玲、蘇靖棻

發 行 人　周行一
發 行 所　國立政治大學
出 版 者　政大出版社
計畫助理　劉冠琳
責任編輯　康恆銘
封面設計　鄭宇瑩
執行編輯　林淑禎
地　　址　11605臺北市文山區指南路二段64號
電　　話　886-2-29393091#80625
傳　　真　886-2-29387546
網　　址　http://nccupress.nccu.edu.tw

經　　銷　元照出版公司
地　　址　10047臺北市中正區館前路18號5樓
網　　址　http://www.angle.com.tw
電　　話　886-2-23756688
傳　　真　886-2-23318496
郵撥帳號　19246890
戶　　名　元照出版有限公司

法律顧問　黃旭田律師
電　　話　886-2-23913808

初版一刷　2017年8月
定　　價　360元
I S B N　9789869543606
G P N　1010601400

政府出版品展售處
• 國家書店松江門市：104臺北市松江路209號1樓
　電話：886-2-25180207
• 五南文化廣場臺中總店：400臺中市中山路6號
　電話：886-4-22260330

目　次

第三部分　異中求同：文化能力評量與共同線上課程

序一

　　政治大學今年欣逢 90 週年校慶，各項慶祝活動除了讓我們有機會回顧過去，緬懷前輩創校的理想，細數各學院作育人才、發展學術的軌跡，表彰校友們在社會各界的貢獻之外，也讓我們有機會審視自己所處的多變且競爭的國際環境，思考我們教育的理想該如何落實，以因應外在環境的變化。

　　政大向來以其人文、外語、社會、傳播、商學、法律等領域見長，不同於國內多數偏重理工科系的頂尖大學。許多我們的學生畢業之後在政府部門、工商企業擔負管理與溝通協調的責任，且不少這類的責任都牽涉到跨國、跨文化的溝通，需要優良的外語能力與國際觀的涵養，也就是現今我們在培養學生核心能力時所強調的國際移動能力。

　　對我們的學生來說，在學時養成上述能力當然是根本且必要的修煉，英文課程正是同時加強語言能力與跨文化溝通能力的最佳場域。政大學生因其人文社會領域屬性，在入學時多有不錯的英文程度，多年來校內新生英文跳修資格始終維持在學測英文科最高的 15 級分及指考英文科 90 分上下。但政大對學生國際移動能力的要求絕不僅止於紙筆考試的高分，我期許政大學生都能具備良好的外語說寫溝通能力，未來能在自己的專業上成為不為國界限制的國際專業人士。

　　外文中心負責本校全體學生的外語教育，在提供 20 來種多元外語課程的同時，英文仍是需求最大的課程。欣見外文中心的教師群，響應教育部的「多元文化語境之英文學習革新課程計畫」，投注人力在過去兩年及未來一年半間執行這個全校型的課程計畫，將他們原本在英文課中融入的跨文化教學實務往前推進,以個別教案為單元做清楚、完整且專業的表述,以專書出版的方式將他們的外語教學專業現場深入淺出地呈現出來。就像本校商學院在致力於哈佛商學院個案研討的教學之外,致力於撰寫本地企業的個案研究一般。本書中這些教學個案乃是結合了研究的理論與教學的實務,實踐在複雜多變的教學現場,因此呈現出豐富的訊息,提供教師精進教學的思考與參考素材。相信外文中心的教師們希望以此拋磚引玉,以專書不受時空限制的傳播形式,形成教師專業社群間良性的改進循環,形塑高等教育中優質的教學文化。當然,校外相關領域專家在本書的論述,也更厚實了這本討論文化與語文教育的專書,衷心感謝。

　　希望讀者們透過閱讀本書的過程,參與感受教師作者群的教學改進過程,更期許我們大家的努力,都能成就具備優良英語能力及跨文化能力的下一代。

國立政治大學校長

序二

　　在上個世紀末，國內針對大學英語教育的建言多著重於以文學陶冶語文，或側重在聽說讀寫能力的培養，到了 21 世紀初，學者專家則轉為關注英語學習如何與學生專業領域結合，進而協助學生銜接職場或進行專業領域的鑽研。於是，各種不同的「專業英語」課程應運而生，成為大學英語教學的新課題。此種改變跳脫文學或語言的選擇，而視英語為吸收知識的工具，是知識網路化的時代必然的發展。

　　大學英語教學除了內涵的改變外，近年來各校也在英語課程時數及權責單位上有了不同的思考。在某些大學，傳統大一修習的大學通識英文也延伸到大二以上，且多數學校將大學共同必修英文自外文或英語相關系所獨立出來，由專責單位（如語言中心、外文中心或共同教育中心）負責規劃及安排課程，希望在專責單位的督導下，課程及學習品質得以提升。此外，各種協助學生提高英語能力的措施也應運而生，如英語能力檢測的推動及畢業門檻的設立，雖然這些將學習與測驗畫上等號的品管機制對於培養 21 世紀公民的國際競爭力不見得有正面效益，但這些都顯示出各大學對於學生英語能力的重視。再者，受到全球化的影響，大學生的國際移動力增強，校園國際化趨勢逐漸明顯，因此大學生的跨語言、跨文化溝通能力更形重要。英語也儼然成為大學不同領域的教學語言（medium of instruction）。英語的工具性及溝通性增強，也意味著大學通識英語課程正面臨另一波的改變。

　　教育部於 103 年起補助辦理「多元文化語境之英文學習革新課程計畫」，其目的除了提昇學生英語溝通表達能力外，更強調多元文化的學習。政治大學是這個計畫的重鎮,除了協助教育部執行及推廣此項英文學習革新計畫外,校內外文中心更在中心主任領導下,邀請國內英語教學與跨文化溝通學者到校演講交流,推動教師社群專業成長,本書正是這項社群經營的成果,其內容包含政大校內參與大學英語教學之專任及兼任教師的教學經驗及教案分享,也包含校外鑽研英語教學與文化溝通學者之研究及教學實務交流。書中分享的多種跨時空、跨文化,及跨媒體的英語教學活動,豐富了大學生的學習經驗,讓學生在教室裡也能藉著英語的使用,將視野延伸到世界,並更清楚了解自己的世界,這是文化與語言融合的典範。英語的學習打破了時間及空間的藩籬,學生藉著英語的使用認識自我,也認識他人,多元尊重從認識開始,這應是 21世紀地球村的溝通法則。

這一本書的出版提醒大學英語教學者應自現實生活中及文學、文化、科技尋找教學元素,這是大學英語未來的方向,也希望藉由這樣深度的主題式教學個案呈現,激發我們英語教學領域的學者教師們,進行更多深耕教學現場的多元思考。

臺師大英語系教授
兼共教委員會外文教育組主任

1

導論：
大學英語教育及培養地球村公民的理想

黃淑真 [1]

一、背景：大學英語教育的兩難

　　國內英語教育在過去 20 多年來，持續地向下延伸，早年自國中方才啟動的英文課程，在歷經數次改革後，已成為小學生的必修科目，所有學生在 12 年的國民教育階段，自國小、國中到高中循序漸進，依著教育部頒布的共同課程綱要，修習英文以具備國際公民基本的識讀與溝通能力。然而在同樣的 20 多年間，大學端的英語教育規範似乎沒有太大的改變，高等教育階段學科專業分流，英文不再是所有學生的主科，加以教育資源有限，學生進入大學後往往再修習一兩年的必修課，就完成了學制內所有的英語教育。

　　雖然大學英語教育的量沒有經歷中央政策自上而下的重大變化，但大學英語教育的質卻隨著大環境的變遷而逐漸產生了一些改變。舉例來說，隨著教材的多元發展，文學作品不再是語言學習的主要載體，工商經濟的繁榮也促使英文教育有了實用導向的追求，因此不光是技職體系將英語教學導向與學科結合的專業英文（English for specific purposes），發展出商用、科技、新聞、餐飲等針對職場需求而設計的類別，某些綜合型大學也試圖將英語教育帶往類似的方向。另外，為了因應日益提高的學術出版需求，大學部或研究所階段也有許多學術英文（English for academic purposes）寫作、聽講的課程，以教導學生熟悉

1　作者為國立政治大學外文中心專任教授

學術文類的特性，進而能將自己的研究以研討會口頭報告或書面論文的形式發表。不過這樣的改變並不是全面性的，很多大學裡的英文課程還是維持著博雅教育（liberal arts）的基本精神，不進行專業分科，也就是保有通用目標的英文教育（English for general purposes）。

上述的現象點出了大學教育在體制上與中小學教育的不同，大學享有較高的學術自由，大學教師在規劃課程上負有較大的責任，也因此大學裡沒有教育部制定的共同課綱。正因為如此，大學端的英文教育在各校之間不太容易找到共同的標準與一致的作法。某些大學給予教師很大的自主權，個別教師可以自選教材、自訂評量方式，自行為學生量身打造理想的學習經驗；有的大學則選定共同的教材，準備相同的考題，設計類似的教學活動，讓學生的學習經驗不會因為教師不同而有太大的差異。

教師自主與中央控管各有優點，前者讓學有專精且具教學熱誠的老師可以依自己專長與喜好充分發揮，後者則是較有機會維持教學內容的一致性，在討論整體教學品質的維繫時，較能清楚表述，以面對外界可能有的質疑。然而兩者也各有代價，充分的教師自主較易流於自由心證，整體教學成效在評鑑（program evaluation）時，容易受到挑戰，特別是近年來社會及高等教育大環境越來越重視績效與問責（或說品質保證，也就是英文中常說的 accountability），標準化的數字、外部測驗的成績成為證明績效的捷徑，深刻的教學理想若不能以量化數據表現，常常不易得到管理單位或是外部的認同，如果此時還發現不同班級之間在學習分量上、評分標準上有大幅的差距，就更容易產生問題。從另一方面來看，中央控管的代價是教師間必須進行更多的溝通與協調，這在繁忙的教學工作中為教師帶來了額外的時間成本，個別教師的教學若受限於整體的標準與框架，創意亦較難發揮。再者，即使窮盡力量要使不同教師間開授的課程一致，由於老師們的風格、理念、經驗多所差異，不同班級間的學生學習經驗在現實中也是不可能沒有差異的。以上大學英語教育的兩難，需要英語教學專業人員考量教育理念、組織文化，再經權衡取捨，方能在教師自主與品質保證的天平兩端間取得平衡。

二、政大英語教育過去三十年來的發展

以政治大學來說，早年的校訂必修英文課多被歸類為共同科目，使用校內英文系授課老師共同編寫的英文讀本，以閱讀為培養學生能力的主要途徑。到了民國 80 年代，視聽教學法漸漸風行，校方購置語言教室設備，並在讀本課程之外，加入在語言教室進行的英文聽講訓練，增加學習時數，以優質的聽力教材創造更好的語言學習環境。在那個年代，學生們多半只有在英聽課才有機會聽到英文，藉由教材的反覆播送加強英文聽力，並經模仿以訓練發音及語調，當設備較為進步時，學生還可用卡帶將老師播放的教材拷貝，以帶回家做更多的練習。當時的英文聽講課程即由校級單位——語言視聽中心負責，除英文系的學生之外，所有其他學系的學生接受一小時兩學分的英聽訓練，教師們使用相同的教材，共同為每學期的期中、期末考試編寫試題及錄音，由於參與學生眾多，課程時段不同，為維持考試公平性，教學團隊每次均為不同時段的考試設計多套題目，其中還包含全體的共同考題，和個別教師設計給自己班級的題目。

民國 92 年起，政大的英語教育開始了一波歷經數年漸漸成形的改革，課程的架構從過去的「大一英文」加上「英語聽講實習」變成了一系列的「大學英文（一）、（二）、（三）」。民國 93 年，原來的語言視聽中心轉型為外文中心，開設全校英文課程的職責逐步自英文系移至外文中心，聽講課程亦自民國 95 學年取消，至此政大的英語教育脫離英文系的權責範圍，全校英文課程改由外文中心的教師們負責，進入了一個新的階段。

此後政大校訂英文課程歸屬在校訂通識教育（含有中文、外文、自然、社會、人文等）的外文通識中，學生在修業期間必須修習 4 至 6 學分的大學英文，課程涵蓋「大學英文（一）」、「大學英文（二）」及「大

學英文（三）」，每門課兩學分，（一）與（二）組成一年期的必修課，整合聽、說、讀、寫各種語言技能的訓練，各授課教師間不再使用共同教材，也不再舉行共同會考，改以「外國語文類通識課程指標」作為各自設計與執行課程的共同依據。選修的「大學英文（三）」為通過「大學英文（一）、（二）」必修課後方可修習的單學期課程，由中心教師們依各自專長開設，共有 20 多種不同的課程內容，例如特定主題的商用英文、新聞英文、讀小說學英文、看電影學英文，或加強特定技能的英文寫作、聽講訓練、英文簡報等等，學生可依自身需求與興趣選修。

　　民國 99 年至 100 年間，為反映及落實逐漸在大專校院間被重視的通識教育博雅精神，外文中心申請政治大學校務發展研究計畫，由外文中心及英文系共 7 位教師共同執行，進行了大學英文課程指標修改的工程，在前後近一年的時間中，邀請各校學者專家及校內第一線教師參與討論，探討大學英語教育的理想與可能，將民國 93 年訂定的「外國語文類通識課程指標」進行全面性的修改，制定「國立政治大學大學英文課程指標」（指標有中英文版，如附錄所示）。

　　新的指標納入校內「通識教育準則」及「政大核心能力一覽表」兩份正式文件中所揭櫫的教育精神，將原本以語言技能為主軸的課程指標，更改為將英語學習與通識精神結合的理想，於是英語文能力的聽、說、讀、寫各項指標與另外三大類的通識能力指標並列。這三類通識能力包括：1）學習態度與方法、2）邏輯思考判斷與創造力、3）文化涵養、社會責任與國際觀。這份文件成為授課教師在課程設計與執行上共同依循的準繩。在各種語言與通識能力指標的闡述之外，文件中還加入了課程宗旨的表述、教學活動的建議及課堂活動整合的範例等，期能以此提供所有任課教師清楚一致的方向，並留予教師們發揮個人創意與教學專長的空間。

　　民國 100 年修訂完成的大學英文課程指標，隨即公告予所有授課教師，惟在政大自由的學風下，課程指標這份文件仍留給個別教師很大的詮釋空間，加以修訂過程並非所有教師參與，共識的凝聚未能十分全面，每年又有教師來來去去，同樣一門大學英文課，分由十數位甚或數十位教師授課時，班級與班級間在教學內容與教學方法上的歧異，仍是教學單位在面對外界、確保一致的教學品質時必須面對的嚴肅挑戰。值此之際，教育部資訊科技司在民國 103 年向各大專校院發布「多元文化語境之英文學習革新課程計畫」徵件通知，帶來了改變的契機，使我們有機會在大學英語教育的鐘擺上，從偏向教師自主的座標再略為擺盪回具統一標準的方向，創造課程教師間「異中求同、同中存異」的可能，為我們課程追求更為齊一的發展方向與品質。

三、執行教育部全校型課程計畫帶來的機會

以上簡短的歷史回顧中，可看到政治大學的英語教育自二、三十年前的共同教材、全校會考的硬制度，鬆綁至近十數年由教師自行詮釋、設計、執行課程的軟指標。而自 103 年起，藉著執行教育部這項計畫，政大的英文教育有了新的改變契機。

根據教育部辦理補助「多元文化語境之英文學習革新課程計畫」徵件須知，計畫的目的為「提升學生英語溝通表達能力，並深化專業知識與多元文化之學習，建構優質脈絡化英語及文化之學習環境，以培育世界公民為目標」。計畫的主軸——英語表達能力及文化學習，原本就是政大大學英文課程指標中載明的理想，是我們充分認同且許多教師已執行多年的方向。我們所欠缺的只是整體的、跨班級系統性的作法，以及所有授課教師充分的協力參與。

走回共同教材、統一會考的生產線老模式雖然簡單明確，很容易以量化指標表現教學成效，但犧牲的會是課程的多元發展、教師的創意教學和通識教育中難以量化的理想，我們希望能有更好的選項。

如何保有崇高的教學理念、又能滿足外界問責的壓力，是這份教育部全校型課程計畫帶給我們的課題，因此在計畫執行的初期，我們謹慎地商討，為了在執行計畫的過程中，達成課程的異中求同，及保留寶

貴的教師自主，在計畫第一年我們決定穩紮穩打地進行漸進式的課程革新，避免大幅改革可能帶來的問題，確立了以下幾個執行方向：

（一）延續教師社群的經營、製造對話和建立共識的機會

自 99 年開始，外文中心即在校內教學發展中心的推廣下，開始了內部自發的教師社群經營，一學期中安排數場教學研究分享會，利用週間午餐時分，輪流由內部教師自選英語教學的研究或教學實務為主題，向其他同仁報告分享自己的作法與心得，每次的分享會在問答時間都有許多深度、熱烈的討論。若干年下來，教師間因為有了這些詳述及討論自己教學與研究工作的機會，慢慢建立起共同的語言，很容易進行各種專業英語教學議題的交流、相互學習，並溝通理念。

有了教育部計畫的經費，我們決定將內部教師們的午餐約會擴充至政大以外，邀請校外專家學者參與，持續我們的教師社群專業成長。計畫執行至今滿兩年，每學期平均有三至四位英語教學各次領域學有專精的資深教師受邀，參與的教師們都深感獲益良多，表 1 揭示我們在計畫執行至今兩年間，教師成長社群邀請的講者與講題。

表 1　計畫期間教師社群邀請校外專家演講列表

場次	日期	邀請專家學者	主題
104 學年度			
1	104/10/12	林惠芬教授 國立清華大學外語系 葉錫南副教授 國立臺灣師範大學英語學系	大學英文課程規劃與革新
2	104/11/16	姜翠芬教授 國立政治大學英國語文學系 胡潔芳教授 臺北市立大學英語教學系	線上課程製作經驗分享
3	104/12/14	黃馨週教授 國立海洋大學應用英語研究所	跨文化交流計畫融入大一英文課程之心得分享

場次	日期	邀請專家學者	主題
4	105/03/21	Irene B. Wong 國立政治大學教學發展中心顧問	English as Mandatory Graduation Requirement in U.S. Universities: Themes for Reflection for Language Curriculum Design in Taiwan
5	105/05/09	李思穎教授 國立臺灣科技大學應用外語系	Joining the 'Literacy Club': When Reading Meets Blogging
6	105/05/23	廖美玲教授 國立臺中教育大學英語學系	Understanding Technology-Mediated Intercultural Meaning Co-construction via a Sociocultural Approach: Voices in Telecollaborative Digital Story Writing
105 學年度			
1	105/09/29	孫于智教授 國立交通大學英語教學研究所	Content-based Flipped Language Classrooms
2	105/10/24	楊育芬教授 國立雲林科技大學應用外語系 國立雲林科技大學語言中心	翻轉吧！英語教學 Flip My Class!
3	105/12/05	蘇以文教授 國立臺灣大學寫作教學中心 國立臺灣大學語言學研究所	臺大寫作中心經營經驗分享
4	106/03/23	柯宜中副教授 元智大學應用外語系	跨文化溝通能力怎麼教？Develop Intercultural Communicative Competence in Language Courses
5	106/04/17	趙子嘉教授 明新科技大學應用外語系	跨文化溝通中的語言與文化：研究趨勢與未來方向
6	106/06/05	洪紹挺教授 國立臺灣科技大學應用外語系	當英語教學與研究遇上影音科技

（二）以課程中的教案為單位、發展文化融入語言學習的教學

　　全校型課程計畫的執行，牽涉到為數眾多的專兼任老師以及所有上課的學生，在原本自主教學的大環境下，光是溝通執行理念以確保大家有一致的方向就不是一件容易的工作，若沒能讓教師認同，又在執行初期就強求太多或大幅的改變，只怕會讓參與的教師們感到壓力或焦慮，

反而會打亂教師們原有的教學步調，帶來負面的影響。

　　因此身為計畫的實質負責人，筆者本著多年相處，對同仁優質教學的了解，以及秉著初期緩步導入，不過度介入與干預的原則，決定以課程中的教案為執行計畫的單位試金石，先與少數幾位同仁討論如何以教案達成計畫的理想，各自搜尋本身課程大綱中已有的文化元素，再討論可行的調整方向，試寫兩份跨文化主題的教案，再經共同修改，以確立必備的教案內容，分別是教案概述、執行時間表、語言輸入（學生聽、讀的教材）、輸入／產出的關聯（在此說明要求學生說、寫的內容，及其與聽、讀教材間的關係）、給學生的作業說明以及評量方式等，同時將這份教案在整門課程中的分量訂在 15% 至 30% 之間，使教師們仍可保留大部分教材選擇及教學方法的自主。

　　教案範例與格式寄給所有授課教師後，我們便召開了全體授課教師的會議，向老師們說明，請大家找出原本既有、已熟悉或常用的文化教學元素，整合到學生平日聽、說、讀、寫的訓練中，以共同的格式表述、闡釋自己的理念與做法。學期開始之初預留教師們準備的時間，之後再請老師們陸續繳交完成的教案，並約定學期結束時舉辦聯合教學展演，以完整展現我們的教學成果。全體 18 位專兼任教師一共完成了 18 份教案，其主題與內容摘要於表 2，在此可看到教師團隊展現出文化結合語言的多元教學活動。

表 2　104 學年度多元文化教案之主題與內容摘要

指導老師	學習活動主題	內容摘要
黃淑真老師	Comparing and Contrasting College Life in Taiwan with That of Other Countries	Students learn to write well-structured comparison paragraphs and then work in small groups to turn their paragraphs into audio-visual digital narratives to address cross-cultural campus issues.
金石平老師	The Essence of Traditional Holidays Across Cultures	Students watch selected episodes from "The 3rd rock from the Sun" so as to learn to appreciate different cultures to create harmony and to preserve cultural identities to become more gifted individuals.

指導老師	學習活動主題	內容摘要
車蓓群老師	Cultural Issues in Music & Movies	Students work in small groups to focus on various cultural aspects in music and movies. Students learn to make decisions and use the combination of listening, speaking, reading and writing to complete their presentations.
楊茹茵老師	My Life in NCCU	This video-taping task presents students with an understanding of NCCU by their own experience and to understand how English is used in different situations.
陳彩虹老師	In Watching Them, We See Ourselves.	The project aims to encourage learners to think critically about three cultural issues: "ethnic diversity," "cultures of learning," and "racial biases." Every four weeks, learners watch a video and write a reflective commentary on the video.
郭曉蓉老師	Cultural Diversity in a Global Village	The project aims to enhance students' cultural awareness via reading articles and watching videos. Students decide on a topic for in-depth cross-cultural analysis. They are required to make a video to present their findings on cultural differences.
唐嘉蓉老師	Storytelling & Story Sharing	The final story-telling task is mainly designed for students to improve their listening and speaking skills. After students learn some necessary elements in a story and how to tell a story, they are exposed to different types of stories with different cultural themes.
蔣宜卿老師	Cultural Issues from Novel Reading	Students read a novel, check comprehension through class activities, discuss and fill in task sheets. The project ends with a short group performance and a written group report. All of the four language skills are practiced, but mostly on reading and speaking.

指導老師	學習活動主題	內容摘要
林翰儀老師	Different Is Good — Thoughts on World Languages and Geotourism	These two assignments aim to help students expand critical thinking and raise cultural awareness. They are also designed for developing students' language ability through integrated practice in reading, listening, speaking and writing around engaging, meaningful tasks.
陳佳琦老師	What We Learn about a Culture from Their Food Preferences and Eating Habits	This project aims to encourage students to think critically about food and culinary cultures. Students collect information, do research, and design pamphlets about food culture and cuisines of a specific country and present it in class.
許麗媛老師	Festivals around the World	Students take part in several activities related to the topic of world festivals. They practice four skills and are required to do individual oral presentations about festivals from a particular region. They also write group reports synthesizing their findings.
謝思蕾老師	Intercultural Friendships	Friendship + Culture = Intercultural Friendship Students will take part in several activities related to the topic of friends and culture. The "product" they create will be a written dialogue that is performed as a conversation for two or three people.
蘇靖棻老師	Conservation Challenges: For the Love of Elephants	Students, in six groups of 6-7 members, do some research outside classroom and present their findings with PowerPoint for 20 minutes. Topics range from favorite film, books, to traveling experiences and the like.
戚大為老師	Food and Culture: Must-Eats in Cities Around the World	Through oral training, students respect, examine, and understand different cultural and personal values of others as well as their own. A final group presentation culminates the cultural learning and discussion of the semester as students present different cultural practices and values from around the world.

指導老師	學習活動主題	內容摘要
謝瑤玲老師	The Women in Government in the World	Students will read articles selected from *Wall Street Journal*, *Time*, etc. to learn about current issues with an international perspective. Students give PPT presentations and answer questions raised by their classmates and the instructor.
劉怡君老師	Cultural Commentary	Students work in teams to research a cultural issue making critiques, arguments, and critical insights. By the end of the semester, each team has to present the culture issues that they have researched.
賴宇彤老師	The Usage of E-Commerce Platforms among University Students	The assigned project is completed in small groups, so that the team members can brainstorm ideas from different perspectives. In the end, learners are required to carry out a multi-dimensional audio-visual digital product collaboratively.
崔正芳老師	Multiple Intelligences in Cultural Contexts	After the video viewings on relevant concepts, students submit either a written report or a short film documenting how their perceived intellectual strengths have (or have not) been properly nurtured since childhood.

（三）舉辦期末師生聯合展演、提供相互觀摩機會

　　教案在各門課程中完成後，就進入了期末展演的階段，師生聯合教學展演取名為 Culture Voyage，安排在學期最後一週的週間共四個工作天，借用政大社會科學資料中心場地，安排靜態作品陳列與動態的發表場次，提供師生具體的交流機會，並歡迎校內外其他單位的師生參與，詳細的活動安排如圖 1 所示，學生們的作品摘要如表 3 所列。

圖 1　展演活動海報與節目單

表 3　展現英文表達及跨文化溝通能力的學生作品

學習活動主題	作品呈現方式	學生作品題目舉隅
Comparing and Contrasting College Life in Taiwan with That of Other Countries	段落寫作成品朗讀搭配照片呈現	College Students' Daily Life – Taiwan vs. Japan; Parent-children Relations – Taiwan vs. U.S.; Internship – Taiwan vs. H.K.
The Essence of Traditional Holidays Across Cultures	分組討論結果書面報告	Thanksgiving; Christmas and New Year; New Year's Day on the Gregorian calendar
Cultural Issues in Music & Movies	口頭報告	宮崎駿 Work Introduction; Without Music Life would be a Mistake; African-American Culture in Movies; Americentrism 電影中的大美國主義
My Life in NCCU	影片拍攝	Our life in NCCU; A journey to the dorm; Foods around NCCU; Top four platforms at NCCU

學習活動主題	作品呈現方式	學生作品題目舉隅
In Watching Them, We See Ourselves.	書面報告	Commentaries on 3 video clips: "What Kind of Asian Are You?" "Are Asian Students Smarter?" and "Parents React to the Child Race Doll Test"
Cultural Diversity in a Global Village	影片拍攝	Drinking culture around the world; Festivals around the world; Food Etiquettes
Storytelling & Story Sharing	口頭報告	Babe Ruth; Cupid and Psyche; Ninit-Never Far From Dream; The Nightingale and the Rose; The Alchemist
Cultural Issues from Novel Reading	書面報告、 口頭報告	International campaign to ban landmines; Catchwords of various countries; Social Network and Internet Culture; Culture of African Music
Different Is Good — Thoughts on World Languages and Geotourism	Moodle 平臺學生作品	Geo-tourism in Southern Hemisphere; Geo-tourism & New Zealand; Foreigners' Difficulties in Learning Chinese; Sign Language
What We Learn about a Culture from Their Food Preferences and Eating Habits	口頭報告	Indian Cuisine and Eating Habits; Indonesian Cuisine and Culture; Food in Spain; Cantonese Cuisine
Festivals around the World	口頭報告	Welcome to West Africa; Las Fallas; Festival of Lights; An Animal Fashion Contest
Intercultural Friendships	脫口秀演出	Intercultural Friendship; Intercultural Relationship; Five People from Five Different Countries
Conservation Challenges: For the Love of Elephants	口頭報告	The Love of Elephants
Food and Culture: Must-Eats in Cities Around the World	口頭報告	Brazil Etiquette; Vienna; Kaohsiung
The Women in Government in the World	口頭報告	Where Millionaires Want to Move; Women in Government

學習活動主題	作品呈現方式	學生作品題目舉隅
Cultural Commentary	口頭報告	The Caste System of India; Bride Kidnapping; Sky Lanterns Cultural Issue; Things You Don't Know About Taiwanese Aborigines
The Usage of E-Commerce Platforms among University Students	口頭報告	Finger Shopping; Let's Shop Online Together; Shopping APPs Break Into Our Daily Lives
Multiple Intelligences in Cultural Contexts	影片拍攝、書面報告	My Multiple Intelligences; Bodily-kinesthetic; Intelligence in Playing Basketball

　　展演現場運用多媒體布置，以 18 位專兼任授課教師一人一張大型海報陳列大廳兩旁，每張海報摘要個人的教案內容、學生群像、教師的教學研究背景等，在海報前的長條桌面上陳列學生書面作品，如影片觀賞心得寫作、學生自製手工書等，並有整排的電腦螢幕搭配耳機播放學生的影音作品，如學生製作的影片或是上臺報告的錄影內容等。

　　除此之外，四天展演期間每天中有半天安排了老師們的教學簡報，多數老師以投影片搭配學生作品說明自己的教學理念與教案內容，也有老師帶領自己班上部分學生利用這個場合上臺展現學習成果，來到現場參觀成果展的校內外師生就是現成的觀眾，相關的活動現場剪影如圖 2。

圖 2-1　各班學習活動海報展覽

圖 2-2　學生瀏覽教學文件與影音作品

圖 2-3　學生小組上臺口頭報告

圖 2-4　政治大學校長周行一開幕致詞

圖 2-5　展演現場全景

圖 2-6　學生手工書作品

圖 2　大學英文展演影像紀錄

　　多位老師將這個難得的展演轉化成學生學習的場域，他們設計了學習單給自己班上的學生，鼓勵學生藉此觀摩其他班級學生的作品，了解同樣的文化主題在其他班級的不同進行方式，以及其他同學的作品與心得。許多學生在閱覽各類影音作品或是聆聽現場報告後，在學習單上描述自己印象最深的好作品，得到見賢思齊的效果。

展演現場除了參與計畫的師生，還有校內其他系所的師長，來見證自己系上學生的學習與成長，校長、教務長、教學發展中心主任等行政長官也來了解政大學生的英文及跨文化學習成果，亦有校外師生前來觀摩。

（四）共同製作政大學生專屬的線上課程，以做為未來跨文化議題的核心教材

上述多元文化教案是我們執行全校型課程計畫的第一步，呈現了我們同中存異的教學萬花筒。在此同時，外文中心教學核心團隊亦在教育部計畫目標之下，開始著手製作共同的跨文化主題線上課程，希望完成後能為全體授課教師所用，以實踐我們在多元課程裡異中求同的理想。關於這套課程的設計、製作與使用，請參見本書第 12 章完整的說明。

四、本書的緣起與理想

結束了上述全體師生投入的聯合教學展演活動以及共同線上課程的製作，我們的事後回顧發現了一些值得改進的方向。首先，展演雖提供了交流平臺，但其訊息的傳播受限於時空，未能更為久遠廣泛，展演的方式也不易帶出更深度的討論。為能更深入地討論教案實例，促進教學理念與方法的精進，激發教師同儕間課程安排的創意，有系統地將教學資源傳播與分享，本計畫教師團隊於是在計畫執行的第二年，著手篩選參與上述展演的 18 份教案，經歷共同發想、凝聚共識、安排期程、各自撰寫、同儕審查、修改、編輯等過程，慢慢將我們對大學階段以文化融入英語教學的理念及多元執行方式完整地呈現出來。

本書第二部分的教案均以計畫第一年度各教師提交的教案文件為基礎，為了在教案討論時具備完整一致的表述模式，這 7 份教案遵循了共

同的撰寫順序，並進行大幅度的擴充與闡釋。正如圖 3 所示，我們首先提供課程的背景資料，因為教案是課程的一部分，且教案並非獨立於課程之外，而是發生在課程的脈絡之中，所以了解該課程的整體概況，有助了解課程中這份教案扮演的角色。其次，我們將原本表格式的教案做完整的敘述，使得教學理念與教學活動設計的邏輯能更清楚呈現出來，再來是教案執行過程的回顧，然後我們以實際的學生作品，討論教案執行後的學習成果，並進行教學反思，探討可能改善的方向。為落實我們教師社群的理想，各教案作者邀請教師同儕閱覽，從同行教師的角度來對原設計教案的老師提出問題，由作者針對問題回應，最後再加上每位作者自身教學成長歷程的回顧，呈現出我們教師團隊不同的專業訓練背景及成長過程。

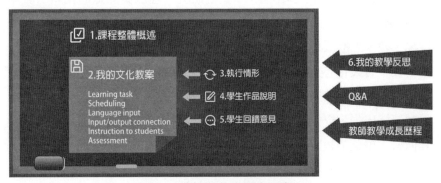

圖 3　書中各教案編寫順序

　　這本書展現本計畫團隊對精進大學英語教育的理想。首先，有鑑於大多數的大學教師在研究所以上的學術養成期，接受的訓練多偏向於理論與研究，較為欠缺具體教學實務的磨練，以致教學改進只能自行摸索；再者，有些教師所在的環境沒有適當的同儕可相互切磋，加以坊間的教師用書常來自國外與本地大異其趣的社會環境，或僅是抽離環境的片段教學技巧合輯，教師在教學精進的路上多半孤單獨行。我們希望這樣的一份教案集能夠提供完整的脈絡，和不同教師在相同主題下的創意發想及執行安排，讓有興趣的讀者可以看到較完整的教學現場實務，在實際情境中思考教學的各種可能，以共同深化我們的英語教學專業。

我們的教案絕非無可挑剔的範本，但它真實呈現了我們在同時提升大學生英語文能力及跨文化能力這個理想上所做的努力，和在這過程中所遭遇到的問題。教案盡量真實呈現，問題可能也隨之暴露，但卻是討論、深思、改進的起點。本校情境或許不適用所有校園或學生群，但我們的教案有其參考價值，計畫團隊希望藉此拋磚引玉、分享自身的經驗，提供討論素材，以減少個別教師自行摸索的辛苦，並激發更多深度教學改進的討論。英語教學既是科學又是藝術，它或許不能夠像科技發展日新月異，但它一定要有紮實的教育理論，也要有細膩的操作，卻沒有可以套用的公式，或是保證有效的金科玉律。

或許因為高等教育環境多半重視研究、理論與知識的創新，教學常被忽視，即使是教學法的研究也往往不能直接用以改善我們的教學現場，教學怎麼改進既難為學術研究的重點，也不是學術研究的主要目的，較少有人花心力就這些議題去論述、傳播、出版。希望藉由這本書的出版，我們能夠為這嚴重的教研缺口做點彌補，讓理想能夠不受時空限制傳播出去，提供其他同在大專英語教學崗位的新手、資深教師，及其他對大學英語教育有興趣的人，一些實際有用的參考，而且是情境與脈絡訊息豐富的參考資料。

教學的現場千變萬化，教師常常要面對不同的學生群或應付不同的開課要求，不可能一套教案走天下，因此身為專業教師，我們都必須因應，必須具備因人、因時、因地調整教學內容和方法所應備的知識與技巧，而我們希望這些知識與技巧，可以藉著個案的深入討論和教師反思、交流有所精進。對我們的作者群而言，這也是個難得的經驗，在這寫作的過程中，我們仔細審視自己可能早就習以為常的做法，將自己或許不曾明說的信念詳細表達出來，挑戰自己的邏輯思考，在寫作與修改的過程中，獲益良多。

五、本書各章節介紹

　　除了本書第二部分的教案之外，為了提供讀者對主題有更深入了解，我們邀請了多位在英語教學領域鑽研多年的學者專家，於本書第一部分及第三部分從不同的面向更全面地探討文化融入大學英語教育的議題。

　　在本章導論之後，第一部分提供了跨文化教學與跨國合作的背景，第 2 章邀請到元智大學應用外語系的柯宜中老師執筆，柯老師多年來研究跨文化融入英語教學的議題，出版過不少相關的研究甚至是教科書。在這一章中柯老師針對大學通識英語課程中嘗試教導跨文化能力，提出一些重要的觀念與背景，包括英文作為世界共通語言的趨勢、英文應從學生的考試科目轉換成溝通工具等。為了在國際社會溝通無礙，光靠語言能力是不夠的，因此柯老師介紹文化智商的概念，並說明常見的跨文化溝通類型。他認為英語教學與跨文化溝通是密不可分的，成功的英語學習必定涵蓋跨文化的認知。為了讓本書讀者將理論與實務充分結合，柯老師運用他熟知的學術理論剖析本書第二部分的各個教案，希望能導引讀者以完整的理論架構來解讀實際課室的案例。

　　本書第 3 章邀請到臺中教育大學的廖美玲老師，介紹如何運用科技及跨國合作，以設計英語學習教案。廖老師是國內英語教學研究的先驅，多年來在多媒體輔助英語教學、電腦輔助語言教學、閱讀教學、雙語教學等方面均有深厚的研究。本章中廖老師說明她的教學設計理念，並以她自行經營多年的跨國教師合作經驗為例，闡述現今科技帶來的便利與教學可能，探討教師自身進行跨文化溝通的團隊合作，並從語言、跨文化能力、合作學習、數位素養等不同面向展現學生的學習成果，讓我們看到教師在進行跨文化教學時，也可以身作則展現跨文化交流的能力，藉由與不同國家師生團隊的教學合作，自然而然帶來跨文化的素材，豐富學生的學習歷程。

　　本書的第二部分共有七個教案，我們的編排方式是依據教案中文化涉入程度的多寡來循序呈現，自第 4 章聚焦於特定文化議題與跨文化意識的教案，到第 10 章從現成教材中信手拈來，讓文化自然成為課程一部分的教案。有的教案將跨文化的觀念或特定文化議題作為教學要傳達的核心概念之一，有的藉由對國外異文化的探索（如節慶、學生生活、購物）或與本地文化比較來帶入學生對文化的瞭解，有的則是從既有的教材或現實生活中（如小說、新聞、課本、網站）找尋與文化相關的材料加以發揮。

首先第 4 章是陳彩虹老師的教案，她選擇了有趣但具爭議性的影片，刺激學生進行跨文化刻板印象的深度思考，並以此帶出評論寫作的教學，運用循序漸進的問題導引學生進行跨文化的反思，同時增進寫作能力。

第 5 章許麗媛老師的教案則是鎖定在課本中的外國節慶介紹單元，由此延伸出課外多元探索的學習活動，教導學生舉一反三，自行尋找有趣的各國特殊節慶主題，在這過程中吸收英文的資訊，並轉化成報告內容，呈現出多元有趣的文化學習報告。

第 6 章黃淑真老師以學生熟悉的大學生活為主題，教導學生選取特定面向做跨國比較，學生自行選定要比較的兩個國家及要討論的大學生活議題，從中練習段落寫作及團隊合作，最後將寫作成品以朗讀的方式製成影片。

第 7 章中，賴宇彤老師充分運用學生常常瀏覽購物網站的現象，導引學生去閱讀、探索國外的購物網站，從中發現跨文化差異的蛛絲馬跡，並以報告的方式呈現他們所學。

撰寫第 8 章的蔣宜卿老師特別關注以廣泛閱讀增加學生的英文能力，她因此演示如何在課本教材以外，帶領學生做廣泛閱讀，並在閱讀小說中認識文化議題。

第 9 章由謝瑤玲老師撰寫，她自英美地區的新聞中取材，利用開課前的暑假，自各地的報紙新聞中，蒐羅實際的報導並整理，自然而然有了各種豐富的文化及語言素材。

第 10 章中，蘇靖棻老師使用一般大專英語教科書，運用其中現有文化元素，在課堂中安排個人與小組口頭報告，並以其中與文化相關的內容來帶入跨文化能力的培養。

　　在表 4 中，這七份教案的作者分別標示出其教學設計中所著重的語言能力及跨文化能力的不同面向，我們以星號的多寡來表現我們教案對每項技能的著墨，最少的是一顆星，最多的是三顆星。舉例來說，第 4 章陳彩虹老師的教案在語言技能的聽說讀寫四方面中，聽與寫占有較高的比重，說與讀相對來得低。在跨文化能力方面，我們採用本書第 11 章趙子嘉老師跨文化能力量表的五個構面來分析，舉例來說，第 4 章陳老師的教案最重視跨文化的情意傾向與敏覺感，因此這兩部分都標示了三顆星，跨文化相關知識、自我勝任感與行為表現相對較為次要，但也各有兩顆星。整體看來，這七份教案在語言技能上側重的依序是說、讀、聽、寫，在跨文化能力上，最重的前兩名是跨文化知識及情意傾向，其次是跨文化敏覺感的呈現，相對較輕的是跨文化互動時的自我勝任感及跨文化溝通行為表現能力。

表4　各教案著重的語言技能與跨文化能力面向

教案章節		第4章	第5章	第6章	第7章	第8章	第9章	第10章
作者		陳彩虹	許麗媛	黃淑真	賴宇彤	蔣宜卿	謝瑤玲	蘇靖棻
標題		在別人身上看見自己：文化短片運用於評論撰寫	不只有耶誕和萬聖節：世界各地節慶之專題報告	比較各國大學生活：小組段落寫作及朗讀影片製作	網購看文化：在課程中運用網購平臺資源	閱讀與文化探索：大學英文課程中讀本及小說之運用	從新聞看世界：現實生活中的文化議題	文化無所不在：小組及個人口頭報告在大一英文課程的運用
語言技能	聽	***	**	*	**	*	**	**
	說	*	***	**	***	***	***	***
	讀	*	***	**	**	***	***	**
	寫	***	*	***	*	**	*	*
跨文化能力	相關知識	**	***	***	***	**	**	***
	情意傾向	***	***	***	***	***	***	*
	勝任感	**	**	*	**	*	**	**
	行為表現	**	**	*	**	*	**	*
	敏覺感	***	**	**	***	**	***	*

　　本書第三部分「異中求同：文化能力評量與共同線上課程」展現我們多元教學之外，教學團隊凝聚共識，發展核心課程單元，以使不同教師的課程具備共同元素的努力。因次我們先從跨文化能力的評量談起，本書第11章的作者是明新科技大學應用外語系的趙子嘉老師，探討大學英語學習者跨文化溝通能力的評量。趙老師鑽研跨文化溝通能力，聚焦於跨文化能力的評量，並研發為本地大學生量身打造的評量工具。這份量表成為政大外文中心在執行本項教育部計畫時，為檢驗教學成效所使用的工具。趙老師介紹了跨文化能力的相關理論與研究，並分析文獻中各種評量跨文化能力的研究工具，藉由這些工具的評比，使我們對如何評量跨文化能力有更深的認識，最後她說明這份量表的內容及研發過

程，並對使用方式提出一些建議，相信這份量表可為有志將跨文化能力融入課程的教師，提供客觀有效的測量工具。

本書最終章第 12 章的焦點是政大外文中心跨文化線上教材研發及製作過程的描述，以及教師團隊初步實驗不同使用方法後的檢討。這份教材是本計畫中重要的一個部分，政大外文中心陳彩虹老師擔任本計畫線上課程研發負責人，召集教師團隊花費兩年的時間製作一套以跨文化為主題的線上英文教材。她在文中詳細說明設計理念、課程的結構與各部分的內容，並對過程中的考量與取捨有清楚的交代。除了課程本身的敘述之外，本章亦提出計畫團隊在執行計畫第二年時，實際使用計畫第一年完成之線上課程的情形。經由問卷的蒐集與整理，陳老師將 20 位教師使用線上課程的模式分為三類，並以蒐集所得的師生意見，分析不同使用方式的優缺點。隨著計畫的進行，線上課程仍在持續發展中，計畫團隊將持續改進，希望我們共同研發的教材，會是教學同仁們樂於主動利用的優良教學資源，以其客製化和英語教學專業的特色，帶領大學生在精進英文的同時，培養跨文化的能力。

六、結語

本章開頭提及大學英語教育在教師自主與品質保證間的兩難，政大外文中心藉由執行教育部全校型課程計畫的機會，希望解決這樣的兩難。執行過程中，我們的途徑並不是強制的規範，也不任由團體中各行其是，而是靠著我們教學團隊各自的專業訓練及長時間相處的理念溝通，呈現出「異中求同、同中存異」的教學萬花筒。雖然我們的理想不易被量化，我們盡力將其完整呈現，就此提供一個檢驗的管道，分享我們實際的大學英語教育實務，希望藉此拋磚引玉，引發更多深入的教學討論，精進我們在大學端的英語教育。

附錄

國立政治大學 大學英文 課程指標
（民國 100 年 4 月修訂）

課程宗旨：大學英文課程旨在精進學生英語文能力，並培養具備通識精神之國際公民。

課程目標：建立有效的英語文學習方法、加強自學能力、拓展國際視野，以奠定終身學習之基礎。

能力指標：

項目	學習態度與方法	邏輯思考判斷與創造力	文化涵養、社會責任與國際觀	英語文能力	
相對應之政大核心能力	自省能力 終身學習能力	獨立思考 創新能力	溝通表達能力 團隊合作能力、國際觀	溝通表達能力	
基本能力	● 能主動參與課堂活動並於課外持續學習 ● 能不畏犯錯，挑戰自身英文弱點 ● 能評量自身英文能力，予以補強 ● 能善用軟硬體及社群資源精進英文	● 能吸收各種英文資訊與知識 ● 能歸納、分析不同來源與觀點的英文資訊	● 能以英文介紹本國文化與風土民情 ● 能尊重不同文化的習俗及價值觀 ● 能透過英文瞭解國內及國際事務發展 ● 能在團隊中傾聽並尊重不同觀點	聽	● 能聽懂簡短的對話 ● 能聽懂日常用語 ● 能聽懂與教材相關的議題討論
				說	● 能清楚的自我介紹 ● 能開始、持續並結束簡單對話 ● 能完整敘述事件 ● 能簡單表達對閱讀內容的心得意見
				讀	● 能快速掃瞄文章以擷取大意 ● 能區辨大意與細節 ● 能利用文章上下文解讀不熟悉的字彙
				寫	● 能寫文法合宜的句子 ● 能寫組織優良的文章段落

進階能力	● 能有效運用適合自己的英文學習方法 ● 能自訂英文學習目標與計畫並自我督促，達成自主學習的目標 ● 能主動以英文涉獵不同領域的新知	● 能有效篩選並統整訊息，運用於問題解決 ● 能評估英文資訊的可信度與合理性 ● 能把握既有資訊，加入個人創意並發揮運用	● 能反省自身文化的價值觀 ● 能分析自我文化與其他文化的異同 ● 能在團隊中發揮所長，互相協助以完成任務 ● 能探討並評論國內外時事議題 ● 能開拓國際視野，成為具人文關懷的國際公民	聽	● 能聽懂國內外新聞 ● 能聽懂學術性演講 ● 能聽懂英語為媒介的影片 ● 能聽懂各類型或具爭議性的主題討論
				說	● 能提問及進行訪談 ● 能對閱讀內容進行評論或批判 ● 能做正式的口頭簡報 ● 能進行演說或辯論
				讀	● 能分析並評論文章結構 ● 能辨別事實與意見 ● 能推論作者隱含的意見
				寫	● 能寫文章摘要 ● 能以文字評述聽講及閱讀內容 ● 能撰寫簡短的閱讀心得報告 ● 能寫組織嚴謹的論文報告

建議教學活動：

技能	聽	說	讀	寫
基本能力	● 聽寫 ● 聽懂短篇演講並摘要筆記 ● 聽英文歌曲	● 小組與全班討論 ● 一般社交場合對話 ● 時事簡單討論 ● 說笑話 ● 經驗分享 ● 具溝通效果之對話練習 ● 英語歌唱比賽	● 閱讀個人經驗之故事或短文 ● 閱讀課本 ● 閱讀網路發表之短文 ● 閱讀生活相關讀物如廣告或使用手冊等	● 書寫摘要 ● 引導式段落寫作 ● 日誌寫作 ● 電子郵件寫作 ● 故事改寫
進階能力	● 欣賞紀錄片並摘要筆記 ● 學術英文摘要 ● 新聞英文摘要筆記 ● 欣賞英詩	● 辯論 ● 模擬口試 ● 即席演說 ● 工作場域之會議模擬 ● 影片分析	● 閱讀報紙 ● 閱讀專業期刊文章 ● 欣賞短篇小說 ● 使用英英字典	● 篇章寫作 ● 報告寫作 ● 可發表於網路及通訊期刊之寫作 ● 求職信件寫作

課堂活動整合範例：

範例	例一： 茉莉花革命 ICRT 新聞	例二： 部落格寫作（Blogging）	例三： 問卷調查
說明	可以既有議題為中心發展出聽、說、讀、寫相關活動	可以某一個面向之語言訓練為中心，再涵蓋其他語訓之面向	可以經由學生討論決定議題，再將各語言面向涵蓋而成整合型活動
通識精神	● 國際觀：國際事件的關心與了解 ● 終身學習能力：網路尋找議題相關資料之能力 　例：上網找出中國與其他阿伯國家革命活動的後續發展，做成小組口頭及書面報告 ● 自省能力、獨立思考：針對議題提出自己的看法並與人分享討論 　例：思考討論電腦網路及年輕人在革命活動中扮演的角色	● 國際觀：透過部落格的潛在讀者為國際人士的特色，培養學生對不同文化觀點的敏感度，並對自己撰寫的內容產生責任感 ● 自省能力、獨立思考、創新能力：閱讀他人評論，並提出自己的看法與人分享討論	● 溝通表達能力、團隊合作能力：透過與小組討論並撰寫問卷題目，達到與人有效溝通及合作之目的 ● 獨立思考：藉由討論學生有興趣之議題，加強其對生活周遭事物之理解與關切，進而能獨立思考問題可能解決之方向 　例：本校宿舍相關議題，問卷對象可包含本地及外籍生，除培養其獨立思考能力外更可增加跨文化溝通之理解力 ● 自省能力：透過問卷製作、訪談及分析的過程，學生可自省其於宿舍住宿與管理中所扮演的角色

語言訓練	聽	練習聽新聞播報，以便寫下主旨或其中之細節	● 學生可選擇上傳錄音檔至自己的部落格 ● 上課時做摘要口頭報告	● 學生討論其有興趣之議題 ● 分組設計相關問卷 ● 討論分析問卷資料 ● 口頭報告問卷調查結果
	說	針對內容做摘要、說明、評論或小組討論		
	讀	新聞稿的閱讀及網路或報章相關議題的閱讀	● 學生針對個人感興趣主題，閱讀書籍或網路文章 ● 閱讀其他同學的部落格	學生尋找並閱讀一至兩篇議題相關之文章
	寫	個人或小組針對此議題的摘要、心得、評論	● 在個人部落格上撰寫所閱讀文章的心得 ● 對其他同學的部落格文章做評論 ● 回覆他人在自己部落格的留言	● 撰寫問卷調查結果 ● 製作 power point 簡報

註：以上整合性活動亦可切割成單一語言技能之訓練或不同語言技能之組合。

NCCU Curriculum Indicators for Freshmen English

Purpose of Freshmen English: To increase the English proficiency of students in the general disciplines and cultivate their perspective as global citizens.

Goal of Curriculum Indicators: To help establish efficient learning methods, to strengthen learning autonomy, and to extend an international vision for the foundation of lifelong learning.

Ability Indicators:

Item	Learning Attitude and Methods	Logical Thinking, Clear Judgment, and Creativity	Culture Appreciation, Social Responsibility, and International Vision	English Proficiency	
Corresponding Core-competency of NCCU:	Ability to Introspect and Develop a Lifelong Learning Outlook	Independent Thinking and Ability to Innovate	Communicative and Expressive Skills, Ability to Work in a Team, Awareness of International Vision	Communicative and Expressive Ability	
Basic Ability	● Capable of active participation in in-class activities and continuous learning after class	● Capable of acquiring various information and knowledge in English	● Capable of introducing local culture in English ● Respecting different cultures and personal values	Listening	● Comprehend brief conversations ● Comprehend daily expression ● Comprehend discussions concerning course material

Basic Ability	• Capable of dealing with mistakes and challenging oneself to improve • Capable of evaluating one's own English ability and improving performance • Capable of utilizing software, hardware, and public resources to improve English	• Capable of induction and analysis of English information from different resources and viewpoints	• Learning about domestic and international news through English • Listening to and respecting different viewpoints on the team	Speaking	• Capable of a clear self-introduction • Capable of initiating, engaging in, and concluding simple conversations • Capable of complete description of an event • Capable of brief expression of opinions or thoughts about the reading material
				Reading	• Capable of skimming for the main idea of an article • Capable of differentiation between the main idea and details in an article • Capable of understanding a new word from the context
				Writing	• Capable of composing grammatically correct sentences • Capable of writing well-organized paragraphs

Advanced Ability	• Efficient employment of English learning methods suitable for oneself • Capable of setting up target and plans for English learning and being self-propelled to achieve self-learning • Active learning of new knowledge in English in different fields	• Capable of efficient knowledge selection and generalization for problem solving • Capable of evaluation of the authenticity and rationality of English information • Establish a grasp of known information and develop it with personal creativity	• Capable of self-examination of local culture values • Capable of analyzing the similarity and differences between local and other cultures • Using one's own special abilities in teamwork and helping each other to accomplish the assignment • Capable of researching and criticizing domestic and international news issues • Extending international vision to become global citizens with compassionate view of humanity	Listening	• Comprehend domestic and international news • Comprehend academic lectures • Comprehend English film • Comprehend various or controversial disputes
				Speaking	• Capable of questioning and interviewing • Capable of commenting or criticizing an article • Capable of giving a formal oral report • Capable of giving a speech or debating with others
				Reading	• Capable of analyzing and commenting on the structure of an article • Capable of differentiating facts and opinions • Capable of inferring authors' intentions
				Writing	• Capable of analyzing and critiquing an article • Capable of commenting on the content of a speech and articles • Capable of writing brief reviews of texts • Capable of writing a well-structured research paper

Recommended Teaching Activities:

Ability	Listening	Speaking	Reading	Writing
Basic Ability	• Dictation • Listen to a short speech and write a summary • Listen to English songs	• Group and class discussion • Common social conversation • Simple discussion on news • Tell a joke • Experience sharing • Communicative conversation practice • English singing contest	• Reading a story or an article about personal experience • Reading the textbook • Reading short articles from the Internet • Reading authentic daily life texts, such as advertisements or user's manuals	• Writing an abstract • Following a guideline to write a paragraph • Writing a Diary • Writing an E-mail • Re-writing a story in one's own words
Advanced Ability	• View documentary and write down the abstract • Abstract English academic essay • Abstract English News • English poetry appreciation	• Debate • Interview practice • Impromptu speech • Professional meeting role play • Movie analysis	• Reading newspapers • Reading articles from professional periodicals • Reading short stories • Using an English-English dictionary	• Paragraph writing • Essay writing • Research paper writing • Writing an article that can be published online or in journals and periodicals • Writing a cover letter for a job application

Example for Integrated Activities in Class:

Example	A: ICRT news about the Jasmine Revolution	B: Blogging	C: Questionnaire
Purpose	To develop activities for listening, speaking, reading and writing from certain central issues	To concentrate language practice on one field and then to extend the practice to other ones	To decide the topic through students' discussion and integrate all kinds of language activities into one
Spirit of General Disciplines Incorporated into Class Activities	● International vision: concerns and understanding about global issues ● Life-long learning: to search corroborative information from the Internet; for example, learning from Internet sources about the follow-up of the revolution in China and other Arabic countries and make it into a group oral or written report ● Introspection and independent thinking: to propose ideas of one's own and to participate in discussions; for example, thinking about and discussing the roles of the Internet and youth in the revolution	● International vision: to cultivate students' multicultural sensibility and responsibility for their own writing through blogging to potential international readership ● Introspection, independent thinking, and innovation: to read others' reviews and offer personal opinions for discussion	● Communication and expression, teamwork: to achieve efficient mutual communication and teamwork through group discussion and filling in the questionnaire ● Independent thinking: to strengthen student's understanding and concerns about their daily environment through discussion of issues that interest them, such as those in the dormitory, thus inspiring them to think independently about possible solutions. The questionnaire can include domestic and international students, to cultivate independent thinking and cross-cultural communication and apprehension

				● Introspection: to inspire student's reflection on their own role in dormitory life and management through the questionnaire design, interview, and analysis
Language Training	Listening	Listen to news and write down the main idea or other details	● Upload audio files to their own blog (optional) ● Oral presentation in class	● Discuss topics that they choose ● Design the questionnaire with their group members ● Discuss and analyze the data ● Share the results through oral presentation
	Speaking	Abstract, elaborate, comment on or discuss about the content		
	Reading	Read the press or correlative articles from the newspaper or the Internet	● Read books or online articles according to personal interests ● Read other students' blogs	● Search for and read one or two related articles
	Writing	Personal or group abstract, review or comments	● Write reviews on their own blog ● Comment on other students' blog articles ● Respond to others' comments on the blog	● Provide literary record of the results ● Create a Powerpoint document for the presentation

Note: The integrated activities can be separated into single language training or different language training combinations.

第一部分

背景：
跨文化教學與跨國合作

2
跨文化溝通融入通識英語課程

柯宜中[1]

一、英語角色之改變

　　大學通識／共同英文課程自 1958 年教育部公布實施大學共同必修科目表中，外文必修至少 6 學分以來，一直是所有大學生需要修習的科目（陳介英，2008），幾十年來幾代的大學生在大一上英文課已經成為傳統，但大一英文或通識英文本身的角色定位到底為何？過去要上英文因為許多學術專業知識需要透過閱讀英文文本來取得，且大學是精英教育，只有少數人能讀大學，解嚴教改後 30 年間，不只臺灣有很大的變化，整個世界也經歷了劇烈的轉變，然而大一英文課似乎鮮少有人質疑其角色功能與價值，大家都覺得通識課程當然要有本國語言及外語，而外語首選當然是英文，沒有察覺很多過去的觀念其實已經過時了。

　　先談英語本身角色的變化。1990 年代正當臺灣教改如火如荼，世界在冷戰結束、柏林圍牆倒塌之後，以美國為首的資本主義以全球化的形式搭配新科技的發明，席捲了整個世界。全球化及網路世界使得主要的經濟產出從商品製造之工業經濟與提供服務之商業經濟，逐漸轉為以資訊交流為主的知識經濟，而在知識經濟中，資訊的載體——語言，其角色也益形重要。網絡效應加強了共通工具或平臺的普遍性，英語在這樣的脈絡下，從國際語言之一漸漸取得獨占的地位，配合政治、經濟、文化、科技、學術、媒體等各種資訊場域中的廣泛使用，逐漸從國際語

1　作者為元智大學應用外語系副教授暨國際語言文化中心主任

（主要在國際場合使用）、商場語言、科學語言進而慢慢有成為全球語言（每個人都要會一點）的趨勢（Crystal, 2003）。

　　過去在世界各國中，英語多於中學之後才開始出現在課程中，因為它過去的角色是外語，不是每個國民都需要，甚至只有菁英（elites）才有機會學習，或者基於政治因素不被允許或不鼓勵學習（如前蘇聯國家），然而隨著後工業社會及單一世界經濟圈的形成，基於國際競爭力等工具性（instrumental）理由，許多國家都把英語課程從中學往下延伸到小學，這個趨勢在 90 年代出現，到了本世紀初小學課程中沒包括英語的國家反而是少數（Cha, 2007）。

　　臺灣也在 2001 年開始將英語課程向下延伸到小學，並逐年提早，雖然不像南韓的英語狂熱，但英語學習已經成為非常普遍的現象，從幼稚園甚至胎教開始，一路到大學通識英文，只要是學生，幾乎都需要上英文課，英文在臺灣正逐漸從學校的科目慢慢轉變為生活中的語言資源，而學習英文這件事也成為幾乎所有學生都在做的事。

二、通識英語重新定位

　　大學通識／共同英文在當今全球化及高度數位資訊化的年代，其角色定位該如何調整？在當今大一學生已經有超過 10 年以上英語學習經驗之前提下，大學通識／共同英文的角色應該要和過去從國中開始上英文課的前提有所不同。過去通識英文仍以語言學習練習為主，讓學生持續接觸英文，增進聽說讀寫基本能力（郭志華、洪錦蓮、郭台生、張玉蓮，1990），課程主要內容為英語語言知識，老師頂多加入英語文學文化來補充。而近年來在教育鬆綁的環境下，各大學的通識英文課程呈現百花齊放的現象，大學共同英文「已逐漸跳脫出以文選為主的導讀翻譯式教學，或以語言結構為主的機械式記憶學習，轉而以語言聽、說、讀、寫能力的實際應用為主」（陳秋蘭，2010，頁 269）。

　　然而現在的學生從小開始學英文，尤其在新課程對會話能力的重視下比起過去學生只會閱讀，現在學生實際能使用英文的能力其實進步不少。Sims & Liu (2013) 在比較東海大學 1998 年和 2010 年大一新生入學英文能力後發現，學生在聽力方面有進步，而閱讀能力則是退步；他們認為這和中小學英語教育的轉變有關，溝通式教學法（Communicative Language Teaching—CLT）的盛行提升了學生聽力及對話的能力，相較於過去的大一學生，現在的大一學生基本上多數具備和外國人簡單交談的能力。

因應中小學之英語課程改革，大學通識英文也開始改變。專業英語課程（English for Specific Purposes—ESP）是近年來最常被提到的，從過去一般聽說讀寫英文課程（English for General Purposes—EGP）轉變為特定需求的英文，和職場接軌。通識英文在培養學生全球流通力上，常常被賦予重要角色。在專業英語課程中，除了語言能力之外，由於學生未來使用英語之場合多數會牽涉到外國人士，文化智商及跨文化溝通能力也因此變得相當重要。

大學通識英文應該和中小學基本英語課程有所差別，而學生在脫離了升學壓力之後，可以不必從準備考試的角度來上英文課，所以大一英文是一個十分適合將文化相關學習帶入的時機，將英文視為國際語言或全球語言，通往世界的窗，增加文化學習在大一英文課程中的分量，這對學生來說絕對是利多於弊的。大學時期是決定人生方向的關鍵時刻，也是自我文化認同確立期，讓大學生多接觸不同文化可以說是通識英語課程之新定位。

三、跨文化比較與跨文化溝通

教育目標隨著時代演變而改變，從智商（IQ）到情感能力（EQ），近年來全球化世界的形成使文化智商（CQ）成為學生另一個需要提升的能力。文化智商的概念（Earley & Ang, 2003）主要用來衡量跨文化溝通能力（Intercultural Communicative Competence—ICC, Byram,

1997），過去文化研究多數從群體的角度看個別文化族群的共通行為模式及信念與價值觀，這樣的跨文化研究（cross-culture）類似文化比較，從群體模式的角度來解讀個人間的跨文化接觸，重點擺在群體文化內容。而當單一民族社會不再是常態，這樣的跨文化研究便逐漸被所謂跨文化溝通（intercultural）所取代（Gudykunst, 2003），中文都是「跨文化」，但英文的差別有相當不同的涵義。

Intercultural 的概念從個人出發，而非群體。從社會學的角度來說，就是從個人主體性（agency）來檢視（跨文化）人際間的溝通，而非從社會架構（structure）的角度來比較文化。過去 cross-culture 認定個人被社會化，文化無形間影響個人，個人受群體文化影響極大，因此了解群體文化也能同時了解如何和屬於該群體的個人溝通，尤其在二次大戰後，民族國家體制主宰世界，各國提倡民族國家文化並透過語言、教育、媒體、政策等各種手段建立國民之國家文化認同（Anderson, 1991），這樣的時空環境創造出跨文化（cross-culture）比較。但 90 年代冷戰結束後，全球化時代來臨，文化隨著人口移動及資訊流通而多元化，過去在民族國家年代被壓制的少數民族文化也開始受到重視，同質性的國家文化逐漸轉變為多重文化認同，個人的角色與主觀文化思想也隨著科技所賦予之能力而大幅拓展，因此個人不再只是文化的產物，個人同時也是文化的創造者與實行者，同時文化的概念也從以國家文化為主的狹小範圍擴大到性別、種族、族群、地域、機構、甚至個人嗜好等賦予個人身分認同來源的廣大範圍。

跨文化比較（cross-culture）的代表是 Hofstede（2001）的文化象限（cultural dimensions），從個人／集體主義、階層／平權社會、性別角色、對未來不確定性態度、短期／長期功利傾向等等不同象限，來分析不同國家文化在這些象限中的座標。例如，英語系國家普遍偏向個人主義，而東亞各國集體主義較強。透過這些文化象限，個人可以了解來自不同國家之個人，比較可能會有何種價值觀與行為模式。傳統上對文化的概念也是從跨文化比較的角度切入，美國外語教育標準（National

Standards in Foreign Language Education Project, 1999）將文化分為三個相關層面：文化產物（products）、實踐（practices）、觀點／價值觀（perspectives），洋蔥式的概念是多數人對文化的想法，不同文化群體有不同的文化產物，如食物、衣著、用品等等，而其使用方式也各有其特色，而其背後則是基於特定的價值觀與世界觀，文化象限就是著眼於價值觀的層面，而多數學生接觸到的以產物與實踐為主，如節慶、習俗等明顯的文化標誌。

文化智商（Earley & Ang, 2003）由於衍生自 IQ／EQ 的概念，因此背後對文化的概念也比較接近心理學個人內在能力之培養，將跨文化能力和其他認知能力相提並論，文化有點類似某種實體（entity），可以像知識那樣學習，學生研讀各種文化知識並學習溝通技巧後便能增進文化智商，在實際操作教學訓練層面上具體可行，不過也可能有些問題。最根本的問題是文化為純後天學習，和先天基因並無關係，不像 IQ 或 EQ 或多或少和個人本身條件有關，因此將 IQ／EQ 的概念套用在文化上會產生誤解，讓人以為某些人天生就有比較高的文化智商。

此外，當下全球化世界的複雜度造成各種過去無法想像的人際交流，只把自己能力提高的心理學取向可能有所不足，從個人本身出發的跨文化溝通（intercultural）因此興起，以社會學社會互動角度來分析動態不穩定的跨文化互動，同時強調情境（contexts）及身分（identities）所扮演的角色。文化不再被視為不變的常數，而是隨情境身分而改變的動態概念。

群體取向的跨文化比較（cross-culture）常會導致所謂本質化觀點（essentialization，參見 Holliday, Hyde & Kullman, 2004），將不同文化的其他個體簡化為群體文化的一員，只要某個個體屬於某個文化群體，便直接認定該個體擁有該文化群體之文化本質，且個體通常只屬於某單一團體。例如，某人若是臺灣人，那就一定不是印度人或其他國家人士。群體間的界線是明確的，該個體的身分認同（identity）也是屬於該文化族群，是排外的，一個人不能同時是臺灣人又是印度人。在政治上，認同政治（identity politics）的前提便是來自將群體文化與個人身分認同本質化，簡化為非黑即白，非我族類則是他者的單一邏輯。

尤其過去由於民族國家主義的影響，在跨文化互動中，民族國家文化常常被放大解讀，進而忽略個人其他的群體文化，如性別、年齡、地域、家庭等重要的身分來源，如同 Scollon & Scollon（1995）所言，實際在溝通的是個人而非文化，文化是背後看不見難以捉摸的力量，因此在實際的跨文化溝通中，在不同情境中有不同的文化力量交互作用，而個人多重的身分認同——例如 20 歲來自臺灣中部哈日喜愛料理的女性學生——讓實際的跨文化溝通難以用科學主義的通則理論來加以應用。事實上後現代主義多重主觀真實（multiple subjective realities）的思潮也衝擊過去對文化結構式的觀點，文化（culture）一詞從不可數的概念，逐漸轉變為可數且通常是數個同時存在的 cultures。

文化本身通常指特定群體之共同價值觀與行為模式，而文化的概念應用到個人身上就是身分認同（identity），隨著文化多重化，個人身分也多重化，過去身分是被系統或機構由上而下指定的，個人沒有選擇的空間，而現在個人認同有不小的自主空間，尤其網路普遍之後，個人對於自我價值的來源，不一定要來自先天決定或被他人所指定的身分（如性別、種族等），反而比較常是透過社會互動中自我建構（Bulcholtz & Hall, 2010），因此動態的文化觀也同樣應用在對於個人身分認同的概念。不過這樣對身分認同開放的態度似乎僅止於學術界，一般媒體與普羅大眾對於個人的身分認同多數仍然抱持傳統的概念，認定先天及後天賦予的身分而忽視個人本身主觀意願。

在跨文化溝通中，對象的身分影響極大，也因此相對於跨文化比較關注於群體文化，跨文化溝通中身分認同反而比較重要。我們透過和不同文化認同的個人互動而建構自己的文化認同，因此常聽到年輕人在出國後才產生較強烈的自我文化認同，在和其他文化接觸前反而對自己的文化沒有興趣。這也說明了社會互動建構文化認同的概念。

但在自我文化認同建立的同時，很多人也會同時將他人「他者化」

（otherization）。我們語言中便隱含這樣的概念，中文中內人指自己家人，通常是老婆，老公又稱外子，內外關係牽涉到父權社會之架構。而外人指我們群體之外的人，和我們不同的人，有不同的想法、價值觀、利益關係等等引申的含意，類似的詞彙通常有貶意，如番仔、蠻夷、紅毛等等；英文中的 foreign 過去也有 strange、alien 等負面意涵；「外人」和我們不一樣，不一樣也表示不懂得我們（高尚）的文化，不知道用筷子吃飯有多便利衛生高雅，不知道說話要含蓄，對於被視為其他族群的「外人」，他們只是一群「他者」，由於根本上的差異，是潛在敵人，需要被教化同化。

當我們將跨文化比較所產生的刻板印象貼到生活中所遇到的「外人」身上時，這樣的「他者化」情形很可能在我們不自覺的情況下產生，如在臺灣見到西方人，自然而然和他說英文，認定西方人不會說中文，認定對方會和我們有不同想法；認為一個日本人就應該有我們所認定的日本人該有的樣子或想法，將我們主觀認定對方應該呈現的樣子投射到對方各種行為言語中，戴上所謂偏見的有色眼鏡而毫無知覺。尤其在將文化視為群體行為模式與價值觀的前提下，個人之間多樣化的交流溝通很可能被群體文化的大傘所遮蓋，無法真正達成心意上的交流。

文化中心主義（ethnocentrism）在同質文化高的社會中非常普遍，孩童從小被教導從自我文化角度來解讀世界。由於許多意義的來源都是文化，因此其主觀世界就是建築在本地自我文化之上，即使長大後知道其他不同文化，由於思維模式已經固定，因此難以有同理心去理解來自不同文化的「他人」。要能夠察覺到自己的文化中心傾向並不容易，即使隱約感觸到，但這樣的過程可能是痛苦的，畢竟這會動搖主觀世界之架構。

近年來從反全球化浪潮、基本教義派興起、到英國脫歐、川普以反「他人」且排外之主張成為美國總統，這些現象說明了跨文化溝通與理解所面臨的巨大挑戰。全球化所帶來的變動造成不確定性，進而讓個人產生不安全感，相對於接觸不熟悉的「他者」，待在自己的文化舒適圈更容易。但世界的衝突不會因此減少，反而很可能會增加，人類要學習如何共存，絕非使用一個共通語言所能解決（Ke, 2015），教育扮演很重要的角色，因此大學通識英文課程有很大發揮的空間！

四、英語教學與跨文化溝通

文化融入英語教學有很長的歷史（Byram, 1989; Corbett, 2003），過去以介紹英美文化為主，而隨著英語角色轉變，英語教材中也逐漸開始加入各國及本國文化（Ke, 2012; Tajeddin & Teimournezhad, 2015）及文化意識（cultural awareness）。英語教學中文化一直是重要但非核心的領域，文化被認為是學會基本聽說讀寫能力之後的下一步，只是對於文化的概念，如同前面所描述，常見的方式是將文化視為靜態的知識傳遞給學生，以文化比較（cross-culture）觀點為主，介紹各國節慶、習俗、國旗、文化產物等知識性學習為主，進而和自己的文化做比較，以培養文化意識。若要在英語教學中深入到動態跨文化（intercultural）溝通，實務上由於時間課程目標等種種限制，因此並不常見，但學者們提出了多種可行的方式。

Byram（1997）所提出的跨文化溝通能力（Intercultural Communicative Competence—ICC）是文化外語教學最常被提到的概念，他將 ICC 分為三個主要層面，其中包含五個領悟（savoir）：學生需要具備（1）了解自我與他人文化及其運作（知識層面），（2）知道如何解讀另一個文化中的事件或文件，並和自我文化連結（技巧層面），（3）具備批判性文化知覺，能評斷自我與他人文化之產物、實踐與觀點（技巧層面），（4）能學習新的文化知識並應用在跨文化溝通中（技巧層面），（5）抱持開放觀點，接受不同文化價值觀且不會從文化中心主義觀點看世界（態度層面）。

三個層面可以透過教學來培養：知識層面可以提供各種相關文化事實資料，經由影片、文本、真人等方式讓學生學習文化知識。技巧層面可以讓學生做跨文化文本分析及議題之文化比較或是以民族誌調查法讓學生去收集文化資料加以分析。態度層面則需要腦力激盪、自我省思、討論對話跨文化經驗等方式來培養。

由於英語的全球共通語言角色，英語教學中的文化學習益形重要，Baker（2012）提出「跨文化意識（intercultural awareness）」，從非本質主義（non-essentialism）的角度來探討如何在英語課程中培養學生的跨文化溝通意識，由於全球化世界裡，文化的多元與混雜是常態，因此學生不能只學習文化知識，且世界上有這麼多文化，不可能都學習，所以重點是彈性心態能隨時適應不同文化，學生能從學習文化知識深入到體認文化的多元變動性，了解個人可能同時屬於數個文化群體，受到各種社會文化的影響，且文化群體中可能有不同的個人特殊性，在跨文化溝通中除了最容易察覺的文化差異，學生也能找出文化共同點或相似處，從這些共同基礎上發展連結關係，能夠從最初接觸時以刻板印象為本的互動摸索模式逐漸深入到跳脫群體文化觀點，直接理解個體，超越文化框架的限制，不再將他人視為（和自己不同的）「他者」，而是和自己一樣的人類，出自人性（humanity）的關懷來看待他人。

文化知識的學習仍然是基礎，因為若沒有知識，更不可能有文化意識，跨文化意識是建築在文化意識上更進一步發展的。在教學實務上，學習各國文化、探究本地自我文化、探索媒體、網路、課本教材中的文化內容、實際接觸不同文化人士等等，和傳統文化教學內容大同小異，但重點在於討論反思評估，以批判式的思考來培養跨文化意識，重視學習的過程反思，從這些實例中讓學生體悟到文化的多變性與實際跨文化溝通的動態性，重點反而是教師本身之文化觀。

借用佛家對於人生境界的比喻：第一階段見山是山，見水是水；之後見山不是山，見水不是水；最後見山還是山，見水還是水。文化學習的階段也類似，一開始接觸不同文化人士，從自己的文化觀點來解讀每件事，我說這是山，那就是山，雖然對於他人來說，這並不是山。然後對於不同文化有點概念之後，了解不同文化有不同做法與價值觀，有一些文化意識，因此會認為他人的所作所為都是基於其文化，因此他人的山和我的山是不同的。要能超越此階段，達到跨文化意識，則需要看破表象，了解文化來自生活，人才是文化的主體，人性是文化的基礎，生活型態、科技演變、物質環境的變化等等都會造成文化改變，在深入理解他人文化之後，會發現從人性觀點看他人文化框架裡所建構的山，其實還是山，只是型態不同，本質是類似的，這樣的理解和第一階段單純誤解有很大的不同。

五、文化融入通識英語課程實例

實務上要能幫助學生培養跨文化意識需要長時間持續累積的投入，在現實條件的限制下，英語教師（尤其是通識英文老師）能將文化帶進課程就是一個好的開始，因此形式上及程度上會有不同做法，且學生的背景與程度上的差異都需要考量，本書所描述的教案可以讓英語老師思考如何將文化融入通識英文課程中，不一定要採用相同或類似的教案，讀者可從本書所收錄的教案中得到靈感，思考什麼樣的模式最適合自己的班級。

英文課即使到了大學，英語語言本身的學習還是主要任務，多數臺灣學生英文程度都比書中教案的政治大學學生來的低，不過文化學習和語言學習是相輔相成的，且老師可以稍微調整現行課程即可逐步加入文化元素，這也是本書中大部分教案的模式。第二部分的教案依其文化教學層次由深至淺排列。較易入手的是第 10 章直接從教科書主題做延伸，第 9 章從英文新聞來帶進文化比較，第 8 章從英文閱讀教材進行文化議題的延伸，第 7 章以商業英文與文化結合，第 6 章自寫作題材的設定來加入跨文化教學，第 5 章利用多數英文課本都會有的節慶單元來擴充，第 4 章則是由教師額外選取具爭議性的文化議題影片，刺激學生做深度反思並練習寫作。由於文化概念本身的包容性，教師有很大的空間彈性來將文化學習融入英文通識課程中。

跨文化比較是最容易入門的方式。小組報告是常用的方式，訂好題目方向，讓學生自己去探索其他文化，以課文教材為起點或催化劑，帶入文化學習。最簡單的是圖 1 中的模式 A，文化知識學習，如第 10 章學生自由選定課文題材進行小組口頭報告，由於課本的題材在取材上便是以全球議題為導向，因此最後產生多元而豐富的報告成果。第 8 章閱讀之文化學習延伸也是類似的模式，文化學習的自由度較高，也不限於國家文化，可以探討青少年文化、飲酒文化、媒體文化、網路文化、喪禮文化，最簡單的模式有最大的彈性，讓教師相對上比較容易加入文化學習。

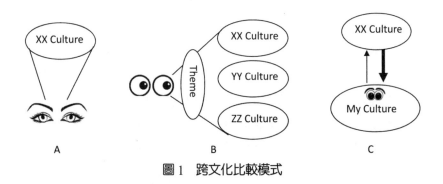

圖 1　跨文化比較模式

　　不過模式 A 雖然自由度高，多元的結果也表示主題性不夠，可能無法比較深入某些特定議題，因此教師也可以設定主題（圖 1 模式 B），如第 5 章以節慶為主題，各組探討不同國家節慶，整個班級可以透過跨文化比較來更有系統性的做文化學習，學生印象可能會更深刻。第 7 章網購平臺也是接近此模式，由其教師考量學生主修背景，將主題設定為和專業相關，同時一石二鳥，兼顧專業英語（ESP）和跨文化學習，非常值得其他教師參考。若是資訊相關科系學生可以找網路 app 等相關議題當主題，工程相關科系學生可以找產品、製程、公共工程、環保等跨領域相關議題，生醫相關科系學生可以用小孩出生相關儀式、器官捐贈、看病吃藥習慣等相關議題來了解不同文化，和學生主修相關的主題設定可能比較能引起學生動機，學生做報告時通常也會更深入。

在前兩個模式中，學生向外看其他文化，這是一開始接觸異文化產生好奇心之後正常的反應，想要多了解他人文化。在英語課程中，由於英語本身角色的關係，過去是外語，透過這個語言去了解外國文化，因此直覺上在教材內容方面會以外國文化或情境為出發點，但是英語為國際語言的指標意義之一其實是以英語來傳遞表達本地文化，除了學習他人文化之外，同時也能了解本地文化。第 9 章新聞英文教師特別強調必須加入「臺灣觀點」的討論，因此學生會討論這些國家和臺灣比較之下的優點與缺點，幫助學生連結他文化與自身文化，在表 1 模式 C 中，看他文化的箭頭比較細，回頭看自身文化的箭頭比較粗，表示這樣的跨文化比較更重要的是回頭來省思自身文化，因為學生未來多數還是在本地文化中生活，跨文化學習除了認識他文化，對於自身文化的發展，如何適應變動快速的全球化世界，從動態觀點來看文化，幫助體認個人和文化的互相牽制性（reciprocality；一個人受文化制約，但同時也有改變文化的能力），不再只是被動的將文化視為靜態的知識。

教師也可以更進一步除了反思本身文化，以臺灣觀點來學習異文化之外，將目標轉移到增進學生對自身文化的理解。圖 2 模式 D 中，學生透過異文化來看到自身文化，相較於在模式 C 中，學生身處自身文化，從自己的觀點來看異文化，然後反思自身文化；而在模式 D 中，學生需要跳脫自身文化，從外國人的角度來看自身文化，因此學生需要先理解他文化，才能猜測他人會如何看自身文化，教師除了找外籍人士來教室做實際文化分享或學生自己去做跨文化訪談之外，可以用角色扮演的方式，讓學生試著想像及體會做為他者的感覺，然後回頭檢視自身文化，這樣的跨文化角色扮演可以幫助學生跳脫文化中心主義（ethnocentrism），從中發現自己根深蒂固的文化認知（cultural assumptions）。

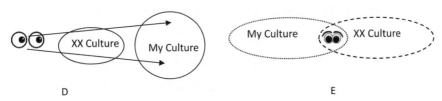

D   E

圖 2　文化意識養成模式

　　在做跨文化學習時，多數焦點集中在文化不同面向，好像是藉由這樣文化不同的面向來確立文化之間的界線。前面的模式中，文化概念是由實線來界定，文化的概念比較接近所謂實體（entity），由本質化的觀點來看文化，這樣的方式比較直覺，也容易接受；但要再進一步培養文化意識時，本質化的觀點需要鬆動，發現文化相同點能幫助個人和文化他者建立聯結，淡化文化之間的界線，如圖 2 模式 E 中所呈現，學生的觀點置於自身文化與他文化之共同處，這是另一種文化意識養成的方式。本書第 6 章大學生活之寫作主題，讓學生從自身經驗出發，和他文化中之大學生活做比較，內容涵蓋了打工實習、學生的金錢管理、教育制度、過去經歷過的高中生活、大學宿舍、親子關係、生活費用等等，由真實生活為基礎，這樣的文化比較相對上非本質化，也容易發現共通點，加上學生可能有實際和外籍人士互動，或者在探索時以真實經驗為主，不是整理好的文化知識，大學生活是動態多元的，這樣的寫作經驗提供培養文化意識很大的空間，雖然學生歸納所得時很容易有一些文化的刻板印象，但只要教師能幫助學生從模式 C 轉換為模式 E，凸顯文化的互相滲透性及可塑性，在活動設計上加入文化共通性這方面的討論，從文化層面提升到人性層面，這樣的融入模式相信可以幫助培養文化意識。

　　前面章節提到跨文化意識（Baker, 2012）的培養，接下來談的兩個模式，導入身分認同（identities）的概念，文化學習的重點從群體文化轉變為個體身分認同，因為實際跨文化溝通其實是個人在做溝通，不是文化在溝通 (Scollon & Scollon, 1995)，在微觀層面身分認同比文化更重要。圖3模式F中，個體之身分認同建構在數個群體文化上，且主角不是文化，而是個人，誠如第4章陳彩虹老師所言，外籍生的無所不在提供了一個現成的真實情境，隨著來臺外籍學生人數的逐年成長，學生有越來越多機會接觸外籍同學，但多數臺灣學生並未能真正深入和外籍生交流。透過英文課程，引入美國助教（第4章）、訪談外籍學生（第6章），讓學生關注焦點從鉅觀的文化轉到現實生活中真實的跨文化溝通，尤其在人際溝通中身分認同的議題：我如何看別人、別人如何看我、我又是如何看待在跨文化溝通中的自己，這是跨文化比較碰不到問題；誠如第5章許麗媛老師對於後續教法方面所建議，增加具有批判或反思元素的練習活動。例如可以安排一些假設性的情境，像是讓同學分別以來參加節慶的遊客，以及當地的居民的角色，用不同的角度來報導節慶的活動，這樣的活動逐漸引導學生從抽象的文化概念進入具體的溝通情境。

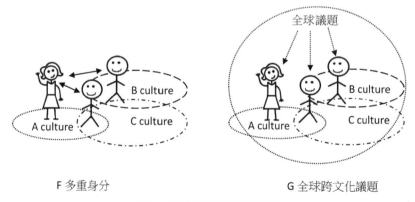

F 多重身分　　　　　　　　　G 全球跨文化議題

圖3　跨文化意識養成模式

模式F中的溝通情境不見得適用所有教師，因為並非所有學校中都有數量龐大的外籍生，但教師無須執著於國家文化之界線，即使沒有外籍生，也無法像本書第3章那樣做線上跨國交流，但模式F強調的是對於自我與他人在跨文化溝通中的身分認同，除了國家文化，教師也可以利用世代文化、性別、地域、族群等不同文化面向來協助學生思考跨文化溝通中的身分認同議題。

最後的模式 G 以全球跨文化議題為主軸（參閱本書第 4 章），透過真實情境例子來幫助學生挑戰自己對相關議題的既有觀念或成見，從表層的溝通往下深入到基本文化觀對個人的影響，透過討論全球跨文化議題（種族多元化、東西方學習文化差異、及種族偏見）來促進學生反思不同文化視角，培養跨文化智能。如果全球跨文化議題的討論參與者來自不同文化背景，則實際討論過程便是一連串的跨文化溝通，而溝通的內容又是全球跨文化議題，學生微觀鉅觀層面都同時得到刺激，這樣的模式衝擊最大，對跨文化意識之培養有很大的幫助；短期內來臺外籍生仍以碩士生為主，大學生不多，不過近年來交換學生及華語學生數量不少，英語教師可以和華語教師合作，做班際交流來討論全球跨文化議題，同時做語言交換學習，這樣的模式有很大的發展空間。

六、結語

本書中的教案提供實際教學案例，而老師們所省思的內容及可能的延伸活動，可能反而是其他老師最值得參考的想法。每種作法其實都有好處與缺點，開放性的自由選擇有多元的結果，但缺乏系統性；然而，主題的限制也可能造成選取的題材與論述雷同之處偏多，重覆性過高；加入個人層面跨文化溝通或是全球性跨文化議題可以深化學習，但實施的時間上可能就必須要加長，不一定能融入原有的課程；在現實環境的限制下，要能培養跨文化意識有其困難，不過一旦教師開始嘗試將文化學習及培養跨文化溝通能力融入英文課程時，慢慢累積經驗之後，相信可以找到適合自己學生的模式組合。

溝通式教學法（Communicative Language Teaching—CLT）是近年來英語教學的主流，但其溝通方面的教學，卻常只是學習英美文化之溝通常態（Cameron, 2002），認定只要學會英語（為母語者）的使用方法，就能夠以英語溝通，而所學習的溝通方式則以美式文化為本，偏向非正式、直來直往的溝通風格。CLT 忽略從非母語角度出發的跨文化溝通，美式口語會話方式很可能不適合臺灣人和越南人之間的跨文化溝通，許多臺灣學生本身個性由於文化養成背景，其實也不習慣用美式溝通風格和他人交談，因此英語老師不該盲目教導學生 CLT 背後的溝通文化。另一方面，CLT 也未考量結合英語使用與溝通策略，多數英語教師雖然本身具備以英語進行跨文化溝通的能力，但往往沒有在課程中幫助學生培養這項能力；這方面可參考筆者為臺灣英語學習者所寫的教科書（Ke, 2017）。

　　跨文化溝通融入大學通識英文課程是當前全球化環境下應該走的方向，尤其隨著英語教育的向下延伸及各級考試中對英語的重視，臺灣學生的基本英語能力不算太差，簡單溝通通常也不是問題，但缺乏的就是文化意識與跨文化理解，同理心與換位思考能力不足，文化觀無法調整調適而造成實際跨文化溝通能力不足。大學通識英文課程能扮演關鍵角色來幫助培養跨文化溝通能力，希望本書能給讀者帶來啟發，有更多的教師家長等相關人員體認到跨文化溝通融入大學通識英文課程的必要性，讓我們下一代能走出臺灣，擁抱世界。

參考文獻

< 中文部分 >

郭志華、洪錦蓮、郭台生、張玉蓮（1990）。大學英文課程設計（上）。**英語教學**，15(1)，44-51。

陳介英（2008）。通識教育與臺灣的大學教育。**思與言**，**46**(2)，1-34。

陳秋蘭（2010）。大學通識英文課程實施現況調查。**長庚人文社會學報**，3(2)，253-274。

< 英文部分 >

Anderson, B. (1991). *Imagined communities: Reflections on the origin and spread of nationalism*. New York: Verso.

Baker, W. (2012). From cultural awareness to intercultural awareness: Culture in ELT. *ELT Journal, 66*(1), 62-70.

Byram, M. (1989). *Cultural studies in foreign language education.* Clevedon: Multilingual Matters.

Byram, M. (1997). *Teaching and assessing intercultural communicative competence.* Clevedon: Multilingual Matters.

Bulcholtz, M., & Hall, K. (2010). Locating identity in language. In C. Llamas & D. Watt (Eds.), *Language and identities* (pp.18-28). Edinburgh, U.K.: Edinburgh University Press.

Cameron, D. (2002). Globalization and the teaching of 'communication skills'. In D. Block & D. Cameron (Eds.), *Globalization and language teaching* (pp. 67-82). London: Routledge.

Cha, Y. K. (2007). The spread of English language instruction in the primary school. In A. Benavot & C. Braslavsky (Eds.), *School knowledge in comparative and historical perspective* (pp. 55-71). New York: Springer.

Corbett, J. (2003). *An intercultural approach to English language teaching.* Clevedon: Multilingual Matters.

Crystal, D. (2003). *English as a global language.* Cambridge, UK: Cambridge University Press. 2nd Edition.

Earley, C., & Ang, S. (2003). *Cultural intelligence: Individual interactions across cultures.* Stanford, CA: Stanford University Press.

Gudykunst, W. B. (2003). *Cross-cultural and intercultural communication.* Thousand Oaks, CA: Sage.

Hofstede, G. (2001). *Culture's consequences: Comparing values, behaviors, institutions, and organizations across nations.* Thousand Oaks, CA: Sage.

Holliday, A., Hyde, M., & Kullman, J. (2004). *Intercultural communication.* London: Routledge

Ke, I. (2012). From EFL to English as an international and scientific language: Analyzing Taiwan's high school English textbooks 1952-2009. *Language, Culture and Curriculum, 25*(2), 173-187.

Ke, I. (2015). A global language without a global culture: From Basic English to global English. *English as a Global Language Education, 1,* 65-87.

Ke, I. (2017). *Intercultural communication for English learners.* Taipei: Crane.

National Standards in Foreign Language Education Project. (1999). *Standards for foreign language learning in the 21st century.* Yonkers, NY: Author.

Scollon, R., & Scollon, S. (1995). *Intercultural communication: A discourse approach.* Oxford: Blackwell.

Sims, J., & Liu, J. (2013). Two decades of changes in the English ability of freshmen at a university in Taiwan. *Hwa Kang English Journal, 19,*

23-51.

Tajeddin, Z., & Teimournezhad, S. (2015). Exploring the hidden agenda in the representation of culture in international and localised ELT textbooks. *The Language Learning Journal, 43*(2), 180-193.

3

科技輔助跨文化交流之英語學習教案設計：以跨國合作數位故事寫作為例 [1]

廖美玲 [2]

一、前言

根據 Internet World Stats（2017），截至 2016 年年底，全世界使用網際網路的人數逼近 37 億人，約占全世界人口的一半。網際網路人口在 2000 年到 2017 年間的成長比例平均為 923.9%，而亞洲地區更是高達 1,523.9%。現代人的溝通方式已與過去傳統的書信往返或是面對面交談的方式大為不同。這個現象在臺灣更是明顯。教育部委外之研究調查結果顯示，我國國小、國中、高中職學生家中擁有無線網路的比例將近九成（柯慧貞、董旭英、李俊霆、周廷璽，2015）。2014 年 8 月，Yahoo 和市場調查機構 Millward Brown 進行全球手機上網研究，發現臺灣民眾每日手機上網時間 197 分鐘，位居全球第一（引自衛生福利部心理及口腔健康司，2015）！

在數位化與網路科技高度使用的今日，人跟人之間的互動方式與選擇相當多元。同樣的，可以應用於教學上的工具也日新月異。現今的學習可以同一空間、可以跨越重洋，可以即時互動、也可以非同步實施，可以獨立自主、也可以分組活動，甚至可以隨時隨地、無所不在！

英語學習一向是我國語言教育的重點。隨著英語成為國際上最為通

---

1 本研究為科技部專題計畫研究《全球化下的英語教學 2.0 ——應用網路資源之跨文化溝通英語力培養（101-2410-H-142-016-MY3）》之部分成果。
2 作者為國立臺中教育大學英語學系教授

用的共同語言（English as an international language；EIL），英語學習的重要性更是不言可喻。不過，伴隨英語成為國際通用語言而來的，也是對於英語學習的目的及其功能的重新檢視。英語學習傳統上，多將英語為母語者的使用方式及習慣奉為為圭臬（Canagarajah, 1999）。但是在使用英語的非母語人數已遠超過英語為母語者的現實情況下，英語本身及其使用的情境已有了本質上的改變。學者認為，使用英語作為共同溝通語的人來自不同母語背景，因此，英語的使用首重跨國界與跨文化溝通，也沒有一定的語言模式可遵循（Jenkins, 2009）。如此一來，英語教學者提供給英語學習者的，應該是一個練習如何透過英語為自己發聲的場域與機會；在課程設計及教學活動上，則應培養學生與國際連結、跟世界溝通的能力（McKay, 2012）。

在過去傳統的教學環境中，讓學生與世界連結，對教師而言是極大的挑戰、一個遙不可及的目標。但是在數位化資訊科技的幫助下，這已經不再是夢想。如前所述，我國是世界上網際網路使用率最高的國家之一。我們具有絕佳的條件，能夠藉著網際網路所提供的各項溝通及學習工具，幫助學生學習如何使用英語進行跨文化、跨國界溝通，培養學生向世界發聲、爭取國際社會參與權的能力！

本章所要介紹的是筆者於近年來持續進行中的一項教學與研究活動。教學活動的設計即是本諸英語為世界共通語言及社會建構的教學與學習理念，借重資訊科技靈活的互動與連結功能，提供大學一年級的學生，以跨國溝通、互助合作學習的方式，強化英語與跨文化的能力。以下即就這樣的教案設計所本持的教學理念先做一精簡的說明。接著，再敘述所規劃與執行的教案內容。此外，也會就學生的學習成效，提出教案實施後的反思。最後，筆者會就整體的教學經驗與成效，提供具體建議，給有興趣實施類似教案的英語教師作為參考。

二、教案設計依據之理念

英語為世界語即是以英語做為跨文化溝通之工具

學者 David Crystal（2003）指出，在人類的歷史上，從來沒有任何一個時代像我們所處的當下，人與人之間的關係是如此的緊密，如此需要一個共同的語言；因此，也成就了英語作為世界共通語言的地位。英語是人類有史以來的第一個全球性的共通語言。顯而易見的，當今在世界各地，無論是旅遊、商業活動、學術交流、政治協商等等，無不以英語為最主要的溝通語言。不過，很有趣的是，世界上使用英語為母語的人士，其實僅占了所有人口的 6.2%（Weber, 2008）。換句話說，絕大多數使用英語的人，都不是以英語為母語者；英語可能是他們的第二、第三、第四語言，或是外語。但是為了工作、求學、或是其他種種實務上的原因，而必須使用英語來進行相互溝通，相互溝通的對象也絕大多數是跟他們一樣的，非以英語為母語的人士。因此，英語作為世界共通語言的第一項特色，就是其作為實用溝通工具的功用了。其次，既然使用英語的人士大都有其自己的母語，所使用的英語也會具有非母語使用者之間溝通的獨特語音、用字及文法特色。另外一項特色就是其擁有權的轉移（Higgins, 2003）。既然使用英語的人士以英語為非母語者居多，而語言的語音、用字、用法又多有各地使用者的特色（Graddol, 2001），它的歸屬權就不再是英語為母語者的，而是屬於所有使用它作為溝通工具的人的（Jenkins, 2009; McKay, 2003）。進一步來說，英語作為世界共通語言的第三項特色就是使用者運用英語是來表達自己的思想、為本身發聲（Warschauer, 2000）。英語以其多元之姿，提供世界各地所有使用它作為溝通工具的人士，據以向國際社會投射族群的特色、傳遞獨特的文化、表達自己的想法跟理念（Sharifian, 2011）。

英語為世界共通語的事實對於英語教學的理念自然不無衝擊。英語教學者不得不重新思考，既然英語本身已具有多樣性，英語系國家的英語也已不具權威性的標竿地位，教師在教學時就不再有教所謂的「標準英語」的限制。英語為世界共通語的教學的重點，不再是訓練學生使用精準的「標準」句型、用字、或是發音（Liaw, 2016）。相反的，教師應該培養學生能夠與世界各地操各種口音、使用具有其特色的英語句型、用字的人士溝通，尊重各地人士受文化或母語影響，在使用英語溝通時產生的差異性，以英語為共通語言，作跨越國界、跨越文化的互動（Sharifian, 2009）。簡單而言，英語為世界語即是以英語做為跨文化溝通之工具；英語教學的重點在於提供機會與學習環境，讓學生成為懂得跨文化溝通的人（intercultural speakers）（Kramsch, 1998）。

資訊科技與英語為世界語之關聯

英語發展為世界共通的語言與資訊科技的蓬勃發展息息相關（Graddol, 1997; McKay & Bokhorst-Heng, 2008; Warschauer & De Florio-Hansen, 2003）。資訊科技的使用已經是人們生活中不可或缺的一部分，而英語是網路世界中最常用的語言，這也使得英語的蔓延及重要性迅速的提升。英語與資訊科技共同成為國際上相互傳遞、分享訊息，互動溝通的工具。

就像英語為世界共通語對英語教學造成的影響一樣，資訊網路的使用也讓教師們重新檢視傳統教學活動的妥適性，並且進一步探討如何能設計出更符合現代社會與數位原民世代（Prensky, 2001）學生需求的教學活動。過去著重反覆練習、精熟句型文法的教學模式，隨著資訊網路的應用而轉為強調培養溝通能力的教學法。不僅如此，資訊工具的使用更可以讓學生練習溝通的對象跨越教室空間的限制，形成超越雙方個別文化的第三空間（third space）（Bhabha, 2004），與世界上任何一個角落的人互動、共同學習（Ware, Liaw & Warschauer, 2012）。英語學習者真正的角色是跨文化溝通學習者（Cameron, 2002; Cortazzi, 2000）。近年來學者們針對英語學習者與其他的英語學習者透過網路相互溝通交流，學習英語為共通語言的成效做了許多探討。有些研究發現在沒有英語為母語者加入互動的情形下，英語為共通語的學習者反而能更有自信的陳述己見、表現自我（Ha, 2009; Lam, 2000），甚或共同發展出特有的、彼此可以理解的特殊用語來相互溝通（Bloch, 2004; Lam, 2004）。

　　資訊科技可做為英語學習者進行跨文化溝通之利器的相關研究已經不在少數，其中的大宗是英語教師為學生們安排跨國共學的方式（intercultural telecollaboration）。跨國共學通常由授課老師為學生尋覓另一個（或者多個）國家的學習夥伴，老師們設計讓學生可以相互討論的話題或是共同完成的任務，讓不同國家的學生藉由英語為共通語來溝通、分享、甚或協商。學生們可以透過真實的溝通情境，學習彼此的文化。為了與對方溝通或是完成共同的任務，學生們必須學著運用各式的語言知識與技能、甚或是協商策略，更需要懂得如何相互合作，取得彼此的信任與合作意願，才能順利達成任務。這樣的學習經驗提供給學生的成長是多元、遠超越傳統英語教室背誦或是機械式練習所能夠達成的學習目標，諸多相關研究也證實這種學習方式的成效。以筆者最近幾年的幾項研究為例，筆者與巴黎第二大學的英語教授共同設計了跨國共學教案，名稱為「Beyond These Walls」，學生們透過網路平臺做自我介紹，接著為對方介紹最能代表自己文化的藝術活動或是作品，最後為對方規劃到自己國家做短暫訪問的行程，並且親自互訪交流。筆者與巴黎第二大學的教授檢視學生的學習成果，發現學生透過這樣的學習活動，不僅有機會學習如何以英語為共同語言做跨國溝通，提高了對自己英語能力的信心，對本身的文化身分與認同也有機會做深層的省思與肯定（Liaw & English, 2013, 2014, 2016）。筆者另外執行的一項研究，讓臺中教育大學的學生與美國德州的 Southern Methodist University 學生網路跨國共學的計畫則發現，臺中教育大學的學生們為了彌補英語能力上的不足，與美國的學生做深度的意見交換，而在溝通工具的多模方式（multimodality）上更用心選擇；這也呈現出透過資訊科技做跨國共學，可提升學生資訊素養（digital literacy）（Liaw & Ware, in press）。

社會建構的語言學習觀

雖然已有許多相關研究報告顯示資訊科技可以做為英語學習者做跨文化溝通之利器，跨國共學有各種優點，但是，就像所有的教學活動一樣，若要達到所預期的教學目標，精心設計課程及各項教學活動，嚴謹但具彈性的執行十分重要。設計課程時設計者往往有一中心思想或是學理上的信念作為依據。

運用資訊科技作為媒介讓學生互動交流，提供了學習者語言社群交流（language socialization）的機會，也給學生練習建立人際關係的環境。在共學的過程中，學生必須學著如何呈現自我（self），了解他人（other），掌握自我與他人間的距離，選擇並活用資訊科技的符號（semiotics），營造關係。學習的過程是非常情境化的（contextualized），學習的內容也依學習者間的互動而共同建構（construction）的。這樣具高度流動性（fluidity）的學習方式，已經超越過去行為主義（behaviorism）或是認知學派（cognitivism）的學習理念所能夠指導或是檢視的範圍。因此，對運用科技做跨國共學有興趣的學者們紛紛轉而尋求社會建構主義（socio-constructivism），以其作為課程設計的理念依據。社會建構主義強調知識是在社會文化的環境下建構的，因此個人所建構的知識與社會文化息息相關。學習過程中文化與社會的角色相當關鍵；語言發展是文化傳承的一種方式，因此必須與文化同步成長（Vygotsky, 1986）。這樣的理念與使用科技做為媒體讓學習者交流共學的方式是相互呼應、不謀而合的。

三、教案內容與實施

以上筆者就英語為世界共通語言、資訊科技輔助跨國共學、社會建構的語言學習觀為即將要介紹的教案做前導說明。接下來，則是敘述教案的內容與實施步驟。這項教案是筆者於臺中教育大學任教大一英文的實際經驗。希望透過本章節的分享，除了讓讀者對該課程有所了解之外，更希望能夠拋磚引玉，讓其他教大一英文的教師們也思考實施類似課程的可能性，甚或能進一步發揮創意，加以變化後設計出符合自己學生的需求，且更具效益的相關課程。

課程主旨與目標

本課程為一學年，每週授課兩個小時的大一英文。除了傳統上的提升大一學生的英文技能外，更希望能夠善用學生數位原民的本能，於教學活動中融入資訊科技的使用，提升其英語力及跨文化能力。並且，符應英語為世界通用語言的理念，學生英語能力的提升強調的是以英語跟世界溝通；學生能夠在真實的情境下，以英語作跨國、跨文化的互動。課程的重點在於提供學生機會與學習環境，讓學生更有自信的陳述己見、表現自我，成為懂得跨文化溝通的人（intercultural speakers）。在這樣的學習情境下，學生與其他以英語為世界通用語的使用者共同合作學習、建構知識。

課程內容與實施

課程的設計分為上、下兩個學期的規劃。上學期的課程重點為閱讀經典的短篇故事，藉著英語故事閱讀與討論，培養學生的英語閱讀力，讓學生熟悉故事體裁、格式及作者的寫作手法，也培植學生高階思考的能力與想像力。透過故事，學生也有機會了解文化、社會、族群相關的議題。筆者考量學生的英語程度、可能感興趣的故事內容、故事的文化意涵等等因素後，選擇了由 Jean A. McConochie 編輯的 20th Century American Short Stories (Revised Edition, Volume 1 & 2, Heinle & Heinle Publishers) 作為閱讀教材。學生每兩週閱讀一個短篇故事，分成數個小組，每一組的成員共同選擇其中的一個故事，跟全班同學分享他們的閱讀心得。各組也依照所分享的故事主題，共同創作一個簡短的故事，並且在一個網路平臺 Wix 上發表（http://www.wix.com）。Wix 網路平臺提供使用者以文字、圖檔、影音等各種方式呈現資料，平臺上也有多種設計好的格式方便使用者輕鬆選擇，它也提供社群溝通的功用，使用者可以遠端與多人相互討論共同創作的網頁內容。在學期末，各組學生會在上課時朗讀所創作的短篇故事，並且分享創作的歷程。上學期的活動為學生下學期所要進行的跨國共學之數位故事寫作做好預備。上學期的課程大綱請見附錄 1。

第二學期的課程的重點則是運用網路科技進行跨國共學。合作的夥伴學校為加拿大魁北克省的 Laval University。該校位於加拿大的法語區，學生的母語是法語；因此跟臺中教育大學的學生一樣，英語都不是母語。為了配合 Laval University 的行事曆，臺中教育大學的學生從一月底（寒假期間）就開始跟 Laval University 的學生以網路視訊相互認識，為下學期的共學活動進行暖身。二月中旬開學以後，兩校的學生在教授的協商下進行分組；每一組所包含的臺中教育大學學生和 Laval University 學生的人數相當。分組完後，小組就可以進行討論如何共同創作數位故事。雖然 Wix 平臺提供了討論區的功能，但是學生仍可以依照各組的需求選擇其他的即時或是非即時溝通工具，包括 email、Facebook、Skype 等。Laval University 的教授為了幫助加拿大的學生熟悉 Wix 的使用，特別製作了一個教學影音短片，說明該網站的各項功能。由於臺灣與加拿大的時差，跨國小組的故事內容及分工合作事宜的討論無法於上課時間進行，而是由各組依組員方便的時間安排。大一英文的上課時間則由各組報告與加拿大學生合作書寫數位故事的進度。各組於跨文化溝通時遇到的困難或是有趣的事件，也會在大一英文課堂上，與全班分享。因此，教授對於各組的合作情形可以有即時的掌握，各組於跨國溝通時遇到的狀況，也成了最佳的真實案例與教材。

第二學期跨國共同數位寫作活動的高潮在於分享所創作完成的故事。雖然臺中教育大學的學生在大一英文的課堂上都會定期的分享合作進度，但是從來沒有機會看到或是讀到各組完整的創作成果。在學期結束前，筆者安排了學生的作品發表會。發表會中各小組的學生分工負責介紹故事大綱、創作過程中難忘的插曲或是趣事、故事內容朗讀等。發表完後也接受同儕提問。在各組發表完後，筆者將所有的創作統整發表在同一個 Wix 網站中，供全部的同學閱讀。同時也鼓勵同學間相互在網站上給予回饋。活動的最終則是以學生的省思報告作為句點。省思報告的引導問題請見附錄 2。跨國共同創作數位故事的時程請見下表：

表 1　Schedule for the Intercultural Telecollaborative Multilingual Digital Storytelling Project

Phase	Week	Task
1	1	The professors from both classes showed their students how to create digital stories and how to work together on the project website.
2	2	The students from the two classes established first contacts by e-mail.
3	3-10	The international partners communicated with each other by e-mail, Facebook or via discussion forum on their websites to make decisions, and to complete their stories on topics of their own choosing.
4	11	In their respective classes, the students presented their completed digital stories. At the same time, online peer responses were invited.
5	12	Learners reflected on the collaborative experience.

四、學生學習成果

　　跨國合作數位故事寫作的課程已經經過兩年的重複實施。兩年來參與的學生完成了幾個圖文並茂的數位故事。故事的內容都非常的有創意，也都有濃濃的兩國文化的成分。有些故事是穿越古今的神話故事，有些是現代寓言。有些故事主角中可以看到合作組員的身影，有些是傳統故事的新解，相當有趣！搭配故事的圖片及音樂更是賞心悅目，有些故事的插畫更是學生自己的精心創作！各組的學生也都將以英語寫成的故事翻譯成華語及法語版，再加上三國語言的語音檔。英語部分經過各組組員的共同檢視後，遣詞用字正確、文字流暢，讓筆者與加拿大的教授都十分驚喜！圖 1 為將學生的故事整理呈現的網頁截圖：

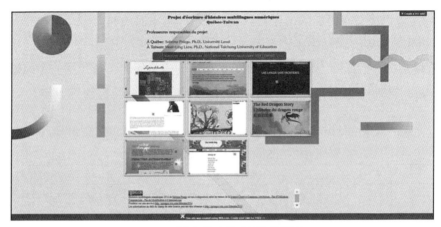

圖 1　學生故事網站網頁截圖

　　學生對於這樣的教案設計都給予相當高的肯定。從學生的省思報告中，筆者整理出來學生認為受惠最大的幾點包括：（1）英語能力進步了，（2）學會互助合作的學習方式，（3）體會不同文化，（4）建立友誼，（5）得到成就感。以下為幾篇具有代表性的學生省思報告：

"There are lots of things that I learned from this experience collaborating with the Canadian students. I found out that Canadian students are creative and imaginative. They are good at gathering sources and ideas to add interest to the story line. This can attract reader's interest to know the following of the story. Also, the story became a meaningful fable. Moreover, their grammar is quite good. They compose sentences sensible and logical. This is the merit I appreciate. This is the first time collaborating with someone from different culture. Therefore, it is important that we have to respect each other, so that we can gather great ideas and thoughts from partners easier and carry out a wonderful story."

"Through the collaboration with them, I found that it was interesting to work with people from different culture. We often have many different thoughts or aspect of one thing. I think it benefits our story because it makes our story more colorful. Something difficult is that we have time differences. Sometimes we have to wait them so long for just one response. But maybe we come up with another new idea during that period. Even we have some challenge; we still had a good time working with them."

"At the very beginning, all of us are not so sure how the project is going to work, so I created a discussing group on Facebook to share our thought. I am happy that the Canadian students in our group are responsible and cooperative. They help us figure out the story point, but later we felt it hard to complete. Therefore we rewrite the story and add some new characters into the story. The story we wrote is quite different from theirs. On Thursday or Wednesday maybe, we showed it our story to them, but yesterday, they told us they don't want to change the story. It's quite complicated, but we will figure it out. They are in the process. I check the progress every week to make sure that we are moving forward. I ask my lovely members many questions because I tend to feel anxious when working with others... I learned a lot from this project. I also learned a lot about Wix. I really want to say thank you to my lovely members because we helped each other and we also established a great relationship."

"I think writing a story with foreigner is quite difficult because of the time difference. And when I'm communicating with them, I think telling a sentence without mistake is quite important, so I always consult the dictionary for the correct words and phrases. Sometimes it is hard for me to explain what I want to say in English, but I tried my best to chat with them and I think we have a good time. In this project, I think collaboration is very important. All of us need to pay some efforts to the story so that we can finish it smoothly. Although it is not my first time to collaborate with foreigners, it's still a big challenge for me. I am really happy to have this special experience to write a multiple language story with Canadian students."

除了學生的主觀看法外，筆者與加拿大的合作教授 Dr. Sabrina Priego 也共同以研究者的角度，對於學生的學習成效做有系統的探究（Priego & Liaw, 2017）。從學生的 Facebook 和討論區的溝通紀錄，我們發現學生們在協商討論的過程中，其實面臨到需要溝通協調的時候還真是不少。為了順利完成數位故事，彼此都使用了不同的策略來處理衝突事件（contradiction resolving strategies），這些策略包括 requesting help, offering help, giving directives, responding to directives, thanking, creating team spirit, using humor, face-giving, face-saving, complimenting, offering alternatives, apologizing, accepting apologies 等等。從一些個案的互動中，我們發現衝突處理策略的靈活運用是相互合作成功的重要關鍵。沒有或是不知道適時使用這些策略的組別，不僅在合作的過程中容易產生挫折感，所創作的數位故事的品質也比較弱。

筆者與 Dr. Priego 系統性分析過的學生表現另一層面是兩國學生間的對話（dialogue）型態（Priego & Liaw, in press）。我們根據 Bakhtin

（1981）的 dialogism 的概念以及 Fairclough（2003）的 assumption / intertextuality 的理念，分析學生在討論數位故事創作時的對話。我們將學生的對話以 Socratic 及 Magistral 為兩端的量尺來衡量、分類。Socratic 的對話是雙方對等的協商，Magistral 則是權威、高壓的對話。我們發現大多數的學生都會以各種方式達到 Socratic 的對話協商。但是也有少數的組別或是個人在溝通時多以 Magistral 的方式來進行。有趣的是，採用 Magistral 對話方式的組別較不容易建立合作關係，在達成合作創作方面也較為困難。

五、教學反思

在實施了科技輔助跨文化交流的英語教案後，從學生的作品與學習成果看來，效果是相當良好的。學生的回饋也能夠呼應課程設計時所希望達到的目標。因此，筆者認為這樣的教學方式是值得分享的。不過，不能否認的，在良好的成效背後，需有許多教師的準備與努力來支撐。即使資訊科技提供了許多協助，還是有種種需要教師注意的地方。

教學進度

進行跨國共學首先要克服的是雙方的教學行事曆與時區差異。由於不同的國家的教學行事曆不同，往往一方的學期已經開始了好幾個星期，另一個學校才剛要開學。加上兩個學校的期中考及放假的日期不一致，使得合作的時間相當有限。在短短的雙方學生都共同有課的時間中，學生們要從完全陌生到能夠互信、協商，乃至共同合作完成一項任務，其實並不容易。因此，實施跨國共學計畫的教師一定要先相互取得學校的行事曆，並依照可以合作交流的時間，討論好在時間內可以完成的課程內容及活動。絕對不要抱著過分樂觀的心態，以免造成學生的壓力與挫折感。

在時區差異方面也會造成學生無法找到可以即時溝通的時間。這對於有些偏好即時溝通，需要對方立即回應的學生來說，也會產生焦慮感。教師若能為學生事先做好心理準備，則可避免學生在跨國溝通時一些無謂的困擾或是誤解。

學習活動的設計

以資訊科技為媒介的跨國共學絕不是單純的讓兩方的學生相互認識，選幾個議題讓彼此發表意見就算完成。跨國共學的活動必須有階段式的設計，讓學生有機會暖身、建立關係，再進入共同合作學習。最後還要有讓學生沉澱、省思的機會。在學習活動的進行中，教師必須掌握學生的溝通交流情況，適時提供協助。當學生遇到溝通困難的時候，往往也是學生學習成長的良機。教師可以將所有困難的情境做綜合整理，跟學生一起分析原因及討論可能解決的方式。如此一來，學生從活動中學到的不僅僅是英語或是文化差異，更有批判性的思考與解決問題的態度與策略。

教師與學生的角色

在以資訊科技為媒介的跨國共學的學習環境中，學生的學習及知識的建構主要來自學生與學生相互間的交流與對話，有別於傳統的以教師為知識傳遞者的教學模式。由於學生間的互動方式不同、所選擇討論或是合作完成的任務不一，所使用的語言也沒有固定的文法或是字彙。許多學生在溝通的過程中面臨的挑戰是難以預測的，是需要學生在當下自己做判斷跟反應的。因此學生的角色絕對不再是被動的知識接受者，他必須在一來一往的對話間了解對方的意圖，並且主動尋求方式讓對方理解自己的想法。在共學夥伴的互動過程中，教師是被邊緣化，甚或不具有存在性的。然而，畢竟學生對於跨國共學還是需要教師的指導，因此，教師對於自己角色必須有所拿捏；一方面讓學生能夠有自信的以英語表達自我，一方面又能夠在他無法解決困難時予以指導。

文化與學習

　　本教案的實施驗證了以科技輔助跨國溝通與合作，提供給學生學習成為 intercultural speaker 的良好機會。文化與語言是一體的兩面。學生們透過共同的世界語（英語），學習如何表達自己的想法，創作出同屬雙方的故事。溝通的過程難免有挫折、甚或衝突。然而，衝突點卻也是最佳的學習時機。學生們必須學著理解、折衝、協調，這些是語言能力的提升，也是成功的溝通中，最基本而且不可或缺的元素，更是對不同文化的尊重與跨文化的學習。

　　另外一個重要的收穫是，跨文化交流讓參與本課程的學生意識到英語是他們向世界表達想法與爭取發言權的工具，而非僅僅是一門大學中的必修課程。從學生的交流過程與共同創作的故事中，流露了濃濃的「臺灣味」及與「魁北克風」。這相互交錯的混搭格調正反映了，在科技與全球化的洪流中，多元化是下一個世代的必然趨勢。多元文化的紀元裡，最需要的是相互尊重、包容與交融。設計與實施跨文化交流的語言學習教案正是呼應學生將來需求的對策！

參考文獻

< 中文部分 >

柯慧貞、董旭英、李俊霆、周廷璽 (2015)。**104 年學生網路使用情形調查報告**。取自 http://www.edu.tw/News_Content.aspx?n=0217161130 F0B192&s=F1AA06D56E8D6B20

衛生福利部心理及口腔健康司 (2015)。**戰勝網路成癮 - 給網路族手機族的完全攻略手冊**。取自 http://health99.hpa.gov.tw/educZone/edu_detail.aspx?CatId=21928&Type=002&kw=

< 英文部分 >

Bakhtin, M. (1981). *The dialogic imagination*. Austin, TX: Texas University Press.

Bhabha, H. K. (2004). *The location of culture*. Abingdon: Routledge

Bloch, J. (2004). Second language cyber rhetoric: A study of Chinese L2 writers in an online usenet group. *Language Learning and Technology, 8*(3), 66-82.

Cameron, D. (2002). Globalization and the teaching of "communication skills" In D. Block & D. Cameron (Eds.) *Globalization and language teaching* (pp. 67-82). London: Routledge.

Canagarajah, A. S. (1999). *Resisting linguistic imperialism in English teaching*. Oxford, UK: Oxford University Press.

Cortazzi, M. (2000). Language, cultures, and culture of learning in the global classroom. In K. Howah & C. Ward (Eds.) *Language in the global context: Implications for the language classroom*. Singapore: SEAMEO Regional Language Center.

Crystal, D. (2003). *The Cambridge encyclopedia of the English language*. Cambridge: Cambridge University Press.

Fairclough, N. (2003). *Analyzing discourse: Textual analysis for social research*. London: Routledge.

Graddol, D. (1997). *The future of English. London*: The British Council.

Graddol, D. (2001). English in the future. In A. Burns & C. Coffin (Eds.), *Analysing English in a global context* (pp. 26-37). New York: Routledge.

Ha, P. L. (2009). English as an international language: International students and identity formation. *Language and Intercultural Communication, 9*(3), 201-214.

Higgins, C. (2003). "Ownership" of English in the outer circle: An alternative to the NS-NNS dichotomy. *TESOL Quarterly, 37*, 615-644.

Internet World Stats (2017). Retrieved from: http://www.internetworldstats. com/stats.htm

Jenkins, J. (2009). *World Englishes: A resource book for students* (2nd ed.). London/New York: Routledge

Kramsch, C. (1998). The privilege of the intercultural speaker. In M. Byram & M. Fleming (Eds), *Language learning in intercultural perspective: Approaches through drama and ethnography*. Cambridge: Cambridge University Press.

Lam, W. S. E. (2000). Second language literacy and the design of self: A study of a teenager writing on the Internet. *TESOL Quarterly, 34*(3), 457-483.

Lam, W. S. E. (2004). Second language socialization in a bilingual chatroom: Global and local considerations. *Language Learning and Technology, 8*(3), 44-65.

Liaw, M-L. (2016). Reality or rhetoric: The changing mindset of English learners and non-native English-speaking teachers in Taiwan towards EIL. *English as a Global Language Education (EaGLE) Journal, 2*(2), 1-25.

Liaw, M-L., & English, K. (2013). On-line and off-site: Student-driven development of the Taiwan-France telecollaborative project *Beyond These Walls* in MN. Lamy & K. Zourou (Eds.) *Social networking and language education* (pp. 158-176), New York, NY: Macmillan.

Liaw, M-L., & English, K. (2014). A tale of two cultures. In D. Chun (Ed.) *Cultura-inspired intercultural exchanges: Focus on Asian and Pacific languages* (pp. 73-96), National Foreign Language Resource Center, University of Hawai'i at Mānoa.

Liaw, M-L., & English, K. (2016). Identity and addressivity in the "Beyond These Walls" program, *System Journal*, Special Issue. http://dx.doi.org/10.1016/j.system.2016.12.005

Liaw, M-L., & Ware, P. (in press). Multimodality and social presence in an intercultural exchange setting. In R. Kern & C. Develotte (Eds.), *Online multimodal communication and intercultural encounters*, Routledge.

McKay, S. L. (2003). EIL curriculum development. *RELC Journal, 34*(1), 31-47.

McKay, S. L. (2012). Principles of teaching English as an international language. In L. Alsagoff, S. L. McKay, G. Hu, & W. A. Renandya (Eds.), *Principles and practices for teaching english as an international language* (pp. 28-46). New York: Routledge.

McKay, S. L., & Bokhorst-Heng, W. D. (2008). *International English in its sociolinguistic contexts*. New York, New York: Routledge.

Prenksy, M. (2001). Digital natives, digital immigrants. *On the Horizon, 9*(5), 1-6.

Priego, S., & Liaw, M-L. (2017): Understanding different levels of group functionality: activity systems analysis of an intercultural telecollaborative multilingual digital storytelling project, *Computer*

Assisted Language Learning, DOI: 10.1080/09588221.2017.1306567

Priego, S., & Liaw, M-L. (in press). Listening to the students' multiple voices in an intercultural telecollaborative multilingual digital storytelling project: A Bakhtinian perspective, *ALSIC (Language Learning and Information and Communication Systems)* Special issue: Exchanging views on telecollaboration.

Sharifian, F. (2009). *English as an international panguage: Perspectives and pedagogical issues*. Bristol: Multilingual Matters.

Sharifian, F. (2011). *Cultural conceptualisations and language*. Amsterdam: John Benjamins & Co.

Ware, P., Liaw, M.-L., & Warschauer, M. (2012). The use of digital media in teaching English as an international language. In L. Alsagoff, S.L. McKay, G. Hu & W. Renandya, (Eds.), *Principles and practices for teaching english as an international language*. Routledge International.

Waschauer, M. (2000). The changing global economy and the future of English teaching. *TESOL Quarterly, 34*(3), 511-535.

Warschauer, M., & De Florio-Hansen, I. (2003). Multilingualism, identity, and the Internet. In A. Hu & I. De Florio-Hansen (Eds.) *Multiple identity and multiculturalism* (pp. 155-179). Tübingen: Stauffenburg.

Weber, G. (2008). Top languages: The world's 10 most influential languages. Retrieved from http://www.andaman.org/BooK/reprints/weber/rep-weber.htm

Vygotsky, L. S. (1986). *Thought and language* (A. Kozulin, Trans.). Cambridge, MA: MIT Press. (Original work published 1934)

附錄 1

大一英文上學期授課大綱
Freshman English
Fall

Instructor: Dr. Meei-Ling Liaw   Class hours: 10:10 - 12:00 Mondays

Office: K848   Classroom: F302

Tel: 22183461   Email: meeilingliaw@gmail.com

Course Objectives:

This course is designed to strengthen the overall English language proficiency as well as critical thinking skills and intercultural competence of the students majoring in English. To reach this goal, this course adopts the reader-response approach, in which the students read and respond to American short stories. With reading-responding activities, the students are given opportunities to think critically and to express their views on the various aspects of the literary text by speaking and writing in English. In this way, students become active users of the English language, not passive recipients of linguistic knowledge.

Since digital literacy is an important competence for successful global communication, another important element of the course is infusing the practice of digital literacy along the development of English language proficiency. The students will also be guided to use selected digital storytelling tools to collaborate with peers in and out of classes for creative writing.

To cultivate students' communication proficiency and intercultural competence, this course will also arrange telecollaborative activities in which they can jointly create trilingual (English, Chinese, and French) digital stories with university students in Canada. Not only will the students of this course obtain critical English language and digital literacy skills for successful communication, but all of the learning will also take place in a fun, positive, and supportive ambient.

Course Requirements and Grading Policies:

1. Class attendance and participation (10%): Class participation is important to the success of the course. Students are expected to come to class with the story read and ready for in-class discussion. In each class, students are to contribute ideas and to respond to others' comments. Students should take their own positions to respond to the text in order to improve their speaking, reading, and critical thinking skills. The class participation grade consists of two parts: 1) attendance, 2) the instructor's assessment of students' overall contribution to class discussions and group work.

2. Group presentation (40 %): Throughout the semester, the students will work in groups of 5 on a project which leads to a 15-20 minute class presentation. After forming the cooperative group, the students then select a story and sign up for the time of their presentation. The presentation should involve 1) read aloud part of the story that the group considers to be most interesting, 2) a brief introduction to the author of the story, 3) a list of 20 vocabulary words taken from the story with definitions and example sentences, 4) the group's responses to the story. Each of the four parts of the group presentation will count for 10 points.

3. In-class discussion (10 %): After each group presentation, time will be given to the discussion of "Understanding the story questions" in the text. Each group will be assigned questions to discuss and present their

answers to the questions.

4. Reading and writing activity (40%): Each group will create three digital stories with the use of Wix. The stories created by each group will have to be original creations collaboratively done by of all of the group members. The Wix creations will be presented in class and loaded to a course website for peer responses. Authors should respond to readers' comments. Each digital story will count for 10 points. Peer responses will count for 10 points.

Please note that plagiarism, defined as using someone else's ideas or words without giving the person credit, is not permitted whether it appears to be intentional or not.

Required Textbook:

20ᵗʰ Century American Short Stories Edited by Jean A. McConochie (Revised Edition, Volume 1 & 2, Heinle & Heinle Publishers)

Tentative Schedule:

	Date	Topic	Activity
1	9/16	Course overview	Self-introductions; Getting the required textbook; and reading the first story
2	9/23	No Speak English	Lecture; Sign up for short story presentations and group writing presentations
3	9/30	No Speak English	Lecture
4	10/7	Popular Mechanics	Presentation #1
5	10/14	Popular Mechanics	
6	10/21	Sharing of collaborative digital story	Digital story sharing #1
7	10/28	The Unicorn in the Garden	Presentation #2
8	11/4	The Unicorn in the Garden	
9	11/11	Sharing of collaborative digital story	Digital story sharing #2
10	11/18	The Chaser	Presentation #3

11	11/25	The Chaser	
12	12/2	Sharing of collaborative digital story	Digital story sharing #3
13	12/9	Love	Presentation #4
14	12/16	Make-up holiday	No class
15	12/23	Love	
16	12/30	The Lottery	Presentation #5
17	1/6	The Lottery	
18	1/13	Review and Prepare for telecollaboration with Université Laval	

附錄 2

Final Reflection Guiding Questions

1. Did you enjoy participating in this trilingual digital story collaborative writing project?

2. What did you find to be the most difficult aspect of writing the trilingual digital story? Why?

3. What did you enjoy the most? Why?

4. Did you write the story directly on Wix or did you first draft it on Word? Why?

5. Did you enjoy working in a team? Why?

6. Do you think that there was a leader in your team who made more decisions or guided the team work? Why?

7. Were there any conflicts or disagreements among the members of the team during the course of the project? If so, can you explain what they were about?

8. Do you think that working in a team helped you to draft the digital story? If so, how?

9. Who drafted the story? Why?

10. Who chose the images? Why?

11. Was there a member of the team who worked less than the others or who did not work at all?

12. Did you read the other teams' stories before the oral presentations? Why?

13. Can you explain how you proceeded when writing the story on Wix?

14. What did you do when you did not know what to write?

15. Are you satisfied with your story? Why?

16. As a future L2 teacher, would you use your trilingual digital story with high school students? Why?

17. Did this project help you to develop your teaching skills? How?

18. Do you have any other comments?

第二部分

同中存異：
多元文化教案

4

在別人身上看見自己：
文化短片運用於評論撰寫

陳彩虹 [1]

一、課程整體概述

　　104 學年上學期我有三個大一英文班級，分別為法律、教育學院班，商學院班，與傳播、外語學院班，每班學生人數 37-38 人。學生的英文程度及學習氛圍整體來說差異性不大。在分項能力中，據我觀察，學生「讀」與「聽」的能力最優，「說」的能力次之，「寫」的能力相對之下較需加強。「讀」的方面，本課程使用達歐洲共同語言參考標準（Common European Framework of Reference for Languages；CEFR）C1 等級的課本，補充教材則皆為 BBC 與 CNN 等級真實語料的文章，在閱讀這些教材時，學生除單字外少有不懂句意的狀況。「聽」的方面，大部分學生在大一上學期就能跟上本課程全英語授課的上課方式。然而，「說」的方面，個別學生間的差異性則明顯較大。其中一個原因可能是即使本校學生得以選擇跳修或免修大一英文，三個班級中皆有數名學生符合資格卻仍選擇修習大一英文課，這些學生「說」的能力多半優於其他學生。此外，大部分學生雖有能力使用英文做經驗敘述，但在表達較深入想法和論證方面卻仍有很大困難。相同狀況亦發生在學生「寫」的能力上。這些評估符合我過去六年來於本校任教對本校大一學生的觀察。因此，本課程雖在共同課程指標規範下，整合聽、說、讀、寫技能，但在考量這群學生這些特質後，我決定將教學重心置於學生說

1　作者為國立政治大學外文中心專任副教授

與寫的能力。上學期目標為建立學生說寫信心，下學期則是培養學術說寫基本技能。

教科書方面，每學期約上三個單元，每個單元皆深入探討該主題，並使用補充教材協助學生做延伸學習，單元結束後有一份寫作作業，要求學生對該主題做反思與批判。說的方面，除上課討論外，每週安排四位學生口頭報告。上學期的目標在於營造友善氣氛，消除大一學生因須通過學測、指考而對使用語言時犯錯誤產生的恐懼。因此，學生僅需做三分鐘個人趣聞或軼事報告，方式無限制。在學生說的自信及班級感情建立後，下學期口頭報告難度提高，學生必須對爭議性主題做分組口頭報告，報告內容須符合課程中所教的論點陳述技巧，含背景敘述，小組論點，反方論點，反駁論點等。我亦要求學生必須使用上課中學習到的學術報告英文用語。在評量學習成果時，我使用的標準反應課程目標，即上學期側重內容是否能引起觀眾共鳴，除當語言錯誤影響訊息傳達外，我刻意不糾正學生的語言錯誤。下學期評量標準則側重是否達到內容與語言的要求。

文化主題在我以往大一英文課程中是散至各單元，或是因應時事帶入課程。例如，在上課本「幽默感」（humor）或「都市傳奇」（urban legend）主題時，我便於該單元融入不同文化幽默感或都市傳奇的比較課程。然而，為配合本中心 104 年度上學期「多元文化語境之英文學習革新課程計畫」，該學期我設計了較有系統的文化主題教學，以下文章中即是介紹這個文化教案。

本課程上下學期的評量配置略有不同，但大致上為課程參與度占30%，口頭及寫作報告 30%，期中筆試 20%，期末筆試及口試 20%。筆試考題有詞彙填空、詞彙英文解釋及造句、聽力或閱讀測驗、開放式問答及寫作等。

二、我的文化教案

A Multiculture English Learning Project

College English I

Foreign Language Center, National Chengchi University

Instructor: Rainbow Chen

✍ The learning task

The project, "In Watching Them, We See Ourselves," aims to encourage learners to think critically about three cultural issues: "ethnic diversity," "cultures of learning," and "racial biases." Every four weeks, learners watch a video about one of these issues, and write a reflective commentary on the video. A writing template based on Bloom's taxonomy (Krathwohl, 2002) is provided for them to facilitate their thinking development. Learners receive feedback on their commentaries from multiple sources: their peers, two teaching assistants, and the instructor. The language skills practiced are listening and writing.

✍ Scheduling of the task within the Fall 2015 semester

Week
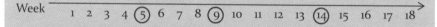
1 2 3 4 ⑤ 6 7 8 ⑨ 10 11 12 13 ⑭ 15 16 17 18

- ▪ Week 5: 1st commentary
- ▪ Week 9: 2nd commentary
- ▪ Week 14: 3rd commentary

✍ Language input

Listening

For each topic, one video is provided. The videos were chosen based on the considerations of: 1) length, 2) language difficulty level, and 3) complexity of the issue. While the project is implemented as an out-of-class activity, an activity is conducted in class a week before each commentary is due to facilitate students' understanding of the video.

■ Topic 1: Ethnic diversity (Video title: "What kind of Asian are you?")

< https://youtu.be/lY1v6m6slzY >

♦ LENGTH: Approx. 2 minutes

♦ LEVEL: Intermediate

♦ SYNOPSIS: A Caucasian man assumes an Asian American woman is a foreigner. He tries relentlessly to find out where she's from only to make a fool of himself.

♦ REASON FOR SELECTION: To raise students' awareness of ethnic diversity in the globalized world.

■ Topic 2: Cultures of learning (Video title: "Are Asian students smarter?")

< https://youtu.be/opBfHXePM2Y >

* LENGTH: Approx. 6 minutes
* LEVEL: Advanced
* SYNOPSIS: Facts and myths behind Asian students' outstanding performance on tests were explored in this CNN report.
* REASON FOR SELECTION: To help students understand and critique the image of Asian students

■ Topic 3: Racial biases (Video title: "Parents React To The Child Race Doll Test")

< https://youtu.be/UOVwrcTzRBs >

* LENGTH: Approx. 9 minutes
* LEVEL: Advanced
* SYNOPSIS: Sixty years after the original "doll test" (1939), child psychologist Dr. Margaret Beale-Spencer conducted a similar study for CNN to investigate how kids view

differences in race today.
* REASON FOR SELECTION: To guide students to think about factors contributing to racial biases and ways to prevent them

✍ Input/output connection

When writing their commentaries, students are required to dictate some quotes, summarize the video, and comment on it. They are also encouraged to use the quotes in the comment.

✍ Instruction to students for performing the task

Learning materials and guidelines for completing the assignments, including a writing template, are made available at NCCU WM3 E-Learning Website at the beginning of the semester to allow students to learn at their own pace.

✍ Assessment

Percentage: 20%

Criteria explained: The commentaries are marked according to these criteria:

- comprehension of the materials (Questions 1-3)
- quality of description (Questions 4)
- depth of the ideas expressed (Questions 5-6)

Assessor: teacher / TA

「在別人身上看見自己」（In Watching Them, We See Ourselves）這個文化教案旨在培養學生處於全球化社會中應具備的三種關鍵能力：跨文化覺識、批判性思考、與英語文能力。近年來，英語教學領域十分重視批判性思考，相關教學活動不勝枚舉。在設計這類活動時，最大的挑戰在於找到適當的教材。該教材不但要語言難度合適，更重要的是要讓學生感興趣並能刺激思考。另一方面，語言與文化密不可分，如 Kramsch（1998, p. 6）所言：

> People who identify themselves as members of a social group ... acquire common ways of viewing the world through their interactions with other members of the same group. These views are reinforced through ... sites of socialization throughput their lives. Common attitude, beliefs, and values are reflected in the way members of the group use language - for example what they choose to say or not to say and how they say it.

因此，英語教師在課室中融入文化學習亦已有很長的歷史。然而，隨著全球化現象以及網路資源普及，學習者自行學習英語文化在今日已不是難事。因此，我認為課室中的文化教學，尤其在高等教育階段，應跳脫教師單方面將異文化傳授給學生的模式，而將重心放在引導學生與文化教材做深層互動，同時探索並省思自身文化。由於能達到此目的的教材必須能激發學習者分析與反思行為，它也成了適當的批判性思考訓練教材。

　　這份教案即是在這個前提下產生的。我依主題和語言難度選擇了三部 YouTube 短片做為教材："What kind of Asian are you?", "Are Asian students smarter?", 和 "Parents react to the child race doll test"。三部短片分別探討種族多元化、東西方學習文化差異、及種族偏見的議題，其共同特徵為內容皆具爭議性，長度皆於 10 分鐘之內，且與學生生活相關。第一部影片諷刺沒有種族多元化概念的人，第二部是亞裔學生在美國學習狀況的主題報導，第三部則是美國兒童心理學家 Dr. Margaret Beale-Spencer 重製 1939 年「克拉克娃娃實驗」（The Clark Doll Experiment）的實驗報導。著名的克拉克娃娃實驗研究孩童對自我認知與種族的關聯性，對於美國廢除公立學校種族隔離有關鍵性影響。雖然

第三部影片表面上未與臺灣學生生活直接相關，但學生透過各式媒體形成的種族認知，例如對於臺灣新住民的認知，都可與這個影片欲傳達的訊息做連結。

　　活動實施方式為每位學生藉由撰寫對每部短片的評論檢視自己的見聞，並嘗試挑戰自己對相關議題的既有觀念或成見，以增進自己的跨文化覺識。作業的設計基於布魯姆六個層次的認知教學目標（Bloom's Taxonomy）（Krathwohl, 2002），透過提問方式促進學生思維的發展。每篇評論中含六個由淺至深的問題讓學生回應，前三題為基本理解問題，旨在檢視學習者對知識的「記憶」（remembering）和「了解」（understanding）；後三題為漸進式思考性問題：第四和五題分別以促進學生「運用」（applying）與「分析」（analyzing）能力為目標；第六題則是分成兩部分，第一部分檢視學生「評鑑」（evaluating）知識的能力，第二部分檢視學生「創造」（creating）知識的能力。為完成此項作業，學生必須審視自己是否了解影片的內容和其跨文化意涵，也必須將這些意涵連接至既有的知識與經驗。表1條列出這些提問和其與布魯姆認知教學目標的對應關係。其中，一至三題為必須回應的題目，四至六題則為自選題，學生須從中至少選一題回答。整篇作業的字數限制（不含第一題）為 150-250 字。

表1　提問問題與布魯姆認知教學目標的對應關係

LEVELS	QUESTION PROMPTS
Creating	Q6. If you think the video presents a problem, could you suggest a way to solve the problem?
Evaluating	Q6. Do you agree or disagree with the message of the video?
Analyzing	Q5. What does the video teach you about the way you behave or your expectations of others?
Applying	Q4. What does the video remind you of (e.g., something you know or have experienced)?
Understanding	Q3. What is the message of the video? Explain it in one sentence.
Remembering	Q2. Summarize what happens in the video in no more than 40 words. Q1. What are your favorite quotes/phrases in the video?

　　此教案內容獨立於課程教科書之外，為不減少我為此大學英文課程原先所規畫的學習內容，這個學習活動主要以課後自學方式進行。這樣的設計同時能促成大學英文課程欲培養學習者自學能力的目標。相關教材與作業要求於學期初公布後，學生依各人學習速度與喜好方式，規劃學習，在三個規定時間內（第五、九、十四週）完成作業，電子版與紙本版皆須繳交。學習成果占全學期成績20%，即該學期報告成績（30%）中的三分之二。第一至三題的評分重點為對影片內容與意涵的了解程度，第四題的評分重點為描述事件的能力，第五至六題則是看所呈現想法的深度。

三、執行情形

　　活動可細分為三個學習循環週期。如圖1所示，每個循環為期約四週，每個循環中，學生經歷自步學習（self-paced learning），完成作業（completion），及接受來自多方的反饋（feedback）。於學期第二週我跟學生說明這項學習活動的目標及我對他們的期望，提醒他們開始規畫學習。我並告知學生除了我之外，他們的同學，以及兩位助教將會是他們作品的讀者。

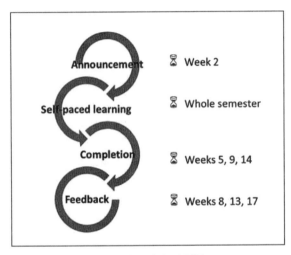

圖 1　學習循環週期

　　學期初提供的教材包含影片連結、每部影片的寫作大綱（writing template）（見附錄）、補充閱讀文章和字幕檔，所有教材皆於第二週之前即上傳至課程平臺供學生下載。三部短片的前後順序安排主要以影片的語言難度為衡量標準，第一部最簡單，故該影片不提供字幕。其它兩部稍有難度，則有提供字幕檔，讓學生自行決定是否有需要閱讀。此外，第二部影片因與學生生活最為貼近，我並提供 The Wall Street Journal 對蔡美兒「虎媽的戰歌」（Battle Hymn of the Tiger Mom）一書的報導讓學生參考。以下對學習循環中的各步驟做簡要敘述。

自步學習

　　在學生自步學習期間，除了鼓勵他們遇到問題個別與我討論之外，我給予學生完全自由，未做干預或監督他們的學習方式與進度。在作業繳交前一週，我亦僅於課堂上詢問學生是否有語言上理解的困難。由於作業前三題要求學生對影片內容做摘要和解讀其中心訊息，我在解決學生語言上困難時，刻意不去討論影片意涵。

完成作業

繳交作業當天，視影片內容意涵難度，我透過提問或討論方式協助學生判斷他們對前三題的回應是否適當。討論過後，我並提供我寫的摘要及影片主旨供學生參考，學生可決定是否要修改自己的回應。然後，學生分組閱讀彼此作業中後三題（即開放性較高的題目）的回答，且必須至少挑一個回答做內容上回應，直接寫在對方作業上。目的是要讓每位學生的作品得到同儕回應。

接受反饋

本活動的兩位助教皆為本校大四學生，其中一位是臺灣學生，負責閱讀學生前三題回答；另一位是美國學生，負責閱讀學生後三題回答。我並請美國學生助教對他負責的三題題目做回應。在發回學生作業當週，我公布他的回應，並與學生討論，目的是要提供學生該議題的另一種文化視角。這位助教與學生年齡相仿，我認為他所提供的異文化視角對學生很有意義。尤其是本活動的影片情境皆在美國，這位助教可以提供自身經驗與感想供學生參考。在兩位助教皆閱讀完學生作品後，我再閱讀，並給予學生作業分數。

每個學習循環結束後，我對前三題的回應與美國學生助教對後三題的回應皆上傳至課程平臺供學生瀏覽。

四、學生作品說明

參與本活動的學生共 112 人，每人撰寫 3 篇評論，共計 336 篇作品。學生作品於期末結集成冊（圖 2），供各班學生互相觀摩。

圖2　學生作品集

　　許多學生於其第二篇評論中逐漸展現能將學習內容與實際生活經驗做連結的能力。下面第一篇學生作品中（圖3），作者在評論第二部關於東西方學習文化差異的影片時，對亞洲學生於數理國際比賽的屢屢戰績與舉世聞名科學家卻多半是西方人的矛盾現象做出了她的合理推論。語言方面，她很恰當地運用了課堂上學習到的緩和語氣的用詞（hedging）來呈現她的論述，如 the possible reason 與 tend to 等。第二篇作品（圖4）的作者則是將第一部關於種族多元化議題的影片內容與他當時所讀的課外書做了連結，用他對 nation, country 和 state 三個觀念的理解來解讀影片中發生在美國的情境，並提出了同樣情境是否會發生在法國的疑問。這篇評論也展現作者的思維歷程，如他所述：「我的困惑也許不政治正確，但它仍是我的疑問。」（My confusion might not be politically correct, but it's still a question to me.）這是思考力形成的自然過程，亦是本活動想促成的學習成果之一。

4. What does the video remind you of (e.g., something you know or have experienced)?

The video reminds me that the winner of the International Science Olympiad is often Asian students in recent years. It indicates that Asians are able to study as well as, or even better than others in these science subjects, just like they often do better on tests at school. Nevertheless, given that most well-known scientists in the world are Westerners, I was extremely surprised when I heard of the news. I think the possible reason for this strange situation in the video is that the education systems in Asia countries tend to push students to study those subjects hard theoretically, which leads them to perform well in International Science Olympiad. On the contrary, students in Western countries do experiments more often and have more opportunities to combine theory and reality, and think more creatively.

圖 3   學生作品一

4. What does the video remind you of (e.g., something you know or have experienced)?

The video reminds me of one of the books I read recently. It's about Chinese state and Chinese nation. I think the USA is a unique country, whose people are from all over the world. She's not a nation-state like Germany, France or Italy, but a country consisting of many immigrants. This is why we find the situation in the video ridiculous. However, would we think it is ridiculous when the same thing happens in France, China or other countries where people have a strong national consciousness? Would a French-born, French-speaking Asian be thought of as French, or "regular" French? My confusion might not be politically correct, but it's still a question to me.

圖 4   學生作品二

五、學生回饋意見

　　為了解此教案是否達成其教學目標，我請學生於學期末活動結束後填寫一份簡短問卷。問卷中主要問題有三個，第一個用李克特量表（Likert Scale）詢問學生在四個學習面向的受益程度（1 為非常不同意，5 為非常同意）。這四個面向分別為思考力、跨文化知識、英語聽力、與英語寫作。第二個問題問學生三個短片中哪一個主題他們會想多接觸。第三個問題問作業中哪一個問題最難回答。共計 111 位學生填答。

　　圖 5 至圖 7 顯示學生填答結果。如圖 5 所示，學生認為此教案對訓練聽力最有幫助，其次是思考力、跨文化知識的增進，對寫作能力的幫助則相對較小。然而，四個面向得分在滿分 5 分下皆超過 4，表示大致來說，對四種能力培養皆可說有幫助。

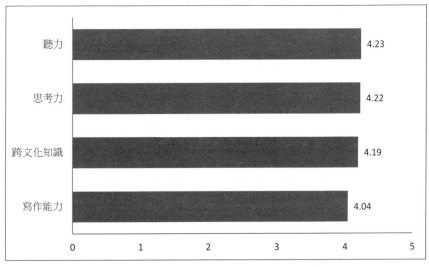

圖 5　學生對各學習面向看法的填答結果

　　第二題，「哪一個主題的影片學生較想多接觸一些？」，有 2 位學生未填答。但此題由於可複選，產生了 149 個回應。如圖 6 所示，學生對於繼續探討第一部（46.79%）與第三部影片（43.12%）的主題感到較有興趣，原因可能是他們對這兩個議題比對學習文化差異陌生。在「其它」選項中，學生也建議了一些將來老師們可考慮納入的議題，如：東西方生活型態差異、同性戀議題、東西方音樂文化差異、東西方媒體相異處等。值得一提的是，有位教育系學生提到：「文化方面可選東南亞，這是現在臺灣社會上正面臨的。」，顯示了她對臺灣多文化現象的注意。這一點我在選擇影片時已有考慮到，請見下一個部分「我的教學反思」中的說明。

Answer Choices	Responses
Ethnic diversity（全球化世界之同文化種族多樣性）	46.79% (51)
The Child Race Doll Test（種族偏見）	43.12% (47)
Cultures of learning（東西方學習文化差異性）	34.86% (38)
Others（其它）	11.93% (13)

圖 6 「哪一個主題的影片學生較想多接觸一些？」的填答結果

問卷最後一題也是複選題，產生了 121 個回應。此題填答率 90%，有 10 位同學跳過未答。如圖 7 所示，將近 60% 的學生覺得作業中的最後一個問題，"If you think the video presents a problem, could you suggest a way to solve the problem?" 較難回答。這個結果並不令人意外，因為這一題要求學生進行的思考層次為布魯姆認知教學目標的最高層次，即創造知識（見表 1）。至於學生為何認為我設定的「評鑑」層次提問 "Do you agree or disagree with the message of the video?" 比需要「運用」（Q4）和「分析」（Q5）能力的題目簡單則是我未來將深入探究的方向。但需特別注意的是，學生對答題難易的看法並不代表他們實際上已有該題所要求的思考能力。他們認為較容易回應的題目可能僅表示他們於該題有東西可以寫。然而即使如此，學生在這方面的看法顯示他們自身已意識到的困難類別，對我未來的教學設計仍是寶貴的回饋。

Answer Choices	Responses
Q6 後半部 : Could you suggest a way to solve the problem?	57.43% (58)
Q5: What does the video teach you about the way you behave or your expectations of others?	32.67% (33)
Q4: What does the video remind you of	15.84% (16)
Q6 前半部 : Do you agree or disagree with the message of the video?	13.86% (14)

圖 7 「哪一題較難回答？」的填答結果

六、我的教學反思

在我將近 20 年的英語教學經驗，這份教案是我認為對學生的英語學習很有意義的教學活動之一，我也對這三個班級在此活動中的投入及表現十分滿意。使用真實語料做為教材早已是英語教學界的普遍現象，然而，並非任何真實語料皆能促進學習。在設計這份教案時，我的重要工作之一即是在對學生能力、背景、學習需求皆有全盤了解的前提下，篩選出能催化思考力的教材。基於我教授與研究本校學生英語學習的經驗，我於該學期前的暑假中花了一整個月時間搜尋我認為適合大一新生的教材，搜尋標準如下：

- 文化議題須有連貫性，且學生不需背景知識就可理解
- 內容具普遍性和時事性
- 內容深度足夠，含爭議性
- 至少有一部須涉及亞洲學生
- 語言難度適合，且必須符合語言學習目標
- 長度不超過十分鐘

據我評估，我依此標準選出的影片的確能引起學習興趣與思考動機。我推測學生會對這些議題展現出興趣的其中一個重要原因為本校多元文化校園的明顯特色讓剛進學校的大一學生感到新鮮與好奇。他們天天與外籍學生擦肩而過，卻對外籍生一無所知，亦缺乏管道自己去與外籍生做較深層的互動。外籍生的無所不在提供了一個現成的真實情境讓學生產生想要提高自己文化覺識的動機，而這個文化活動適時滿足了此需求。

未來若再次實施這個活動，我將從三方面精進，包括讓文化情境多元化，協助學生做較高層次思考，及改成翻轉方式進行。分別敘述如下：

文化情境多元化

如前文所述，本教案使用的三個影片的情境都在美國。這樣的選材有可能不小心助長了學生對「西方」的狹隘定義。雖然我在挑選影片時就已意識到這一點，但由於英語學習亦是此活動主要目標之一，為符合上述「語言難度適合，且必須符合語言學習目標」的標準，我決定捨棄影片中主要語言並非「內圈圈」（Inner Circle；即英語為母語或第一語言）英語的影片。隨著這樣的限制產生的結果即是影片文化情境多半發生在美國。我預期要找到語言難度適合大一學生，情境不在美國或其它「內圈圈」國家的影片將是很大的挑戰。一個可行的做法是合作教學，由多位教師一同搜尋教材，提高找到適當教材的機會。

協助學生進行高層次思考

如上述，學生認為提問中創造知識類的問題（Could you suggest a way to solve the problem?）最難回答，顯示出他們在此階段意識到自己最難達到的思考層次。由於此項活動為課後個人作業，學生在進行思考時也許需要幫助卻無法及時獲得。未來實施可以考慮：一、若課堂時間許可，事先教授回應此類問題的技巧。二、將這個問題改成小組回應，讓學生有機會從小組討論中腦力激盪出解決之道。待學生有能力獨立回答時，再於第二份或第三份作業中改回成個別回應問題。

由自學改成翻轉方式進行活動

本次實施以自學為主，課堂上花在此活動時間有限。除了上述為了不影響原先課程內容的原因外，學生已具備的語言與文化覺識基礎亦是讓我決定此活動可以以自學方式進行的原因之一。由於本校為人文社會科學大學，學生的文化覺識基礎與同齡臺灣學生比起來相對較高，因此理解影片中的訊息對大部分學生不是太困難。若於他校實施，教師若能於學生做作業之前設計相關活動，利用**翻轉**教學方式幫助學生理解影片隱含訊息，學生將更能受益。例如請學生課前觀看影片並完成理解性測驗或思考一些問題，上課時再做討論。事實上，不論本校或他校學生，若課堂時間許可，我相信利用**翻轉**教學讓學生在課堂上有機會更深入對這些議題做討論或辯論，都能增強學習效果。

—— **Q & A** ——

Q： 您提到花了些時間挑影片，也提到挑選時的考量。請問是否可以提供多一點細節，例如是用哪些關鍵字，在哪些地方搜尋，篩掉了些甚麼，為什麼某些影片沒獲選等等？根據這些考量是否可歸納出教師搜尋課外材料的通則？

A： 我原先的計畫是先建立影片教材庫，再從教材庫選出三個最適合影片使用，因此關鍵字訂得很廣，包括 cross-cultural communication, cultural differences, cultural conflict, culture shock, East West culture 等，搜尋的地方為 YouTube。但後來發現要找到符合我的考量的影片很困難，因此便改變方式，先訂出我想納入此活動的確切文化主題再搜尋影片。我選擇主題的來源有三：一為本課程教科書；二是我曾代表外文中心為北區外文中心策劃過的 12 場「國際學生文化交流工作坊」（NCCU Culture Café），該工作坊每場皆有一個主題供臺灣學生與外籍生討論；三是我的研究與時事。結果決定出的主題有：gender, humor, education, racial discrimination。之後我便使用這些關鍵字加上 culture 或 cross-cultural 去搜尋。

　　影片沒獲選的原因中，品質（音效、攝影等）和長度是一大主因；其次是內容呈現方式單調或屬個人觀點，例如，我篩掉所有 TED 影片，原因是即使有些 TED 影片的內容合乎我選片標準，我擔心演講式影片較難引起大一新生觀賞興趣。我也篩掉來源無權威性的影片，例如僅提供個人敘事觀點的影片。

　　這個影片搜尋過程仍不足以讓我能歸納出教師搜尋課外材料的通則，原因是活動規模偏小，且學生群同質性偏高。

教英文、跨文化

Q：活動中大量的學生作業通常是老師頭痛的問題，因為需要很長的處理時間。請問您是否有祕訣可以分享？例如怎麼打分數，怎麼指導助教，助教處理過程中是否有碰到甚麼困難，您是如何處理的等等？

A：我用了幾種方式將批改作業控制在我能承擔的工作量範圍內，即限制字數，重點式批改，級距式給分，和讓助教們在第一輪批改就分擔掉較基本的批改工作。如附錄的寫作大綱所示，每篇作品（不包括第 1 題答案）總字數須為 150-250 字。其次，重點式批改指的是內容方面僅評想法（idea），語言方面僅評學生是否成功地表達訊息。我將前者分配給美國學生助教幫忙，請他對每篇作品提供簡短回饋即可。語言方面則是分配給臺灣學生助教幫忙，請她對每篇作品提供 2-3 處語言修正建議。兩位助教皆不評分，但須選出他們批改的部分每班優劣作品各 3-5 件讓我評分時參考。在助教們完成這一輪批改後，我讀學生文章可以迅速許多，因為除了少數作品我需要加上補充回饋之外，大部分作品我都能讀完直接評分，且分數由優至劣僅分五級。這些評分標準與過程，我在學期一開始就已很明確地跟學生說明。

　　我指導助教的方式為學期初清楚說明我的要求，並提供以前類似活動中的批改範例給他們參考，學期中有必要時我也會提供回饋。由於助教們並不負責評分，我認為沒有事先試改的需要。兩位助教於處理學生作業過程中並未碰到困難。

教學應用重點

教材

利用具爭議性的議題或突顯迷思的教材訓練批判性思考。

利用熟悉的議題但新鮮的觀點挑戰學生既有的思維。

教法

將寫作的龐大任務分割成數個較易操作的小部分。

由淺入深對學生提問，引導學生逐步提升思考的層次。

教師教學成長歷程

　　大學畢業後，先後於三所公立高中任教十三年，期間曾因感受到教學上的瓶頸，留職停薪修讀英美文學碩士。學位完成回到工作岡位上，即使工作順利，卻隱隱感覺仍未能有所突破。直到 2002 年至臺北市中山女高任教，接觸資訊融入英語教學後，我終於開始覺得自己的專業知識有了明顯的成長。當時國內英語教學界的資訊融入教學與教師專業社群皆仍在萌芽期，學習資源尚不足，因此，我透過網路修習了幾門國外課程，一方面學習專業技能，另一方面實際體會參與教師社群對我精進專業的影響。同時，我也開始於課室中進行行動研究。2004 年，因體認到當時中學英語教師尚無分享教學方法與課室研究成果的平臺，我與幾位於不同校任教的同事發起了第一屆「全國高中英文教學研討會」，該研討會受到第一線教師高度的認可。在這些經驗的驅使下，隔年，我赴澳洲進修，研究線上教學，並於 2010 年完成博士學位。隨著時間，我的學術興趣因教學與研究上遇到不同議題逐漸發展成跨文化教學。

　　2008 年，當博論正如火如荼進行時，我面臨是否要回臺工作或辭職的兩難。最後決定辭職，專心把研究完成。畢業回國後，先於國科會擔任博士後研究員，之後幸運獲得政大外文中心教職。高中與大學的教學情境截然不同，各有各的挑戰。以我個人的經驗來說，擔任高中教師時，我面對的是在教學受升學考試綁架下，該如何啟發學生學習動機的挑戰。而今日，身為大學教師，我面對的挑戰則是在外部限制相對較小，學習資源俯拾可得，及新一代學習者不同的學習需求之下，我該如何促進學生學習。尤其在本校學生的學習動機及自學能力比他校學生相對稍高的教學情境中，持續探索如何能讓我的教學對學生的學習有價值是我最重要的課題。

參考文獻

Kramsch, C. (1998). *Language and culture*. Oxford: Oxford University Press.

Krathwohl, D. R. (2002). A revision of Bloom's taxonomy: An overview. *Theory into Practice, 41*(4), 212-218.

附錄

寫作大綱（Writing template）

A commentary on [title of the film]

Department and name:

Word count:

◎You must answer the first 3 questions, and for Questions 4-6, choose at least one to answer. The total word count for your answers should be 150-250 words.

1. What are your favorite quotes or phrases in the video?
2. Summarize what happens in the video in no more than 40 words.
3. What is the message of the video? Explain it in one sentence.
4. What does the video remind you of (e.g., something you know or have experienced)?
5. What does the video teach you about the way you behave or your expectations of others?
6. Do you agree or disagree with the message of the video? If you think the video presents a problem, could you suggest a way to solve the problem?

5

不只有耶誕和萬聖節：
世界各地節慶之專題報告

許麗媛[1]

一、課程整體概述

　　自 104 學年度上學期開始，本校執行教育部資科司所指導之大學英文課程革新計畫，該學期我負責三個大一英文班級的教學，學生分別來自法律、教育學院、商學院、傳播及外語學院，每班學生人數約 38-40人。依據學生的大學入學英文科學測成績，多數學生落在 13 至 15 級分（15 為滿級分），根據大考中心 104 年度統計資料顯示，該年度英文科13 級以上學生約占總考生之 21% 左右，因此學生英文程度大致是在中級至高級之間。由於學生整體英文能力具一定基礎，本校大學英文課程並無實施分級教學，多數教師採用聽說讀寫融合之全英語授課方式。儘管如此，實際觀察學生個別英語能力表現，仍可感覺到明顯差別，特別是口語及寫作方面的個別差異較大。因此我個人在教學目標的設定上，除了因循既有的聽讀教材外，大一上學期著重強化學生口語表達，下學期則納入較多的寫作訓練。

　　由於本次課程革新計畫的重點在於將文化納入教學，除了本教案中所規劃的文化專題之外，本課程選用具豐富文化內涵，以及具備全球議題之教科書為主要教材，相關補充內容亦多為網路取得之真實影音材料。目的是培養學生能夠透過英語課程，更加認識並關懷世界。舉例來說，當課本單元提到非洲野生動物保育議題，我會利用網路學習資源

1　作者為國立政治大學英國語文學系專任副教授

（例如：Sheppard Software 網站中有關非洲地理單元），帶入非洲人文地理相關訊息的課堂活動，讓學生練習非洲各國國名的發音，以及利用分組搶答的模式（例如：說出三個東非國家的英文名稱），以加深同學對世界英文地名熟悉度。另外也利用美國饒舌歌手 Renald Francoeur 所創作的 *Tour the World* 的歌曲影片為教學材料，引發學生對學習世界人文地理知識的興趣。同時我也利用本校數位教學平臺 Moodle，將相關資源上傳於平臺，指定學生回家觀賞相關非洲動物保育計畫的短片（例如：the Elephants and Bees Project），並且在平臺討論區書寫影片觀後心得。除了在每週的課堂單元融入文化教學外，為了使同學對各地不同的文化有初步之認識與尊重，該學期我規劃了一個以探索世界節慶為主題的文化專題報告，希望在現有的課本教材之外，加強學生對世界文化的學習。以下就針對此文化專題的背景、目標、內容及實施方式等部分做進一步的說明。

二、我的文化教案

A Multicultural English Learning Project
College English I
Foreign Language Center, National Chengchi University
Instructor: Li-Yuan Hsu

✍ The learning task

The project, "Festivals around the World," aims to strengthen students' English skills as well as increase their interest and knowledge about other cultures. There are two phases during this five-week project. The first three weeks are the instructional phase, during which a set of teaching materials related to world festivals are utilized in class to familiarize students with the topic. Students are involved in a variety of class activities and practicing the four language skills. In the second phase of the project, students work collaboratively with their teammates to give a 20-minute oral presentation about festivals from a particular country or region. In the end, each group is required to hand in a written report synthesizing the findings.

✍ Scheduling of the task within the Fall 2015 semester

Week   1 2 3 4 5 6 7 8 9 10 11 12 ⑬ ⑭ ⑮ ⑯ ⑰ 18

    Weeks 13-15: Instructional Weeks

    Weeks 16-17: Students Presentations

✍ Language input

   ✧ **Video 1: A video on the history of "Thanksgiving Day," the day when Americans celebrate their traditional festival of Thanksgiving.**

        \<https://youtu.be/aIN227WlCec\>

    ◆ **LENGTH**: Approximately 5 minutes

    ◆ **LEVEL**: Upper Intermediate

    ◆ **SYNOPSIS**: This video summarizes the origins as well as the current celebrations of the American festival of Thanksgiving that takes place on the fourth Thursday in November, a day that Americans call "Thanksgiving Day." It includes the descriptions of the early history about pilgrims and Indians, the mother of Thanksgiving, the parade, the role of American football on Thanksgiving Day, etc.

◆ **TEACHING ACTIVITIES**:

(1) Pre-viewing activity: "What do you know about Thanksgiving?" Write three sentences about Thanksgiving and share them with a partner.

(2) Watch the video to learn more about this American national holiday.

(3) After you watch, work with a partner to answer the questions below.

    a. What foods are associated with Thanksgiving?

    b. Who was Squanto? What did he do to the Pilgrims?

    c. Who was Sarah Josepha Hale? What did she do?

    d. Which department store is famous for holding the Thanksgiving Day parade?

    e. What sport is often associated with American Thanksgiving?

(4) Discussion:

    a. Look at a news photo depicting President Obama at the annual White House turkey pardon ceremony.

    b. Work with a partner to answer the five wh-questions (who/where/when/what/why) about the photo.

◇ **Reading 1 (from the textbook): Unit 7B Why We Celebrate, *Reading Explorer 4 (Second Edition)*, published by CENGAGE Learning**

♦ **LEVEL**: Upper Intermediate

♦ **SYNOPSIS**: This article is mainly about how celebrations serve many different purposes throughout history and how they play an important role in people's lives. In this article, different purposes of public celebrations, often in the form of parades or festivals, are discussed. They may be linked to deep traditions, religion, entertainment, or business. Many examples of different types of festivals are discussed in the passage including Carnival in Venice, The Hajj in Mecca, a music festival in Melbourne, and the Kansas State Fair in the U.S. The article provides students with adequate prior knowledge to do further research on festivals around the world.

♦ **TEACHING ACTIVITIES**:

(1) Pre-reading activity: "Describing photos"

Work with your teammates and discuss the photos of different festivals presented in the textbook. You may scan the reading to find some information about the photos. In your discussion, try to answer the five wh-questions about each photo. After that, send two teammates from your group to describe the assigned photos in front of the whole class.

(2) Read the passage and answer the comprehension questions in your book.

✧ Video 2: A video about the Indian celebration of Diwali

<https://youtu.be/HrrW3rO51ak>

- **LENGTH**: Approximately 3 minutes

- **LEVEL**: Intermediate

- **SYNOPSIS**: This video produced by National Geographic presents an Indian festival, Diwali, or also known as "festival of lights."

- **TEACHING ACTIVITIES**:

  (1) Pre-viewing activity: What do these words mean?

  Here are some words you will hear in the video. Discuss the meaning of these words: garland, commemorate, adorn, display, lotus, customary, outfit, fireworks.

  (2) Watch the video to learn more about this Indian festival. While you watch, write down at least three things people do to celebrate Diwali.

  (3) After you watch, write a short paragraph to answer the questions below.

  What do you like about Diwali and why? Is there anything you don't like about it? If so, why not?

  (4) Share your writing with your teammates.

✧ **Reading 2 (an online news article): Historic Annual Cape Town Minstrel Carnival Continues Despite Challenges,** *Voice of America*

<http://www.voanews.com/a/a-13-2008-01-11-voa37/343863.html>

◆ **LEVEL**: Upper Intermediate

◆ **SYNOPOSIS**: This is a 2008 news report from Voice of America, which highlights the annual Cape Town Minstrel Carnival in South Africa. The first part of the report focuses on the origins and some of the traditions of the festival, many of which are related to the past slavery as well as the segregation policy in the society. The second part of the article describes some of the current challenges of the carnival and how people in the town manage to continue it despite the problems.

◆ **TEACHING ACTIVITIES**:

(1) Quickly read through the news article.

(2) After you read, write a paragraph to first summarize the key points of article and then express your opinions about it.

(3) Present your summary in your group first. While presenting, you should try to follow the oral presentation format below.

a. To begin your presentation: *Good Morning/Afternoon/ Hi*

everyone, I'm (your name) from the department of (your department).

Today I'd like to talk to you about ....

b. To end your presentation: *That brings me to the end of my presentation. /Well that's it from me. Thanks very much./ Thank you for listening.*

✍ Input/output connection

The class instructions provide students with the prior knowledge of the topic as well as practices of language skills for their successful completion of the task. In addition, while preparing for the oral presentation, students are required to collect information about festivals in different places and summarize their findings. The material students read outside the classroom is therefore directly related to what they create in the final presentation.

✍ Instruction to students for performing the task

Guidelines for completing the cultural project as well as the final presentation are made available at Moodle (see Tables 1 and 2 below)

Table 1 Guidelines for the Festival Project

• Group size: 4 to 5 students in a group
• Topic and content: Festivals around the World
- Each group is required to find 3 to 4 festivals within a specific area (e.g. a foreign city, country, or region) and introduce them to the class.
- The presentation should be done in a way that can help promote the tourism industry of the area.

• Oral presentation:

- Each student is required to give a 3-5 minute speech in English. The presentation time for each group is therefore approximately 20-25 minutes.

- Visual aids such as PowerPoint slides should be provided to go along with the presentation.

• Written report:

- Each group is required to submit a written report for the project. The report should be submitted in Week 18.

Table 2 Guidelines for the Final Presentation

• Each student should speak for 3-5 minutes.

• Each presentation will be videotaped for the final showcase in Week 18.

• Please follow the presentation rules below.

- LOOK AT YOUR AUDIENCE when you talk. DO NOT READ from your script!

- USE YOUR OWN WORDS to introduce the important and interesting parts of the festival. Skip the unnecessary facts.

- DO NOT PLAY THE VIDEO during your presentation.

- INTRODUCE YOURSELF and YOUR TOPIC of the talk. Be sure to begin and end your presentation well.

✍ Assessment

Percentage of the cultural project: 25%

- Oral presentation 15% (content 50%; presentation and language skills 50%)

- Group written report 10%

　　「世界各地節慶」（Festivals around the World）這個文化教案簡單的來說，就是讓學生透過英語，來學習及了解世界各地的節慶文化。希望透過這樣的教學活動，能夠增進學生的英語文能力，同時也提升他們對異文化的認識與學習興趣。隨著經濟全球化、英語成為國際共通語言，以及網路科技的普及等因素，使得不同文化背景的人，彼此透過英文溝通的機會越來越普遍。漸漸的人們開始了解，跨文化溝通的成功與否，往往不單只是英語能力高低的問題而已。因此有許多學者開始提倡把文化教學納入外語教學課程中，並且強調培養學生跨文化能力的重要性，如 Bennett, Bennett, and Allen (2003, p. 238) 所述 "Intercultural competence is as important as language competence in preparing students to live in the global village and multicultural societies."

　　但是跨文化能力究竟包含哪些層面呢？過去二、三十年來，有不少學者提出這方面的看法，其中最為英語教學界熟知的，莫過於 Byram（1997）的 model of intercultural communicative competence 以及 intercultural speaker 的概念。根據 Byram（2009）的解釋，跨文化溝通能力模式包含：語言（linguistic）、社會語言（sociolinguistic）、言談（discourse）、以及跨文化（intercultural）能力四個面向。而其中跨文化能力又包含五個要素：(1) attitudes including curiosity and openness、(2) knowledge、(3) skills of interpreting and relating、(4) skills of discovery and interaction、(5) critical cultural awareness。因此，我個人認為如果要提升學生的跨文化能力，教學任務的內容與設計，至少可以從這幾個要素著手。

　　任何教學任務的規劃，首先要考量的因素就是實施的對象。因為面對的是一群剛上大學的新生，而這些學生在高中階段的英語學習，多半局限在學習英語語言技巧層面。所以我對這個文化教案一開始的定位，就是設定在引導學生透過英語對世界各國文化，有初步的認識與學習的興趣，進而從中培養尊重的態度並且意識到它的重要性。因此從上述 Byram 所提的跨文化溝通能力的面向來看，這個教學任務除了語言能力的訓練外，在跨文化的要素上，重點是針對態度及知識這兩個面向的學習。另外，我之所以選擇「世界各地節慶」這個主題，有兩個主要原因。第一個原因是過去研究發現，節慶是跨文化溝通情境中經常被提到的主題之一，並且節慶也經常被拿來做為文化教學的素材。另一個原因是網路上有關世界各地節慶的資料相當豐富，學生在蒐集資料以及選擇內容上較為容易，很適合做為小組文化專題研究的入門主題。

再來是有關於這個節慶教案的內容及實施的說明部分。以課堂活動時間而言，這個教案實施時間總共有五週，大致可分為節慶專題教學、節慶專題報告兩個階段。也就是說前面三週由教師在課堂上進行節慶主題相關之聽說讀寫教學，後面兩週由同學上臺做分組報告。之所以會有這個兩階段的安排，主要是因為我個人認為，教學活動之間應是相互連結的，也就是說，教學活動的內容，應該與專題報告互相搭配，預備並訓練學生達成任務所需要的技能。根據這個原則，我選擇了兩部短片搭配兩篇文章，作為節慶教學的材料，並且設計了相關的活動。以下分別就選材內容及教學活動這兩方面，做簡要說明（細節部分，請參考英文版教案）。

第一個教學活動是一部介紹美國感恩節的短片（約 5 分鐘），以訓練學生聽、說能力為主，影片的內容主要敘述感恩節的由來、成為國定假期的過程、慶祝的方式、以及這個節日的意義。選擇感恩節作為開始，主要是同學對這個節日應該多半已有初步的認識，因此對於影片中部分的內容具熟悉度，在觀賞理解影片上容易有成就感。但是影片中也有同學過去可能不太知道的部分，例如被稱為感恩節之母 Sarah Josepha Hale 的故事等等。此外，討論完影片內容之後，搭配一張美國歐巴馬總統特赦感恩節火雞的新聞照片，讓學生透過練習回答 5 個 WH 問題（who / where / when / what / why）的方式，談一談這個每年感恩節都會在白宮舉辦的活動，做為這個節慶教學的結尾。

第二個教學活動是搭配課本的一篇文章，以訓練學生說、讀能力為主，文章內容主要探討節慶對人類社會的意義，節慶可分成不同類別，有宗教類也有純粹商業娛樂類，此外文章中也分別舉一些各地的節慶為例子，比方說宗教上就舉伊斯蘭的麥加朝聖（The Hajj in Mecca）。我個人認為，這篇文章提供了關於節慶的概括性背景知識，有助於學生蒐集資料時的分類與統整，讓他們比較能夠區分不同節慶的屬性及社會意義。此外，閱讀前搭配的小組描述節慶照片活動，則再次強調回答 5 個 WH 問題的技巧，訓練同學在理解及整理資料時應先掌握的重點。

第三個教學活動是一部介紹印度排燈節的短片（約 3 分鐘），以訓練學生聽、寫、說的能力為主，影片的內容主要敘述排燈節對印度人的重要性、相關的慶祝活動等等。選擇這部影片的原因是希望同學開始意識到，跨文化的學習不應該只局限在英美文化，從英語為國際共通語的觀點出發，去學習並尊重各地方的文化。教學活動方面，除了有關了解影片內容的聽力練習之外，觀後活動的部分，我選擇讓同學先書寫對排燈節的想法（喜歡或不喜歡的地方），之後在小組中分享，藉此訓練同學簡述節慶內容，以及表達自己看法的能力。

第四個教學活動內容是一篇有關開普敦吟遊詩人嘉年華會的文章，以訓練學生讀、寫、說的能力為主，內容取自美國之音的一則網路新聞報導，主要敘述這個嘉年華會的起源、演變、以及目前所面臨的挑戰，透過這個節慶的描述，學生可以了解南非過去實施奴隸、隔離制度的歷史背景。選擇這篇報導，除了文化內容的學習外，主要目的是讓學生演練專題報告時所需的技能，因此搭配的教學活動包含：快速閱讀、書寫讀後摘要、報告摘要內容。

完成了上述為期三週的節慶教學之後，接著就是第二階段為期兩週的學生口頭報告，之後繳交一份團體書面報告作為結束。此教案的學習成果占學生學期總成績 25%。

三、執行情形

雖然這個節慶專題教案是安排在期末執行，但是在開學第 2 週我就告知同學專題報告施行的細則，並將資訊公布在課程網路平臺。大約在第 3 週開始進行分組。第 10 週也就是期中考後，提醒同學應收集報告相關資料。第 13-15 週實施節慶專題教學，第 16-17 週由同學分組上臺報告，第 18 週繳交分組書面報告，以電子檔方式上傳至課程平臺。在前文中，我已經敘述了專題教學的內容、活動、及設計理念，以下我就針對同學分組、口頭報告、評量這三個實行細節做說明。

分組方式由同學自由選擇，以 4-5 人一組為原則。每組必須先選擇一個城市、國家、或地區，然後進行節慶相關資訊的收集，最後從中選擇 3 個以上的節慶進行報告，為了避免同學的口頭報告只是流於資料的陳述，所以在專題作業敘述中，特別提醒同學簡報的成敗與否，在於是否能夠讓聽眾能透過對這些節慶的介紹，對當地人文地理有所了解並且產生興趣，然後想要親身去感受，進而能夠有助於提升當地的觀光產業。每組每位成員都要上臺進行 3-5 分鐘的英文報告，需要提供投影片簡報，並且對每位同學的報告分別進行錄影。聽眾需要對每個報告進行評分，評分項目有兩個：內容呈現及語言技巧各占 50%，最後有個加總的分數，滿分為 100。根據聽眾評分的成績結果，票選出每班前 10 名最佳口頭報告，並在班上公開表揚入選同學。每班入選的報告影片皆經過學生同意，並簽署同意書後，才交由本校外文中心參加期末共同聯合展演，在展場供參觀者點閱觀賞及公開播放。

有關評量的部分，學生的專題報告占總學期總成績 25%，其中又細分為口頭報告 15%，書面報告 10%，這兩個項目都是由我單獨評分。口頭報告部分採個別評分，因此每位同學會有一個口頭報告的分數；書面報告因為是每組交一份，因此採團體評分，同組成員得到相同的分數。另外，關於 13-15 週所進行的節慶教學，相關內容部分則是與其它教科書單元，一併納入期末考筆試範圍。

四、學生作品說明

　　本教案所產出的學生作品包含兩個部分，口頭報告的影片、及團體書面報告。參與的學生有 115 人，口頭報告影片紀錄 115 部，書面報告約 25 份。其中口頭報告影片當中，依據同學票選結果約有 28 部影片參加期末共同展演，針對這些展演影片所介紹的節慶內容來看，扣掉重複的題目，共有 18 個主題（展演影片內容清單見表 1），同學介紹的各地慶典包含歐洲、亞洲、非洲、南美洲、以及南半球的澳洲，顯示同學努力蒐集各地慶典資料的成果。值得一提的是，這份清單並沒有包含美加地區的慶典，由於報告的內容是讓同學自由選擇，事先也並沒有依照地區來進行分配，會有這樣的遺漏結果，根據我個人的推測，很可能是這個地區的主流慶典文化如聖誕節、感恩節，多數同學已較為熟知，因此較不會選擇作為專題報告的主題。雖然如此，整體來說同學的作品涵蓋世界各地區的慶典介紹，內容呈現出多元文化內涵，值得鼓勵。

　　另外，從同學的報告中，我也發現到課堂教學內容對同學產出作品的影響。首先是報告內容的部分，例如從課堂上 "Why We Celebrate" 這篇文章中，我們學習到世界各地節慶的起源，以及各種不同節慶的分類（參閱英文版教案中關於 Reading 1 的敘述）。我觀察到許多同學在呈現節慶內容的時候，會先將它進行歸類（如傳統文化、宗教、商業、或是綜合性質），顯示同學能將相關的閱讀訊息，實際運用在自己報告的內容。另一個我觀察到學生的 output 反映出課堂 input 的例子，就是前面教案敘述部分有提到，我在課堂教學時會強調透過回答 5 個 WH 問題的模式，訓練同學在理解及整理資料時應先掌握的重點。我個人觀察到多數同學的投影片內容，會運用時間、地點、內容、起源等，類似回答 5-Wh 問題的方式作為內容的分類綱要。此外有部分同學會在簡報末了加入自己的看法（如個人偏好意見），或是對內容提出批判想法，因為這也是課堂活動常會出現的練習，顯示出同學不僅對課堂教學的內容有所吸收，並且能夠做不同程度的實際運用。另外有關簡報技巧部分，多數同學在上臺報告的時候，有按照課堂上練習的 presentation 步驟：包含自我介紹、報告主題、進行內容、結尾語，反映出同學課堂學習的成果。

表 1　期末共同展演影片內容清單

Festivals	
1. The National Day in France	10. Holi Festival in India
2. Oktoberfest in Germany	11. The Lighting Festival of Myanmar
3. The Festival of San Fermin in Spain	12. Chingay Parade in Singapore
4. Carnival of Venice	13. Ati-Atihan Festival in the Philippines
5. Edinburgh Jazz and Blues Festival	14. Day of the Dead in Mexico
6. Midsummer Day in Sweden	15. Peru's Guinea Pig Festival
7. The Drowning of Marzanna in Poland	16. Festivals in Australia
8. Yokote Kamakura Festival in Japan	17. Festivals of West Africa
9. Thai Elephant Festival	18. Festivals in Turkey

圖 1　學生書面報告剪影一

The last part of our presentation is to talk about the opposition to San fermin. Most of us may think that this kind of celebration events and activities San fermin held are too dangerous for human to participate. There are approximately 3~5% of participants get injured or even dead while participating in these celebration events, according to stats. Indeed, there are some human right advocates state that these kind of festival that have such high risks should be done away with. However, interestingly the main part of opposition in Spain itself comes from animal activists. They say that encierros and bullfighting are harmful, risky, and too brutal for the bulls. They claim that this kind of festivals are against animal rights and have no respect to animals, thus should be cancelled. To sum up, there are two sides of opinions that are against San fermin, one side states that for the sake of participants' safety, some events should be cancelled; the other side states that this kind of festival that held no respect to animal rights should be done away with immediately. San fermin is a historical festival, but whether or not there should be some safety adjustments to human participants or the bulls is still a problem to be set.

San Fermin – Bullfighting ritual (corrida de toro) Introduction

圖 2　學生書面報告剪影二

五、學生回饋意見

　　有關學生對本次教案的回饋意見，由於課堂時間安排的關係，我只有機會對實施教案三個班級的其中一個班，蒐集同學的回饋意見。問卷有關本教案的部分，只有一個開放式的問題：你在此次展演中準備的作品為何？它對你帶來甚麼影響？以下的討論主要針對這個問題的第二部分，也就是本次實施的教案對同學帶來甚麼影響？此次填答的同學人數總共有 33 人，只占實際參與本教案總學生數的三分之一左右，人數稍嫌不足，因此以下資料的分析結果，其代表性及參考價值皆受到限制。

　　本次資料分析主要根據前文所述之 Byram（2009）所解釋的跨文化能力的五個要素來做分類，此次學生作答的結果涵蓋其中三個要素：知識（knowledge）、態度（attitude）、理解與聯結之技能（skills of interpreting and relating）（如圖 3 所示）。

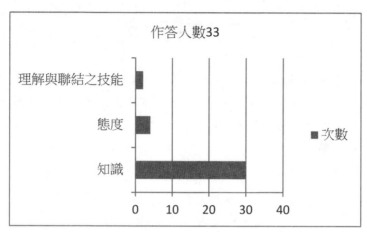

圖 3　參與教案對學生帶來的影響

　　所謂知識，指的是學生學習到異文化相關的知識，例如「更加了解中南美洲特殊的原住民及移民文化」、「更加了解日本傳統文化」、「了解到之前沒接觸過的英國風俗習慣及傳統節慶」。至於態度，根據學生的作答敘述，可以歸類為兩個層面：產生興趣和開放包容的態度，例如有幾位同學提到「完成後對該地區產生了濃厚的興趣，想多深入體驗」、「對這個國家更加了解、更加包容，很喜歡了解世界不同的文化」。最後，理解與聯結之技能，根據 Byram 的解釋指的是能夠理解異文化的資料或事件、並且能夠解釋以及跟自己的文化做聯結的能力，學生的作答敘述中有兩位同學提到「讓我能夠了解他國文化，比較與臺灣文化的不同」。

　　歸納學生的反饋結果，可以發現他們的學習結果普遍屬於文化知識層面，有幾位同學反應出態度上的學習結果，少數兩位同學顯示出比較文化異同的學習結果。這樣的結果，雖然跟我原先設定的文化學習目標大致相符合，亦即透過本教案讓學生對世界各國文化有初步的認識與學習的興趣，但是不可否認的，如果要讓學生發展其他跨文化能力的面向，本教案可能需要做一些調整，接下來的教學反思就是針對這個部分加以說明。

六、我的教學反思

對於本次實施的世界節慶文化教案，整體而言，我個人認為有達成我原先對這個教案所設定的目標，就是透過語言及文化內涵訓練並重的教學，引導學生透過英語對世界各國文化，有初步的認識與學習的興趣。但是不可否認的，這種只有透過資料收集，進行統整的專題報告形式，本身就有其限制性，多半只能涵蓋跨文化能力中有關知識及基本態度的面向，也就是說，接下來應該要有其他一系列的延續教學，才能夠有效提升學生的跨文化能力，但實施的時間上可能就必須要加長，不一定能融入原有的課程。若要發展系列延續教學，我個人覺得至少可以搭配一至二個其他文化教案，例如節慶教學之後，搭配富含文化內涵的世界電影，進行相關文化議題討論，然後再進行比較文化異同的口說及寫作練習等，使得文化教學更加有系統性。另外未來若是再次實施這個教案，我可能會從以下幾個部分去做修正及加強。

以人為主題做較深入的慶典介紹

本次的文化教案基本上是以地區為單位，讓同學去蒐集節慶相關資料並以報告的方式呈現，這樣的方式比較容易讓文化的學習局限在知識的層面，也較缺乏對異文化產生情感共鳴的可能性。另一種進行的方式，就是讓同學先尋找到異文化學習的對象，例如以在臺的外籍人士或是校園內的外籍學生為對象，先透過採訪的方式，來了解對方國家的節慶，然後再根據訪談結果進行資料蒐集，進而將對方的文化節慶在課堂上呈現。這種方式的優點，是學生不僅有機會實際與外籍人士接觸及溝通，同時也讓同學更切身的體認到，了解異文化及增進自身跨文化溝通能力的重要性。

提供同學更多結合科技與發揮創意的機會

學生的成果展現，本次是採取口頭報告加上錄影的方式進行。另外可能的方式，是讓同學以不同形式的影片呈現，例如學生可以選擇透過戲劇、報導、甚至是數位影像故事的方式，來呈現世界節慶的主題，如此一來同學比較有發揮創意的機會與空間，用 e 世代角度來做多元的呈現。但是上述的這些不同作品形式，學生需要花相對較多的時間在數位成品的拍攝與製作上，也需要較強的團隊合作，這些都是需要事先考量的因素。

增加批判與反思的練習活動

另外我個人覺得本教案所設計的教學活動中，應該要增加具有批判或反思元素的練習活動。例如可以安排一些假設性的情境，像是讓同學分別以來參加節慶的遊客，以及當地的居民的角色，用不同的角度來報導節慶的活動，或是表達對節慶的看法，訓練同學批判思考的能力，進而引導學生發展較高層次的文化能力，像是批判式的文化自覺意識。

— **Q & A** —

Q：我注意到您的教案中，有針對節慶主題設計了聽、說、讀、寫的教學活動，我個人對寫作的部分比較有興趣，想請問除了書寫讀後摘要及感想外，對於延伸寫作教學活動部分，您是否有其他建議或想法？

A：有關延伸寫作教學活動方面，原先設計的活動，主要是針對同學在做報告的時候，首先會需要運用的語言技能，例如快速閱讀，以及對資料進行整理摘要的能力。如果要增加寫作教學的部分，我個人認為可以把 Comparison and Contrast 文體的相關教學內容，放進教案中搭配運用。教師可以先進行這類文體教學，然後再帶入文化的內涵，例如本國和外國節慶相似或相異處的比較，透過寫作的方式，來探索與比較他我文化之異同，除了能夠增加寫作能力的訓練之外，也能藉由寫作過程中引發的深度自我反思，進而提升文化教學的層次。

Q：我想請問有關學生蒐集資料的問題，您在實施教案的過程中，是否會遇到學生直接就查閱中文的世界節慶相關資料？想了解您如何看待這個問題，或者如何解決？

A：有關學生閱讀中文資料部分，我在實施這個教案的時候，並無針對學生查閱資料來源之語言有所規範，只有規定報告的呈現必須是英語。我個人認為學生的英文程度不同，有些同學可能較習慣透過中文管道搜尋資料，可能很難避免。再者，有些國家的節慶相關資料，不一定有很完整的英文敘述，比如說我有遇到同學介紹日本的一些特殊節慶，反而中文的資料比較完整。但是我想將來可以針對同學蒐集資料這個部分做一些調整，比如說請同學列出至少幾個相關英文的網頁或參考資料，也許可以針對這個問題做一些改善。

教學應用重點

■ 教材

利用相關閱讀文本，提供學生必要之背景知識，有助於學生蒐集資料時的分類與統整。

利用相關網路資源，從英語為國際共通語的觀點出發，培養學生學習並尊重各地的文化。

■ 教法

透過相關教學活動（例如：快速閱讀、書寫讀後摘要、報告摘要內容），在課堂上演練學生進行專題報告時所需的技能。

透過回答 WH 問題的技巧，訓練同學掌握訊息的重點。

透過簡易個人回應練習（例如：說明喜歡或不喜歡的原因），培養初階批判思考的能力。

教師教學成長歷程

　　1994 年大學英語系畢業後，我即刻去了美國修讀英語教學的碩士學位，兩年後回到臺灣，正式開始了我的英文教師生涯。教書的第一年，我面對的學生是一群不具學生身分的成年人，因為當時我在補習班當托福教師，也在大學推廣部教夜間的英文班，有時也到企業擔任英文講師，從這些競爭激烈的商業環境中，我學會面對學生的不同需要、累積自己的教學能量。之後我進入一所私立的技職院校任職，開始正式從事體制內的教學工作，雖然面對的學生群多半是學習動機較弱的孩子，但是從他們身上我了解到教師工作的意義，除了知識的傳授之外，更重要的是學習興趣的啟發，以及人格的培養。在相對穩定的教學環境中，我開始有時間讀一些英語教學專業書籍，加上當時學校鼓勵教師進修，於是我就去報考國內英語教學研究所。唸書之後才發現自己專業知識及研究能力的不足，在修課的過程中，我找到自己有興趣的閱讀教學領域，在忙碌的教書工作之餘，完成了以閱讀信念和策略為主題的博士論文，並在 2009 年取得博士學位。

　　2010 年開始我來到政大外文中心任職，除了繼續我熱愛的閱讀教學及研究，面對這個日漸多元化的世代，以及大環境的變革，我開始對跨文化溝通研究領域產生興趣，也思考如何透過英語教育讓學生與世界接軌，未來希望能繼續在這個我選擇並熱愛的英語教學領域，貢獻自己小小的力量。

參考文獻

Bennett, J. M., Bennett, M. J., & Allen, W. (2003). Developing intercultural competence in the language classroom. In D. L. Lange & R. M. Paige (Eds.), *Culture as the core: Perspectives on culture in second language learning* (pp. 237-270). Greenwich, CT: Information Age Publishing.

Byram, M. (1997). *Teaching and assessing intercultural communicative competence*. Clevedon: Multilingual Matters.

Byram, M. (2009). Intercultural competence in foreign languages. In D. K. Deardorff (Ed.), *The SAGE handbook of intercultural competence* (pp. 321-332). Thousand Oaks, CA: Sage.

6
比較各國大學生活：
小組段落寫作及朗讀影片製作

黃淑真[1]

一、課程整體概述

我從四個方面介紹在 104 學年上學期開授的這門大學英文課程：

學生背景

我當學期共負責兩個大一班級，其中一班有 35 人，來自社會科學院各學系，如地政系、政治系、經濟系、財政系、外交系、公共行政系等，另一班為 27 人的僑生與外籍生，分別來自香港、澳門、馬來西亞、印尼、日本等地，兩班的學生組成、學生英語文程度與班級氛圍有些不同，社科院的學生在入學考試的篩選下程度較為整齊，對於老師的要求較快理解；僑外生班的程度較為參差不齊，有的在中學時即有較多的英語訓練，口語十分流利，但有的在聽讀方面都相對陌生，表達能力也較有限。

課程目標

課程在政大大學英文共同的課程指標下設計，希望能促使學生聽、說、讀、寫四技並進，有適當的語言吸收與產出，並能在未來使用英語做有效的跨文化溝通。一學年的課程中，我選擇在上學期側重段落寫

1　作者為國立政治大學外文中心專任教授

作，下學期則聚焦在口說。

選用教材

我使用的教材主要是 National Geographic Learning 所出版的 World Class 2，書中共 12 個單元，使用兩學期，一學期循序教授 6 個單元，每單元均有文章、影片、對話、文法重點、口說練習等不同素材，涵蓋主題包括各地瀕危語言、金錢觀、城市發展、性格分析、人類對未知的探索行為等，多元、切合學生年齡，但並不深奧。我大約每兩週完成一個單元，每週上課約有一半的時間圍繞在課本當週排定的材料上。另外一半的時間，我整理並利用網路上豐富的資源，搭配我在課本範圍外為學生所設定的學習主題，來逐步導引學生完成我要求的作業。104 學年上學期我教授的重點之一是段落寫作，便將段落寫作的練習融入我的跨文化教案中。

評量安排

課程的評量，以上述課本材料和我安排的學習主題各占一半的配分。在課本教材部分，我以單元小考和期末考試來驗收，共在六個單元後安排了五次小範圍的小考，以及涵蓋全學期教材的期末考，考量課程時間緊湊，我將期中考省略。期末考考題有選擇、填空、聽力、閱讀測驗等，評分較為客觀，學生只要具備一定基礎，詳實複習課本教材即可，這部分共占 50%。

在課本教材以外，我這學期評量的重點是學生的寫作能力，占 30%，這部分是個人成績，希望學生最後修改好的段落成品，能清楚表達自己對所選主題探索後的發現，有涵蓋全段主旨的主題句，足夠的內容細節發展，完整的句構、文法、合適的用字等，評分時我也考量學生是否在各修改階段準時繳交作業，修改時是否運用課堂所學，或採納修改建議等。

最後有 20% 的配分是個人段落寫作完成後，小組將段落結合成文，由組員分別朗讀短文，搭配圖片製成影音檔，以影片形式呈現出來，置放於線上課程平臺上，此部分為小組成績，給予學生更大的發揮空間，也需要團隊合作的能力。

二、我的文化教案

A Multicultural English Learning Project

College English I

Foreign Language Center, National Chengchi University

Instructor: Shu-Chen Huang

✍ The learning task

In the first two-thirds of the semester, students learn to write well-structured comparison paragraphs. Later, paragraphs under the same topic will be combined and students work in small groups to turn their materials into an audio-visual digital product, in which students use pictures alongside their oral reading of what they have written to address a cross-cultural issue. The main theme of these comparison paragraphs is about college campus culture around the world. Learners choose a specific campus culture issue and compare that issue on one campus with another campus dealing with the same issue.

✍ Scheduling of the task within the Fall 2015 semester

The writing part is individual work and is taught and learned throughout the first two-thirds of the semester. Once paragraph writing has been completed and refined in about Week 14, learners start to work

in groups and revise their paragraph drafts into a complete essay. In the final four weeks, they work together with group members to produce an audio-visual file featuring their observations or opinions on one college campus issue and compare it cross-culturally. This activity is scheduled in the final four weeks because students will have to first get their writing ready, and secondly spend time with group members discussing how they are going to present their writing visually and orally.

Week   1   2   3   4   5   6   7   8   9   10   11   12   ⑬ ⑭ ⑮ ⑯   17   18 →

✎ Language input

Reading

Some sample essays, including

1. "Higher Education Reforms in Taiwan", from

   Folse, K. S., Muchmore-Vokoun, A., & Solomon, E. V. (2010). *Great Writing 4 – Great Essays*, 3rd ed. Boston, MA: Heinle Cengage Learning, pp. 73-74.

2. "Compare and Contrast Yourself with Another Person", from

   Douglas, N., & Morgan, J. R. (2013). *World Class 2*. Boston, MA: National Geographic Learning, p. 46.

These sample essays show learners what a well-structured comparison paragraph is like and how learners are expected to write their paragraphs. Sample essays are discussed and elaborated on, specifically for how well they are written and what criteria and standards make them so.

Listening

Some short video clips, including:

1. College Freshman Regrets

https://youtu.be/XoOEhoBSX2c

2. Asians Taking Over College

https://youtu.be/UkrABHXZb70

These video clips feature authentic American English spoken by Asian college students in the United States. The content is about college subculture in the U.S. and is delivered in an amusing way. Learners will be exposed to some cross-cultural issues, which help them brainstorm their own topics to write about. In-class discussions follow the viewing to stimulate ideas.

✍ Input/output connection

The reading and listening materials mainly serve as examples and stimuli. They show learners how they can write, what makes well-written paragraphs, and what issues could be chosen and discussed. For the content of output, students depend on independent research and interviews with students from other parts of the world, in addition to their own life experiences and observations. The paragraph writing and production of audio-visual files are ways to get students to verbalize thoughts in an organized manner so that they will follow writing and speaking conventions in the English language.

✍ Instruction to students for performing the task

After the initial in-class introduction, a written guideline is provided to students on course e-platform. (See Appendix.)

✍ Assessment

Percentage: individual writing 30% + group audio-visual products

20%

　　Criteria explained: Quality of writing (30%) is evaluated based on content, organization, lexis, and grammar. Quality of the group products (20%) is assessed against content, coherence, visual aid, oral fluency, and accuracy.

　　Assessor: teacher / TA / peers / self

　　本課程中的文化教案將以下面三個層面介紹：

段落寫作能力的培養

　　大學生應具備基本的英語寫作能力，以清楚使用習得的外國語言來表達溝通。現今接觸兒童美語長大的一代多半較上一代能說、敢說英語，但在寫作能力上卻相對較為不足。高中生的英語寫作經驗，常局限在大學入學的學科能力測驗與指定科目考試中英文科短文寫作的題型。我在這個教案中，希望在聽、說、讀之外，教導學生說明文段落寫作的基本概念，且特別著重在比較文類（comparison and contrast）並給予練習寫作的機會。

以大學生文化探索為主題

　　寫作的內容素材方面，我擺脫教師出題、學生被動回應的方式，給予學生一個大略的方向和較多的自主決定空間。英語教師在教材選擇上較其他的大學專業科目教師多了許多自由，許多有趣的議題都可以是我們訓練語言能力的載體，而因為語言與文化常是密不可分的一體兩面，外語學習特別適合帶入跨文化議題的討論。然而文化議題五花八門、可深可淺，面對剛進大學的大一新鮮人，我考量他們的年紀、生活經驗及成熟度，決定讓他們從自身的生活出發，鼓勵他們選擇自己有興趣的大學生活面向，做跨國、跨文化的比較，一方面檢視自己的大學生活，另方面藉由網路資料搜尋、對外籍朋友或在國外讀大學的朋友做相關生活經驗的討論或訪談，有系統地比較自我與他人，再用英語書寫呈現出他們整理的結果。

作業的設計

在擬訂以上的語言技能訓練主軸與跨文化議題的方向後，考量教案在三十多名學生的班級內操作，我將這個功課設計成小組作業，每組學生在自選的小組主題下，由各個組員負責一個段落寫作的子題，各組員獨立撰寫、修改的段落最後合組成一個篇章，使得議題的討論能有不同的面向與細節。另外，為使寫作成品的呈現較為活潑、鼓勵團隊合作、且融入發音、語調的練習，我要求各小組自行朗讀最後修改好的寫作成品並錄音，同時為使作品的呈現較為活潑，學生可搭配自選的相關圖片播放，將聲音與影像製作成影音檔，成為一個學生小組在探索、討論過後，各自書寫，再以影音呈現、敘述、比較不同大學生活文化的作品。

三、執行情形

時程安排

教案執行時，我以近三分之二的學期時間著墨在段落寫作上，帶領學生從無到有架構起他們的英文段落，如下列時程所示，學生在期末將寫好改好的文稿錄製成影音檔之前，已經歷了六個寫作階段。首先藉由段落短文範例認識要達成的段落寫作目標，並開始發想自己小組要寫的主題，其次是在小組內將主題分為幾個子題並訂出合理的順序。當小組內的組員分派好負責的子題後，各自開始寫作及修改每段的主題句，隨後再發展段落內的細節。過程中學生的草稿就是我的教學素材，我挑選學生初期完成的草稿作為實際範例，對全班說明該作品哪些層面達到好的英文段落的標準，也藉以點出作品問題，導引修改方向，並演示修改的考量與步驟。待完成各階段給學生的回饋意見後，學生正式提交修改後的段落以完成個人作業，並在作業中說明，相較於原始草稿，文章那些地方修改了、為何修改、如何修改、參考了哪些字典或網站、諮詢了哪些對象等。

1) Weeks 4/5:   Sample Paragraphs / Idea Generation
2) Weeks 6/7:   Outlining / Sequencing Ideas
3) Weeks 8/9:   Writing / Revising Topic Sentences
4) Weeks 10/11: Writing / Revising Supporting Details
5) Weeks 12/13: Feedback on Drafts / In Class & Moodle
6) Week 14:   Students Submit Revised Paragraphs with Explanation
7) Weeks 15/16: Reading the Finalized Written Work in a Video

　　從學期一開始的小組主題發想（每組在共同選定的兩個國家或地區，及一個共同的大學生活面向下發揮，例如英國與臺灣的大學宿舍）與子題訂定（也就是個人負責的不同段落內容，亦即某個大學生活面向下的細項，例如大學宿舍的費用、設施、成員互動等），我即讓各組組員意識到彼此需有的合作與分工，所以在內容上一開始就要考慮到後續的整合。由於我將教學方向設定在段落寫作，所以沒有在授課時特別著墨文章開頭與結尾的書寫，最後小組各成員將段落組合成文章時，我以期初給予的數篇 comparison essays 範文提醒學生整合段落時可加入的開頭、結尾、及段落間的連結，使這些成分成為個人段落寫作轉換到小組影音報告時增加的元素。

促進學習的評量

　　受到我近年研究及文獻閱讀的影響，我的教學設計著重在以形成性評量（formative assessment）來促進學習。有別於總結性評量（summative assessment）多設在學習期程末端，用以檢驗教學成效，形成性評量可

在學習過程中協助教與學的雙方發現問題並尋求改進，一般稱之為
learning-oriented assessment，或 assessment for learning（有別於 assessment
of learning，參見 Black & Wiliam, 2009; Stiggins & Chappuis, 2012）。

　　圖 1 的教學設計概念圖（Graham, 2005），或可簡要說明相關的
理念。Graham（2005）指出過去教師習於將評量放在整個課程的最後
端，一旦評量留到學習將結束時才執行，且未預留充裕的時間讓師生溝
通評量結果，那麼藉由評量所發現到的學習問題，例如學生理解的錯
誤、操作表現的不足等，會因為課程已結束或準備要開始新的單元而沒
有被彌補的機會，使得原本的學習目標未能有機會確實完成。因此，在
教學設計上，應該有所翻轉，教師一開始設定的是教學主題，是個大致
的目標而非其中要教導的細節，藉由已有的作品範例向學生清楚說明學
習目標（例如這次要完成的寫作段落），學生初步練習後即迅速給予評
量，藉由學生在初期評量的表現，來發現學生欠缺的知識或技能，並針
對學生所欠缺的來做為教學內容的細節，才能達到以評量促進教學的目
的。如圖，過去是教師先依教材內容決定教學細項，教學完成後進行評
量，藉以看到教學目標達成的情形，此時不論教學成功或失敗均已無暇
改變。新的形成性評量教學思維則是反過來，先與學生溝通教學目標，
然後透過評量認識不足之處，再針對學生展現出的不足來決定教學內容
細節，才有針對問題、解決問題的完整教學。

圖 1　傳統教學步驟相對於以評量為本的課程安排

課程平臺的利用

學生寫作及修改的過程，我利用學校提供的課程數位教學平臺Moodle，以其討論區與 Wiki 小組共筆頁面的功能，希望提升同儕間相互學習的機會。圖 2 顯示的是小組初期在 Moodle 討論區貼出的主題及各組員負責的子題，以及我在討論區的回應，希望藉由提問，讓學生對自己準備要寫的內容可以有更多的思考。

在各組題目確定後，我為每一組先創立他們的 Wiki 頁面，在其頁面中先列出該組題目與組員姓名，組員隨著學習進度在自己的姓名下貼上自己的草稿。共筆功能讓組員可在任何時間修改自己小組的頁面，至於他組的 Wiki 頁面則僅可閱覽不可修改。我設定了三個漸進式的繳交時段，第 10 週每組至少上傳兩段落、第 11 週至少三段落、第 12 週要完成小組內所有段落及圖片的上傳。對於已上傳的段落，我與助教則以紅字直接在下方提出修改意見，鼓勵學生自行修改。圖 3 顯示一個小組在其 Wiki 頁面所提交的文字草稿及相關圖片，下方即是給予學生的問題，用以導引其後續的修改。

Group H
由梁■■發表於2015年 10月 21日(Wed) 22:16

Education System-Taiwan vs.Korea

梁■■Education system of advancing to a higher school

劉■ Study abroad

張■Cram school

李Extracurricular activities

回應: Group H
由黃 淑真發表於2015年 10月 22日(Thu) 18:30

I wonder if there are more similarities or differences between the two countries.

1. advancing to a higher level -- do you mean entrance exam?

2. study abroad -- will you discuss how popular it is, or where people go, or anything else?

3. cram school -- what about it? costs, ways of teaching, popularity?

4. extracurricular activities -- for high school students or college students?

圖 2　Moodle 討論區的小組大綱提案與教師提問

In Japan,although subway is convenient,ticket prices are xepensive,which is 130 yen per station.Therefore,people

will tend to walk if the destination isn't far away.

In a nutshell, the differential of ticket prices will influence people's tendency to take which transportation.

概念清楚明瞭，但要注意標點符號使用以及**which**的使用。

1. 第三句出現兩個動詞喔! Introduce and prefer。須要修改，想想看如何將這兩個概念融合成文法正確的句子。

2. "First, tickets prices aren't expensive, almost everyone can afford, which is..."裡面好像不只一個句子? 是否要換成兩句或用適當連接詞?想想看which 要修飾什麼呢，afford嗎?

3. "Therefore, people will tend to walk..."，請查tend to 和prefer to 的意思和差異。

4. "the differential of ticket prices"，請查difference, differential, different用法。

圖 3　小組 Wiki 頁面

（主題 College Students' Daily Life – Taiwan vs. Japan）

以形成性評量意見導引學生修改文稿

對於學生的草稿，我挑選某些較具代表性的段落，前後共製作三份上課講義，每份講義包含原文，對原文的意見及註解，歸納修改重點，並在不影響原意的原則下修改文句。課堂上我導引學生運用所知的寫作標準來評價，在不預設標準答案的情況下讓學生練習修改，討論各種學生提出的修改版本，並在過程中教導他們使用各種寫作的線上工具。圖4 是我的一份上課講義，圖 5 則顯示某一位學生在這個學習循環最後繳交到課程平臺作業區的修改報告，為了訓練學生較清楚地掌握段落寫作的修改，我要求學生要說明修改了什麼、為什麼修改、使用了那些教過的查詢資源等等。

College Students' Daily Life - Taiwan vs. Japan.

Take drunk driving for example , in Japan, drunk driving can be revoked the driving license and cannot be admitted in three years , also be fined for one million Japanese yen or locked in jail at most five years .

In Taiwan , drunk driving can be fined for only ninety thousand at most and revoked the license for one year .

Obviously , in Japan , the traffic regulations are severer than in Taiwan , maybe that's the reason why there are less traffic accidents in Japan than in Taiwan .

缺主題句；主詞要能做動詞的事；長句子要特別小心，避免 comma splice．

查工具書： 1. revoke 意義，字選對了沒，怎麼用，讀例句．
2. admitted 意義，作者要表達的？
3. locked in jail 查搭配詞，送進監牢/關進監牢？

試改寫如下：

One difference between Japan and Taiwan lies in road safety. Take drunk driving for example. In Japan, a drunk driver will have his/her license revoked for up to three years. In addition, he/she can also be fined up to one million Japanese Yen or sent to jail. In Taiwan, however, the revocation of license for drunk driving will not last for more than one year. And the fine is limited within ninety thousand NT dollars, which is about one third of the Japanese penalty. Obviously, traffic

註解 [U1]: What is revoked? The driver, the act of driving, the license?

註解 [U2]: Admitted to what? Check dictionary and ask yourself.

註解 [U3]: Check collocation. Are people "locked" in jail? What verbs go with jail?

註解 [U4]: Avoid comma splice. Be especially careful with long sentences.

註解 [U5]: Same as [U1], what or who is fined?

註解 [U6]: 用字要恰當 除了勤查字典看例句 還要問問句子要思合不合邏輯 不能只用中文思考．

圖 4　上課講義

| Why and How Resources consulted 我修改的原因（同學意見、自己注意到……）和修改的方法（用 Word 校訂功能、查 Oxford 字典、跟同學討論……） | 1. 自己發覺；原本的 Finland 和 Taiwan 似乎不能夠 have their distinctive ways to celebrate new year，要「人」才可以
2. 老師建議；自己思考如何加上主題句
3. 自己注意到；覺得使用分裂句可以強調蘿蔔糕、水餃、獅子頭在團圓飯上的重要性。另外，也把 in the reunion dinnere 改成 in a reunion dinner。
4. 自己發覺；say goodbye to the past year（告別舊的一年）和 welcome the brand new year（迎接新的一年）意義是一樣的，我覺得不用重複寫，所以刪去 say goodbye to the past year。另外，也把 the brand new year 改成 a brand new year
5. 老師建議；自己將原句拆成兩句
6. 老師建議加上自己重複閱讀句子後發現；查 oxford collocation（look）、查網路（solidified） |

圖 5　學生繳交附在修改稿後的修改報告

　　這些學生繳交的修改後文稿，我再花時間做簡單的文字修改，便讓學生進行後續的小組整合、錄音、配圖。除了在期初由助教製作一個類似的影音檔作為範例外，助教亦給予學生一些製作影音檔的小訣竅，包括介紹同學一個方便好用的免費 text-to-speech 軟體，讓學生在朗讀時可以有些語調上的參考，還有提醒學生注意圖片的播放速度，各組員朗讀的配速要一致等，最後各組將影音檔上傳至 YouTube 網站，並將連結帶到原本小組 Wiki 頁面的正上方，以對全體同學公開他們的學習成果。

四、學生作品說明

雖然我將教學重點放在寫作，但因為題目的框定，學生自然而然要有些不同文化的接觸。兩個班級共 16 個小組，完成了以下不同主題的報告，各組學生的題目十分多元，許多是比較臺灣與另一個地區，包括有學生們較熟悉的香港、韓國、美國、日本、馬來西亞、印尼、英國，還有一組選擇了芬蘭，僑外生班的比較對象則不一定含有臺灣，像是香港與日本的比較、馬來西亞與印尼的比較等。在比較的主題方面，內容涵蓋了打工實習、學生的金錢管理、教育制度、過去經歷過的高中生活、大學宿舍、親子關係、生活費用等等，都是他們切身有興趣的議題。但也有一些小組的題目比較不在預期之中，例如有一組因自身主修的關係，挑戰比較專業的房地產議題，也有涵蓋比較廣泛的題目，像是

> Students' Internship – Taiwan vs. Hong Kong
> Education System – Taiwan vs. Korea
> College Students' Money Management – Taiwan vs. U.S.
> Real Estate – Taipei vs. New York
> High School Students – Taiwan vs. U.S.
> High School Education – Taiwan vs. U.S.
> Parent-children Relationship – Taiwan vs. U.S.
> College Students' Daily Life – Taiwan vs. Japan
> Holidays – Taiwan vs. Finland
> Cultural Differences – Taiwan vs. Korea
> High School Life – Japan vs. Hong Kong
> Cost of Living – Taiwan vs. Hong Kong
> Food – Taiwan vs. Hong Kong
> University Dormitories – Taiwan vs. U.K.
> Education – Hong Kong vs. Malaysia
> The Unique Habits – Malaysia vs. Indonesia

文化差異、節日、食物等，以上方框中呈現學生報告的題目。

就報告細部內容來看，此處列舉兩份優良作品說明。在 College Students' Money Management – Taiwan vs. U.S. 這份報告裡，小組同學在搜尋網路資料、數據及訪談在美國的朋友後，從幾個層面探討臺美學生的金錢管理，分別是（1）學生貸款：美國大學生有很高的比例申請使用學生貸款，且畢業時都背負相當債務，而臺灣學生學費相對低廉，且多有家人的財務支援，因此財務壓力較小；（2）金錢的來源：美國學生多半打工以維持生活，臺灣學生則較少打工，且父母多提供零用錢；（3）金錢的去處：分成娛樂與飲食兩方面，美國學生一般有較多花費在娛樂、飲酒，臺灣學生的花費中則包含較多的飲食基本需求。另有一組 College Dormitories – Taiwan vs. United Kingdom，也是透過網路及朋友蒐集資料，比較的內容有（1）費用、（2）共同區域的設備、（3）房間內的設施、（4）宿舍的管理規則等。在這些作品裡，學生整理、篩選、歸納他們的資料，原先或許有些表達、文法、用字的問題，但在修改後，已可用平實的英語呈現他們所知，再以清楚的口語表達在短片中。僑外班部分學生在寫作時遭遇較大的困難，此時各組內英文程度較高的學生不但將自己的部分處理好，也多能在小組內發揮協助同儕的功能。特別是在後端製作影音成品的階段，有的小組以其對影音製作軟體的嫻熟，補書寫文字之不足，於是兩個班級的成品也不顯得有很大的差別了。

五、學生回饋意見

在學期結束後的全校例行教學意見調查及此次執行教育部計畫對全校大一英文課程文化教案所做的問卷中，學生們被問及文化教案的學習經驗及所得時，自由表達了以下的意見。有趣的是，雖然我教學內容多偏重寫作，學生對這個專題作品的回饋意見多在跨文化比較這方面，各組選擇的主題讓參與的學生們有機會在特定議題做深入的了解，也因此令他們對自己努力蒐集資料後的發現特別有感觸，這也是大學中開放式教學和作業給學生帶來的多元學習機會。此外，朗讀錄音雖幾乎沒有占去課堂時間，但因為學生為了完成影片，多半都自行反覆朗讀糾正發音，對許多學生是新鮮的體驗，也留下了印象。

- 寫作還蠻好玩的，老師都會給很多建議，不過還是可以花多一點時間在課本上。
- 我學到不同國家的實習機會，由此得知香港的實習計畫非常完備。
- 在錄音的過程中可以反覆聽見自己的發音，並藉以矯正自己的英文發音。
- 我認識美國與臺灣大學生金錢管理，了解各國文化差異。
- 我們比較在日本和臺灣大學生的食衣住行上的差異，讓我對日本大學生活有更進一步的認識。
- 我們的影片介紹臺灣與它國之文化差異，我因此了解它國文化、學習錄音技巧（英文口白）。
- 我們製作的 video 介紹臺灣和韓國文化，而我負責的部分是他們出國深造學習，這份作品讓我更了解韓國的文化。
- 我們的題目是關於臺灣及美國的高中教育，讓我有機會重新檢視自己的高中生活和了解美國的。
- 我認識到香港的實習機會集中在 IT 產業、金融產業。
- 我學到美國大學生的金錢來源，和臺灣大學生的金錢觀。
- 臺韓雖然近且都在亞洲，但有些地方還是稍有不同，像是我們選擇出國留學的國家，第一名和第二名不盡相同。
- 我學到香港和馬來西亞學校上學、放學時間的不同，並做了課內、課外活動之分配和比較。

六、我的教學反思

英語教學中，寫作的部分常是較為吃力不討好的，特別是在大一的必修課中，學生通常投入的程度不足，班級的人數也過多，不易見到成效。這次的教學嘗試，從學生修改後的成品來看，仍是有部分學習成效良好。從學生修改後的文稿和修改的說明中，可看出有人已逐漸習得修改的觀念與方法。但一如其它英語技能教學在大一必修課中常見的問題，有些學生還是被動地等待老師一個口令一個動作，對教師回饋意見中提及的問題做很表層的修改，但未能將授課中傳遞的概念確實履行，或進而運用到其他也須修改的地方。在大班教學中，教師提供的個別回饋常無法做到鉅細靡遺，必須學生主動將課堂中所學舉一反三，才能有好的學習效果。在較不用功的學生中，也有人較常缺課或遲到，使得他們在設計好的一個個前後關聯的學習進程中（討論區繳交寫作主題發想、接受教師意見修改、進而在 Wiki 頁面交草稿及閱覽教師修改建議、上課聽講作文修改實例與方法、修改完稿並繳交修改說明）有所遺漏，缺交遲交造成跟不上班級的進度。關於這一點，我個人認為應落實在分數上認可學生的努力，並對遲交或缺漏者不予寬貸，而非花費時間反覆催促，畢竟從中學轉換到大學較為自主的學習是需要一些調適，而這個調適也需要老師以嚴格的要求來促成。

這學期課本內容以外的文化教案中，我雖沒有做跨文化溝通相關的講述，但因為作業內容即框定了必須做跨國跨文化的比較，學生便在其中看到了文化差異的現象。段落寫作完成後的朗讀及影音檔案製作多半交由學生在課外自行完成。從學生的成品看，他們對異文化有了一定程度的理解，但在歸納所得時很容易有一些文化的刻板印象。或許這個作業不該到此結束，未來再度執行類似教案時，我可以運用這些已完成的作品，來當作上課的素材，輔以一些和他們報告的內容有衝突的外部材料，以凸顯某些觀念或印象並進而帶動較深入的討論，才能真正達到文化深層認識以及具備未來國際溝通能力的目標。

Q： 請問 Wiki 在此活動過程中如何發揮共筆功能？是否有出現英文程度較差的學生對達到此要求碰到困難的狀況？或者您在分組時已有考量學生程度差異？

A： 學生在課程平臺繳交作業時，只看得到自己繳交的作品和老師提供的回饋內容，無法看到其他學生的作業。所以為了讓小組成員看到作業修改的過程，我等到作業經過初稿、回饋意見、採納修改意見完稿後才要求上傳作業區，進入打分數階段。在此之前，我希望學生能相互觀摩，且把焦點放在如何改進上，所以不會有分數，此時我常用的課程平臺功能是討論區和 Wiki，討論區用在早期發想題目與大綱的階段，可以利用每組的討論串來回應學生提交的想法。但到了作業草稿階段時，討論區可能變得很龐雜，Wiki 讓每組有單一頁面可持續編輯一段時間，較適合學生提交草稿。我們必須先依小組名單為學生設立好每個組專屬的 Wiki 頁面，並在頁面裡把學生的姓名學號及每人負責的子題置入，才能清楚劃分每個人負責的部分，此時只有該組的人可以編輯自己的頁面，其他組的學生可以瀏覽但不能編輯。

　　整個寫作的階段雖非完全仰賴 Wiki 的共筆功能，而是在使用 Wiki 之前已有較多的前置寫作準備，Wiki 還是提供了一個小組段落可以共同呈現的平臺，讓小組成員在上傳自己段落時可以清楚看到自己的文章與其他組員共同呈現的情形。此外，我也是利用 Wiki 頁面提交修改的意見，將我的意見用紅字標示，使得教師回饋也成為 Wiki 共筆的一個部分，所有的學生都看得到我給予其他學生的意見，對用功的學生來說，提供另一個學習的來源。

　　這個教案的分組是學生自行安排的，多數組裡程度有高有低，如我在教案說明所言，我設定三個時點要求他們逐步完成小組草稿，並沒有要求要先交哪一段，就是希望這樣的彈性可以讓程度好的先交出來，後面的同學可以參考已看到的例子及課堂上對已交草稿的討論，有較多的時間來完成作業初稿，同時這也使得助教和我在 Wiki 上提供回饋有較充裕的時間。

有極少數學生缺課幾次後，跟不上班級的進度，連作業到了哪個階段都糊裡糊塗，我並沒有去對他們催繳，大一必修課總有機會碰到這樣的學生，這些學生並不見得程度特別差，可能是人生當時有更重要的事，我基於授課職責和對全班的公平處理，到了個人交作業時一切以平臺上看得到的記錄來打分數，數位平臺的好處就是將大家的活動留下清楚的紀錄，並有明確的時間，證據都在就不會有爭議。

Q：在協助學生修改文章時，請問您與助教來來回回大約得協助學生修改幾次？若學生的修改持續錯誤，或未能將授課中傳遞的概念確實履行，您如何拿捏在哪個時間點提供他們正確或較直接的回饋？學生修改自己小組作品的狀況如何，您是否有要求學生一定要互相修改？

A：我認為大一學生的段落寫作學習能有修改的觀念與基本知識即可，因此在這個教案裡，並沒有來來回回修改數次，每個學生僅經歷草稿及修改後的完稿兩階段，但因為每組有大約四個人四個段落，且組內成員可以陸續在一段時間內先後完成，其間搭配我上課的實例點評和修改示範、修改練習，還有助教和我陸續在 Wiki 頁面上對草稿以紅字給予具體修改建議，加上最後要繳交的小組錄音檔是以組內大家寫好的段落為本，所以小組內要有一定程度的相互理解與協調，達到同儕學習的目的。至於學生最後繳交的作業，限於時間，還有希望呈現的是他們的作文成果而不是老師的，我僅對文句很不通順的情形做微幅的修改。

在這個作業以及大部分的大一班級裡，寫作訓練中我沒有要求學生要互相修改，只有在選修的「大學英文（三）：英文寫作」課裡，有較充裕的時間，才為學生作同儕互閱互評的準備和練習。主要是因為互評需要學生更多的投入，較適合在選修的寫作課中學生人數較少、投入程度較高時處理，大一的班級人數較多且學生多半沒有花很多時間在寫作修改的心理準備，所以我擔心互評與多次的修改可能會有反效果。這個教案裡的學生在Wiki 陸陸續續交出自己的草稿，在數周的課堂討論裡看到其他同學的例子和老師的修改指導，以及 Wiki 上收到的提問與修改建議，就進入完稿階段，要把修改好的文稿及修改說明正式提交到作業區，所以在打分數時也從學生的修改報告中將修改的程度納入考量。

教學應用重點

■ 教材

在功課的設定上要求做跨國比較，跨文化的討論便很容易帶出。

學生最熟悉的題材（如大學生活）就是適合他們練習說寫的主題。

■ 教法

作業不是交來打分數就完了，給予回饋意見後再敦促修改才有真學習。

寫完的作品再朗讀，可讓學生分段練習不同技能並掌握說寫品質。

教師教學成長歷程

　　我在民國 85 年，歷經五年外商秘書、二年美國 MBA、三年
財務管理及一年全職母親後，初任教職，當時並未具備英語教學
專業訓練的背景，負責的多是五專、二專、二技、四技等學制的
商用英文書信與商用英文會話等課程。教學的頭幾年十分熱情，
卻也發現自己過去的學習經驗並不能順利轉換成教學方法，許多
想當然爾的教學安排常常沒有預期的結果，我不懂班級經營，不
知如何把教學活動變有趣，碰到不想學、沒動機的學生更是覺得
不知從何下手，覺得自己的知識發揮不出來。面對挫敗我雖樂於
面對、勇於向資深同事諮詢，又常有滿腹疑惑，有時想要套用別
人的方法，最後覺得自己違背了心中真正的理念，變得四不像。

　　一兩年後，因緣際會在資深同仁的帶領下，開始嘗試相關的
學術研究，讀英語教學的論文、進行小型教學實驗、參與研討會
發表、甚至投稿期刊，研究方面的嘗試很新鮮，像是闖進了一個
新世界，開始一連串的遊戲闖關活動，加以沒有框架限制，似乎
相當程度轉移了我在教學上的挫敗，只是當時沒有經過基礎的學
術研究訓練，一切都有些土法煉鋼，大約五六篇論文後，我就感
受到了瓶頸。開始教書三年後，搭上國內那波升格改制潮，半推
半就開始帶職進修英語教學博士學位，我像入了寶山一般，對很
多議題都有興趣，專業的發展瞬間柳暗花明，原來接受學術正規
訓練才是解除我工作上許多大哉問的正途。然而，理論的吸收到
教學的實踐還有好長的距離，我並沒有立刻感受到教學的改變，
只是許多時候感覺似乎比較明白問題所在了。

　　探索博士論文研究方向時，我很清楚自己關心的是學生的學
習，不是語言分析本身，最後因為受到 90 年代一系列語言學習
動機論文來回論戰的吸引，聚焦在學習動機的研究。博士論文後
的十來年，我持續在教學與研究的路上探索，因為幾個將學習動

機與評量結合的研究案，開始接觸到形成性評量的研究，被許多以評量促進學習的討論所吸引，跟著期刊論文的作者一同思考教學的問題，不知不覺就將研究轉到這個方向上來。近幾年也漸漸發現這些與教學相關的研究已深深影響到我的教學安排，教學上似乎在運用評量導引學生學習後，自然有了更多揮灑的空間，期待未來仍能繼續成長，充分將教學與研究結合，將自己對英語教學的理念，發展成對學生有益的實際課程。

參考文獻

Black, P., & Wiliam, D. (2009). Developing the theory of formative assessment. *Educational Assessment, Evaluation, and Accountability, 21*, 5-31.

Graham, P. (2005). Classroom-based assessment: Changing knowledge and practice through preservice teacher education. *Teaching and Teacher Education, 21*, 607-621.

Stiggins, R., & Chappuis, J. (2012). *An introduction to student-involved assessment for learning* (6th ed.). Boston: Pearson Education.

附錄

期初課堂討論後給予學生準備報告的指導文件

Guidelines for Conducting the Cross-cultural Campus Issue Project

For the subtopic you choose, start collecting information such as newspaper articles, survey reports, data, etc. Talk to friends from both countries to find out what their experiences/opinions are on the issue. You need to prepare what you will write about before you write.

A short example of this audio-visual product is prepared by TA Heidi and shown to you at the link below.
https://www.youtube.com/watch?v=dCK6WMkZobI

Possible/Suggested topics:

Compare and Contrast

College Students' Part-time Job – Taiwan vs. Korea

Popularity – 50% of students vs. very few

Type of Job – many: tutor/clerk/waiter vs. few: mostly clerk

Pay – varied: high as $xx/hr. low as $xx vs. standardized, around $xx

Purpose – paying for personal vacations/luxury items vs. paying tuition

Parents' attitude – mostly negative vs. depending on family income level

…

College Students' Relations with Parents – Taiwan vs. America

Living together – many live with parents vs. mostly move away from home

Important decisions – many rely on parents vs. mostly on their own

Finance – many depend on parents vs. mostly independent

Ways of communication – face-to-face/phone vs. mostly over the phone

Frequency of communication – very often vs. only on holidays

…

Campus Environment – NCCU in Taiwan vs. HKU in Hong Kong

Facilities – projectors old/computers not available everywhere vs. high-tech

Space – hilly/scattered vs. crowded/centralized

Dorms – affordable/old vs. expensive/newly renovated

Libraries – good service vs. rich resources

Climate – rainy in winter/air-conditioning summer vs. always nice weather

…

College Students' Extracurricular Activities – Taiwan vs. Indonesia

Type – various vs. limited

Most popular kinds –

Time spent on these activities –

Influence on students –

Parents' attitude –

…

A Tentative Timetable:

In Weeks 4 to 6, you will have opportunities to discuss your ideas with the teacher and your peers. Together with your teammates, you decide on what topics and subtopics to write about.

Then you start collecting data, examples, and other detailed information.

Along the way, paragraph writing basics, especially the genre of comparison and contrast, will be taught in class. You will learn to write and revise your topic sentences and supporting details, check the coherence and reasoning, use dictionaries and other resources, and finally check the mechanics of your work between Week 7 and Week 12.

After Week 13, you work as a group to put your paragraphs together, take pictures or choose appropriate visual aids for what you have written, record your own oral reading, and eventually produce your own audio-visual file showcasing your observations and opinions on the cross-cultural campus issue you have chosen.

7
網購看文化：在課程中運用網購平臺資源

賴宇彤 [1]

一、課程整體概述

學生背景

104 學年度上學期，我的大一英文班級主要為商學院的學生，他們分別來自不同系所，包括國際金融與貿易系、金融系、會計系、統計系、企業管理系、資料管理系、財務管理系，以及風險管理與保險系，總計班級學生人數為 28 位。本班學生經入學考試的篩選，學測多數落在 12-15 級分之間。由於商學院廣泛採用英文原文書，因而班上大部分學生的閱讀能力都有一定程度，加上學校對英語授課教學頗重視，不少商科類課程的教授，也紛紛開始用英語講解，也因此大部分學生對於全英語授課的上課方式並不陌生，多數聽力也無大礙，唯有在演說方面，才較能觀察出同學間英語能力的差異性。

課程目標

課程的基本概念是期望學生除了在校園裡修習英語課程，在課後也能培養接觸英語的習慣。主軸以專題式學習（Project-based learning）為理念架構，將大學英文課程與不同國家的網購平臺資源互相結合，引導學生自主學習。課程內容除了傳統聽說讀寫的練習之外，並訓練他們

---

[1] 作者為國立政治大學外文中心專任講師

藉由小組討論的方式，分工協力完成一份以文化為主題的成果報告。此方法除了對語言學習與溝通技巧有助益外，也能同時激發學生用不同的角度與思維來探討文化議題。

選用教材

有關教材方面，本課程使用程度相當於歐洲共同語言參考標準（Common European Framework of Reference for Languages；CEFR）C1等級的課本 *Hemispheres 4*。此教材內容主旨除了在增進學生聽說讀寫的語言技能之外，另搭配俚語（idioms）、動詞片語（phrasal verbs）、搭配詞（collocations）在日常生活會話中的應用。學生藉由練習概述及改述等技巧，探討不同議題，以激發批判性思考力，相關的技能包含分析、統整、推理、了解不同觀點面向等。這跟我的課程規劃方針不謀而合。此外，課堂上還補充線上學習資源，包含 CNN 和 BBC 的文章與影片，作為學生小組討論的題材。進而引導學生能善用語言技能及跨文化知識來完成我指定的專題報告。

評量安排

在為期一年的大一英文課程中，期中考以及課堂參與討論各占20%，涵蓋課本範圍的全學期紙筆測驗占總學期成績 30%，本文將介紹的這份文化主題成果報告則占 30%。學生在演說報告的過程中，我還細分為不同面向，例如發音及流暢度、言詞的表達（包括文法及用詞等）、演說技巧、簡報內容、書面報告內容、以及團隊表現都列入評量並各占 5%。此外，聆聽自身與他人的簡報，並加以分析比較與檢視自己的演說技巧與內容，也是專題式學習法重視的環節。因此，學生之間的同儕評量，以及自我評量的意見都視為此教案執行的指標。每一組都會需要針對上述的標準來評量其他組的演說並給予意見。

二、我的文化教案

A Multicultural English Learning Project
College English I
Foreign Language Center, National Chengchi University
Instructor: Yu-Tung (Carol) Lai

✍ The learning task

Since the mania of online shopping has become a global trend, many consumers around the world have been surfing E-Commerce platforms day and night. As a consequence, the influence of this phenomenon has become widespread and should not be neglected. To investigate this issue further, this project will explore *The Impacts of E-Commerce Platforms on Our Culture*, which aims to enhance not only students' communication skills, but also their cultural knowledge around the world. Students are expected to apply the integration of the four language skills, including listening, speaking, reading, and writing, as well as their presentation skills, to complete this project. The assigned project will be completed in small groups, so that the team members can brainstorm ideas from different perspectives, and in the end, they will be required to produce a multi-dimensional audio-visual digital product collaboratively.

✍ Scheduling of the task within the Fall 2015 semester

Week ①②3 4 5 6 7 8 9 10 11 12 13 14 15 ⑯⑰⑱ →

The reading material related to the topic of online community is the first unit that has been covered for this semester in the textbook

Hemispheres 4. To reinforce the theme, the cultural project mainly falls during the period of weeks 16 to 18. From the 16ᵗʰ to 17ᵗʰ week, students will be assigned to discuss a variety of authentic articles after watching video clips regarding the different online shopping platforms around the world. From weeks 17 to 18, they will share and present their audio-visual digital products in class. During the final week, a selection of videos of their presentations will be displayed for the Foreign Language Center joint project demonstration.

✍ Language input

Reading

Reading articles from textbook

Unit 1 Community Life (*Hemispheres 4*, published by McGraw Hill) mainly focuses on how a virtual community has become an additional option in people's lifestyles today, and how this phenomenon influences them worldwide. In this section, the advantages and disadvantages of an online community are discussed. The article equips students with background knowledge to do further exploration in a virtual world.

Reading articles from online news websites

1. Christmas shopping by numbers
   http://www.bbc.com/news/business-34926430

2. King of Cyber Monday: eBay
   http://money.cnn.com/2005/11/30/news/economy/holiday_onlinetraffic

3. Is Christmas shopping by smartphone just two taps away?
   http://www.bbc.com/news/business-35074682

Listening

Video clips from online news websites

1. Chinese spend billions in world's biggest online shopping day
   http://money.cnn.com/2014/11/10/investing/alibaba-singles-day-china

2. New e-delivery service sends groceries right to the trunk of your car
   http://edition.cnn.com/2014/10/01/business/volvo-roam-klas-bendrik

3. For a glimpse into the future of computing and e-commerce, look no further than India.
   http://money.cnn.com/2015/12/04/technology/india-mobile-apps-desktop-ecommerce

4. Black Friday: online spending surge in UK and US
   http://www.bbc.com/news/business-34931837

After discussing these online components in the lectures, students should learn more about how online shopping platforms influence our daily lives.

✍ Input/output connection

After receiving input by reading and watching the video clips regarding online shopping for special events in different cultures, students are assigned to work on the project entitled ***The Impacts of E-Commerce Platforms on Our Culture***. They need to discuss issues like the influences of online shopping platforms on our cultural values and/or our purchasing behaviors. For instance, people around the world also have started celebrating festivals of other countries, such as Christmas and Singles Day. In addition, consumers have more options to choose between foreign brands or local products. Toward the end of semester, they will be required to carry out a cultural project collaboratively based on this topic.

✍ Instruction to students for performing the task

<u>Topic</u>: ***The Impacts of E-Commerce Platforms on Our Culture***

Each group is required to introduce different online shopping platforms around the world.

<u>Group size</u>: 4 students

<u>The length of time</u>: The presentation is approximately 2-2.5 minutes per student.

<u>Things to hand in</u>: 1) PowerPoint slides and 2) a video or a written report (if you don't have the device).

<u>Some important guidelines</u>:

1. Make sure you INTRODUCE YOURSELF and YOUR specific TOPIC of the project in the PowerPoint slides and your video.

2. Avoid using Chinese! Make sure you look up the English translation.

3. DO NOT read your script!

✍ Assessment: (See Appendix)

Percentage: 30%

Evaluation Criteria:

Pronunciation & Fluency: 5%

Language use: 5%

Presentation skills: 5%

Content of PowerPoint slides: 5%

Content of the written report: 5%

Teamwork: 5%

Assessor: teacher / peers / self

教案理念闡述

生活在這個科技日新月異、網路充斥的世代裡，照本宣科的傳統教學模式，似乎已經滿足不了學生們的求知慾。有鑑於網路購物平臺已蔚為風潮，成為全球趨勢，其影響力不容小覷，加上時下的年輕學子們，幾乎各個都有網站購物的消費經驗。因此，跳脫固有的紙筆測驗考題，我藉由專題式學習（Project-based learning），運用網購這個主題，讓學生們在期末報告中發揮，分享自身對網購的經驗，透過網路搜尋資料、同儕小組討論等方式，比較不同國家的網購平臺如何行銷產品、如何刺激消費者購買慾等。根據 Sidman-Taveau & Milner-Bolotin (2001) 曾經做的研究，作者將 PBL 的理念運用在美國大學校園的西班牙文課程，並在內文提及：

> "Some of the rich learning opportunities that emerge from these authentic cultural experiences can be simulated (for little or no cost) with virtual trips on the World Wide Web."

學生其中一項任務是，設想他們要去加勒比海渡假，因而需要去瀏覽西語的購物網站來購買新衣服。同學們需要用西語來挑選並描述其材質、尺寸、顏色、品牌以及價格等。接下來小組討論需設計同儕之間對互相評論與對方購買的心得分享。這也如 Sheppard 和 Stoller (1995, 1997) 所言，

> "[Projects which] are widely endorsed by educators require cooperative learning, learner autonomy, communicative competence, a higher level of thinking and problem-solving skills, and purposeful language learning."

遵循專題式學習這項理念，並將其融入文化教學中，我除了跟學生在課堂介紹分享相關議題的影片與文章，並引導參與小組討論的學生，反思不同國家的消費者，是否因網購平臺多元選擇之故，而有了不同的消費習慣，或文化價值觀的改變。學生們經由課堂小組討論後，將資料彙整，並以簡報方式呈現。學生除了需運用自身聽說讀寫英語文的能力之外，還需應用他們的批判性思考力來分析統整相關資料，並藉由運用學術簡報技巧來完成報告。研討過程中，可增進學生對不同國家文化的認知，以及讓他們瞭解培養團隊合作精神的重要性等等。如 Arnold（1999）也提出了許多 PBL 在語言及非語言上的好處，包括：

"anxiety reduction; increase in listening to and producing language; opportunities to develop cross-cultural understanding; understanding and friendships; positive social skills for respecting alternative opinions; consensus achievement; development of higher order and critical thinking skills."

為了讓學生對不同文化相關知識有更深入的了解，我在課程中選用了以下的題材：

線上影片與選讀文章簡介

1. Christmas shopping by numbers
   此文探討聖誕購物潮已漸漸從實體商店排隊人潮流向網路平臺購物網站

2. King of Cyber Monday: eBay
   此文介紹何謂 "Cyber Monday"，並介紹數個知名線上購物平臺的網路零售商

3. Is Christmas shopping by smartphone just two taps away?
   此文探討桌上型電腦或平板電腦不再只是消費者唯一的選擇，靠

智慧型手機就能輕鬆購物

4. Chinese spend billions in world's biggest online shopping day

   西方文化有網路星期一（Cyber Monday）以及黑色星期五（Black Friday），此段影片則是以中國文化的光棍節，又稱單身日來做比較。中國大陸的淘寶購物網站將此日訂為「狂歡購物節」，並屢次打破網路星期一和黑色星期五全日銷售額紀錄

5. New e-delivery service sends groceries right to the trunk of your car

   此段影片介紹通過數位鑰匙直接從網路商店向車輛提供遞送服務的新概念

6. For a glimpse into the future of computing and e-commerce, look no further than India.

   此段影片報導印度的消費者進行線上購物時，如何從桌上型電腦逐漸轉變為使用智慧型手機

7. Black Friday: online spending surge in UK and US

   此段影片探討美國在黑色星期五（Black Friday）時，店外依然湧現排隊人潮，反觀英國則較往年減少

三、執行情形

在前置作業方面，本課程教科書中，第一單元所探討的議題為，虛擬社群如何影響人們的生活方式，並進一步分析網路世界帶來的優缺點。這也是後來跟班上學生集思廣益後，大家投票決定以「網購風潮對國人的文化衝擊與影響」作為小組報告的主題。會讓學生自行來選擇題目，是參照專題式學習（Project-based learning）的理念之一，如Contructivist Inspiration: A Project-based Model for L2 Learning in Virtual Worlds 文中提及：

"The topic should be broad enough to allow students to make choices within the topic area and have room to investigate their own questions and interests." (Sidman-Taveau & Milner-Bolotin, 2001).

換言之，如果把主權適當的交給學生，可以讓他們更有發揮專長的空間來探討周遭發生的問題，並發掘自己的興趣。選定好主題後，我則著手收集 BBC 及 CNN 相關的資料，期望藉由影片觀賞與文章導讀，將文化議題結合時事與商業趨勢，介紹給學生們。例如 Black Friday 以及 Cyber Monday 的起源和該日對西方文化的意義與影響。相較於歐美國家，東方文化除了農曆過年之外，為刺激網購買氣，有了所謂的 Singles Day。除了特殊節慶之外，跟 E-Commerce 相關衍生出的專有名詞，像是 digital tags、e-delivery service（the roam delivery service）也會一併在課堂中列入討論。在講解的過程中，值得一題的是，有部分同學對 Black Friday 的不同註解感到有些混淆。原來是因為 Friday the 13th 早期也被稱之為 Black Friday，理應被視為不吉利的日子。相較於購物文化裡，即是感恩節後開市的第一天，黑色星期五卻有著截然不同的解釋。但這也恰好讓同學注意到在不同場合情境下，英文時常有同字異義的解讀。

在小組報告當天，我要求學生應先準備好上臺需使用的簡報（PowerPoint）；此外，我再三提醒同學，在演說時，除了措詞用語之外，眼神交流及肢體語言也不可輕忽。如果有同學頻頻看稿或緊盯著螢幕，而未與臺下聽眾互動，會影響整體的表現。另外，為了讓學生有機會可以重新審視自己的演說，我決定請助理幫忙現場錄影存檔，只是非常遺憾，由於機器故障，只有一組學生因有用個人手機拍下當天實況，而留下唯一珍貴的畫面。

在後置作業上，我整理出老師端、同儕間，以及學生自我評量的意見，回饋給各個組別參考，期盼學生日後如再有演說機會，可以補強先前不足之處（評量表請見附錄）。

　　未來若再次執行此類報告，我還是會希望能將學生們的演說錄影存檔下來，以便上臺報告者在做自我評量時，有機會可以反覆檢視自己的表現，因而提出更詳盡的自評。

四、學生作品說明

　　各組學生針對主題——網購平臺對文化的影響與衝擊，提出了以下的題目：

Group 1: Let's Shop Online Together

Group 2: Finger Shopping

Group 3: Discussion of Online Shopping

Group 4: How Do Online Shopping Platforms Influence Our Culture

Group 5: Online Shopping

Group 6: Shopping APPs Break into Our Daily Lives

Group 7: E-Shopping

　　不同小組的學生們除了介紹與比較不同國家的網購平臺，例如：博客來、淘寶網、露天拍賣、Amazon、Facebook Store、Line Pay 的優缺點之外，並進一步探討這些購物模式如何改變了消費者的購物習慣與生活方式，以及分享自身網購的經驗等。

　　這其中有兩組學生的探討，令人印象深刻，也深獲班上同學們的肯定。

案例一（圖1）

　　第一組開頭先簡述消費者購物習慣的進展，從實體店面到郵購，進而發展到電視頻道購物，演變至今日的網路平臺購物。組員針對不同網路店家的特色與賣點，做出了詳盡的說明，並指出網購對他們日常生活的影響與改變。結論強調，網購帶來的便利性，不但縮短了以往所需花費的時間，更拉近了國家與國家之間的距離，讓不同國家的消費者，在食衣住行上，有更多元文化的選擇與比較。

案例二（圖2）

　　相較於其他組別圍繞著類似的主題，第六組學生研討的切入點，讓人眼睛為之一亮，他們介紹的題材以手機購物 App 為主軸，並進一步分析其中兩個頗具知名度的 App 的優缺點，包括客源定位，及行銷方式、策略的差異等。值得一提的是，針對使用者不同面向的影響與衝擊，做出頗為詳盡的說明，包含有經濟全球化的議題，並深入探討自由貿易及產品國際化的現象。此外，學生們還提及電子商務的崛起，以及智慧型手機等高科技產品的普及化，如何造就了購物 App 的風潮。最後，他們以印度人視牛為不可褻瀆的神聖動物為例，如在當地販賣相關產品時，要特別留意不可侵犯到該國的習俗，提醒大家留意文化上的禁忌，以及入境隨俗的重要性。

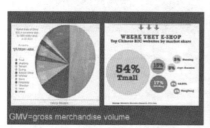

圖1　學生作品（購物習慣演變）

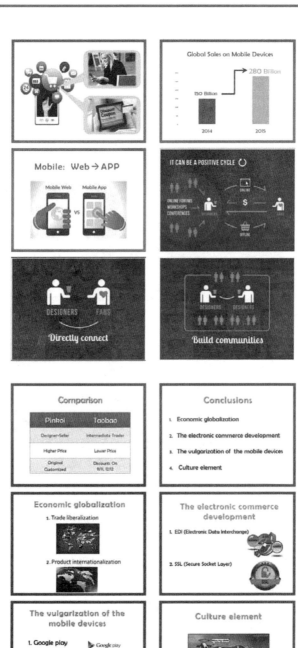

圖 2　學生作品（購物 App 優缺點）

五、學生回饋意見

　　以下是本班學生針對此文化報告的心得感想，採用開放式問答，因此並無所有同學的回應，也無要求特定格式，我將學生的意見分為四類整理條列如下。

語言技巧以及簡報演說技巧的提升：

➢ 此堂英文課全英授課且只限英文回答、老師上課方式習慣以問答進行，在聽、說的方面都幫助甚遠，還有期中期末考以及大會考、上課課文學習、課文後的文法應用，對於讀、寫的能力也有很大的提升。

➢ 在找資料的過程中，可以大量閱讀到英文的網站和文章、YouTube 上一些相關的影片，或是當地民眾在網上的留言等，對於提升英文的聽力和閱讀能力，有很大的助益。最後課堂上的簡報呈現，透過同學之間互評的方式進行，可以清楚地知道自己在上臺時，還需要加強的部分，像是眼神接觸、音量、臺風、甚至是文法的使用等，這一次的報告不只是一次上臺，而是真正能學習並且改善自己的優缺點的機會。

➢ 英語聽說讀寫方面，我認為聽說是進步的最顯著的兩項技巧。聽讀寫是臺灣學生平日最易接觸到英文的方式，也是最頻繁使用、練習、精進自己英文的方式，然而「說」此項技能，是我們平日最不常練習到的英語技巧，卻同時也是出社會後最需要的英文技巧，因此我非常感謝此次的機會能讓我們練習上臺以英語報告我們的簡報，不但訓練了我們在聽取他人簡報時的英文聽力，同時也有助於我們練習自行做英文簡報。

➢ 期末的簡報演說，反覆的練習、還有觀摩其他組的演說、老師於報告後的即時評論，都磨練了在演說方面的技巧。

思考力：

➢ 由專題討論、做出結論、製作簡報的途中，重新思考了在網購中彼此扮演的角色，以及那些廣為大家所熟悉的平臺為何而起、又為何消失；還有更重要的是，那些平臺運用什麼樣的方法還有優勢得以壯大成為新型且快速發展的消費方式。在上學期的期末報告中，茁壯了我們的思考力，在一個看似平凡的事件下，其實包含著因果環環相扣的細節，這些都值得我們去省思。

➢ 藉由這次的報告，我重新反思平日的網路消費習慣以及此種新興的消費習慣對我們生活的衝擊。

跨文化知識：

➢ 跨文化知識是英文課上很大的重點，許多課文的內容都在引領同學學習外國的事件，帶出當地的風情，像是送禮的文化於各國都大不相同、肢體語言也有著極大的落差，以上種種，強化了同學的跨文化知識，也開啟我們探討更多不同的契機。

➢ 對於跨文化族群的部分，我認為就是要交流多了解，互相尊重包容彼此的相異點，多多充實自己的眼界勢必能看到更為廣闊的世界。

由於我一向對於未見的事物有著高度的好奇心，對於跨文化的交流一向持正面態度，學習方面也總是希望著能多多接觸不同的領域，踏出自己的舒適圈，與世界多加交流，因此會多多去嘗試不同的活動，爭取參與不同活動的機會。

➢ 世界是圓的，現今網路交通、國際分工鏈發達、買賣地域擴大，身為其中的一份子，若是不願踏出一步認識在這個世界上不同地方的文化，先學會熟悉他們，會在進步快速的現代社會中慢慢落後，因此積極且正向的學習跨文化知識是好的也是正確的道路。這樣的意識形態，也加強了我們的學習動機，不止於課堂上，也嘗試在多方面學習、認識。

團隊溝通合作：

➤ 每次課堂的後半段，都是老師指派的討論時間，每週學習與不同的人進行討論，期末報告更是以團體為單位的討論，除了認識到不同的人，在其中學習到的團隊合作技巧更為重要。

➤ 在科技普及的現代，購物再也不需要出門，只要在家中一鍵即可搞定所有的程序，商品就會送到家門口……但是我們卻視為理所當然，而很少探究購物從最初到現代的發展過程，透過這次的報告，我們這組，先從購物的近幾年的發展介紹，像是幾年前的郵購、電視購物、到網購等，然後再針對各國盛行的消費網站，購物形式的改變，以及電子支付等，進行更進一步的研究，在進行報告的過程中，也讓我們更加了解一些商業模式的進行，以及背後能夠造成流行的原因，像是電子支付平臺支付寶在大陸廣為盛行，即是因為支付寶改善了買賣兩方不平等、相互不信任的關係，讓整個交易在更有保障的情況下進行等。小組進行的方式，一起想整個報告的架構，然後提出可能的方向，或是一些各國不同的購物網站，一點一滴慢慢累積成最後的報告，而且往往可以在討論的過程中，發現自己的不足或是吸收到不同的看法，覺得團隊合作的力量，真的遠遠超過自己一個人做報告時可以搜尋到的東西。

六、我的教學反思

透過此項文化主題報告，本人的教學反思列舉如下：

1. 期盼藉此成果報告來教導及評量學生的英語文程度、簡報演說技巧，以及文化認知等知識。在研討過程中，學生需要具備的，不單只是像應付傳統紙筆測驗般背誦即可，而是需「面面俱到」、充分準備。由於本班學生在考進大學時的學測成績屬於前段級數，因此同學在討論教科書相關內容時，基本上都能應對自如。但是在上臺演說之際，學

生不僅需運用英語文聽說讀寫四技，邏輯思維、應用分析統整的能力也需具備，要有充分的準備、練習及思考，否則難為其功。這也讓老師發現班上的學生，除了簡報演說技巧略顯不夠純熟之餘，批判性思考能力，以及自主學習能力，也還尚有進步的空間。

2. 另外，值得注意的是，在聽完整班的報告後，我發現雖分組研討，但是部分小組選取的題材與論述內容雷同之處偏多，重覆性過高。雖具代表性的網購平臺意味著主流趨勢，但是擇取探討的網購平臺，如集中主流，也不免過於狹隘，失之偏頗，難以周全。

3. 對學生分享自身網購經驗這個部分，老師端給予正面評價，但是多數學生似乎忽略了網購對文化價值觀影響的探討，這是不足之處，應該針對這部分的議題，進行更深入的資料收集、分析與統整，否則，難謂完備。

4. 除了教師評量之外，我也會參詳同儕評量與自評結果列入評分，藉以更全面性地瞭解學生各項語文能力的優缺點；但如此的評量工作較為繁瑣，且可信度也還有待商榷。不少同學只忙著給同儕打分數，而忽略了文字闡述的評語更具意義。

5. 小組合作學習可以激發學生的創新思考力，以及瞭解團隊合作的重要性，並促進同儕間的互動溝通協調技巧，但少數小組或有分工不均的狀況發生，以致部分組員未能有充分展現的機會。此外，同組的學生會有部分同學有熟記背誦內容，其他組員卻頻頻看稿的狀況。

改進的建議：

　　如未來還有機會執行相關的文化主題報告，我會嘗試改善的部分為：

1. 要求學生定期繳交進度報告，並在數週前，事先預留課堂時間，先提前讓學生預演練習，並提出建議。

2. 規定學生詳盡列出每位組員個別在報告中負責的工作項目，並留意每位同學上臺演說的時間，需力求平均。

3. 同儕互評與自評上，可以要求學生必須用文字詳述組員的優缺點，而非只是用數字打分數而已。

─ **Q & A** ─

Q：早期在臺灣，學生在進入大專院校之前，英語教學習慣用 teacher-centered 模式。這樣的教育對於日後在課堂上採用 learner-centered 的 Project-based Learning 是否帶來什麼影響？

A：記得我自身在臺灣唸國中一年級時，處在市立校園環境裡，初次接觸到正式英語教學就是傳統的 teacher-centered 模式。早期在學校唸書，老師們都相當重視文法及單字詞彙，普遍著重在考試成績。其最終目的以聯考能順利考上知名高中，爾後進入一流大學為首要目標。回想我自己以前在臺灣的國中英文老師，大都是採取老師在臺上授課，學生們在臺下抄筆記的型態為主，由於多半學生人數頗多，老師學生們用英文互動的機會相對就不多了。但是傳統教學法對打下紮實基礎的英文底子還是有具體的成效，或許這就是為何亞洲學生屢屢締造托福滿分紀錄佳績之主因。隔年，我去加拿大求學銜接當地的八年級，最初的學習，並未有想像中的容易。現在我的學生，大多數從國小，甚至從幼稚園起，就已經開始接觸英文，我自身則是從六年級才開始起步，因此，我剛去到溫哥華時，還必須修習當地學校的 ESL 課程，雖然頗為耗時，但是卻獲益良多。西方教育偏向採用 student-centered 模式。老師帶領學生互動溝通、小組討論，以自主學習為主。這也成了我當下教學的重要指標。以個人教學經驗為例，我偏好先以部分的 teacher-centered 模式引導學生，尤其是對初學者或對英語能力較沒信心的學習者而言或許較適切。直到學生們建立一定的語言能力後，再漸進式帶領他們朝向 student-centered 模式。讓學生有更多自由發揮語言才能的空間。就整體而言，英語文聽說讀寫四技，邏輯思考、應用分析統整的能力都需充分的準備及練習來完成指定的報告。但畢竟剛進大學的大一生剛開始對小組合作學習的模式較為陌生，以致少數小組或有分工不均的狀況發生，令部分組員未能有充分展現所長的機會。

Q： 網路用語文化，已成為社會語言學近幾年的焦點之一。我們是否該把網路語言文化納入英語課程教學中呢？

A： 參照高中英文課綱，其內文也強調，除了教科書之外，老師在語言課堂上應善用並搭配各類電腦輔助教學媒體網站等資源。如我前文為例，越來越多新興用語在傳統紙本字典裡未必查得出語意，亦或許在網路文化上，有更多其他新譯說詞或解釋。因此，我認為網路用語文化實有納入英語課程的必要性，就跟其他日常生活中使用的單字片語學習的概念類似，學生應學習其注解、用法，並瞭解如何運用在網路世界裡，甚至進而在實境情形中。可透過文章導讀及影片分享等方式，帶領學生進入小組討論。我建議不需第一時間就把語意直接告訴學生，而是透過學生在互動探討時，先讓他們自行從上下文中找線索，再做據理推測（intelligent / educated guess），大部分的學習者都可猜對七至八成。多數人也贊同此舉更有助語言學習。

教學應用重點

■ 教材

從學生生活取材，探討不同文化的網購經驗。

運用網購平臺資源，引導學生反思平臺的多元化對文化價值觀的衝擊與影響。

■ 教法

專題式學習不但可以令學生更廣泛地接觸不同資料，增進統整分析能力，並引導學生自主學習，分工協力完成指定報告。

小組專題討論可以激發學生用多重角度探討文化議題，進而提出並比較不同觀點。

教師教學成長歷程

在臺灣，我就讀至國中一年級時，即因舉家移民至加拿大溫哥華，而負笈異地求學。高中二年級時，我參加學校的學生助教社團，為期兩年，協助國三及高一的學生，解決學業上的困難。此外，由於通曉英語、國語、粵語，這項專長讓我成了許多國際學生與老師間的橋樑，協助師生間的溝通與互動。也因為這個經驗，加上我熱衷於語言的學習，進入大學後，自然而然就決定主修語言學、副修教育，學校的專業薰陶，奠定了英文能力的基礎。大學三年級那年，我加入教堂義工小老師的行列。教堂附設幼稚園的小朋友及小學生，多數為在加拿大生長的華裔，英文反而成為他們的母語，較中文流利，但他們的父母，希望自己的孩子能保有中文能力，及認識中國傳統文化，因此將孩子送來教堂的中文學校上課。我在那裡擔任老師的助教，服務約一年之久，直到大學畢業，離開加拿大。

返回臺灣後，我開始在美語補習班擔任英語會話老師，學生主要為上班族及高中生。在課堂上，我希望學生能勇於開口，養成用全英語討論的習慣。或許是臺灣學生較內斂，擔心出錯被取笑，也或許傳統教學向來是老師講課，同學在臺下抄筆記，因此一開始，學生還要花些時間來調適自己以適應全英語的教學環境，才能漸入佳境。半年後，由於接到美國南加州大學英語教學碩士班的入學通知，我又離開臺灣約一年半之久，直至 2004 年底，在美取得碩士學位才返臺。

返國後，我回到原補習班任教，另在復興高級商工職業學校夜間部擔任英文老師，期間並接下教導臺北縣政府官員全民英檢課程的外派工作。2005 年，我在華梵大學和德霖技術學院擔任兼職英語講師。此外，我還在臺灣大學語文中心英語進修班教授會話課程，2006 年，我開始擔任銘傳大學全職工作，主要教授英語聽講課程，以及負責英語教學平臺專案。

2008 年起，開啟了我在國立政治大學英語榮譽學程進階班兼任講師之路，並在學校的公企中心教授多益課程。值得一提的是，我在政大教授的第一堂課，就是在探討跨文化的議題。隔年起，我開始接任臺北大學專業英語講師一職，負責教育部教學卓越計畫的案子，以及 ESP（English for Specific Purposes）專業英文商用課程的規劃及教授。這兩所大學都有外籍交換學生來修習我的課程，包括法國、俄國、摩洛哥、韓國、日本、澳門等地的學生，他們跟本地學生切磋交流，相互學習。身為英文老師，希望未來有更多機會，善用所學，幫助更多不同國籍的英文學習者，瞭解彼此不同的文化，不同的風俗民情，進而增進同學與師生間的情誼。

參考文獻

Arnold, J. (1999). *Affect in language learning.* Cambridge Language Teaching Library: Cambridge University Press.

Sheppard, K. & F. Stoller. (1995). Guidelines for the integration of student projects into ESP classrooms. *English Teaching Forum Online, 33*(2), 10-15.

Sidman-Taveau, R. & Milner-Bolotin, M. (2001). *Contructivist inspiration: A project-based model for L2 learning in virtual worlds.* Texas University, Austin. Foreign Language Education Program.

Stoller, F. L. (1997). Project work: A means to promote language content. *English Teaching Forum Online, 35*(4), 2-7.

附錄 1

教師整理後同儕互評評量表（1）

GROUP 1	Pronunciation /5	Language Use /5	Presentation skills /5	Content /5	Total
S1 G2	5	5	5	5	20
G3	5	5	5	5	20
G4	3	3	4	4	14
G5	4	4	5	5	18
G6	5	5	5	4	19
G7	4	4	5	5	18
Average					**18.1667**
S2 G2	5	5	4	5	19
G3	5	5	5	5	20
G4	4	4	4	4	16
G5	5	4	5	5	19
G6	4	4	4	4	16
G7	5	4	5	4	18
Average					**18**
S3 G2	2	2	2	4	10
G3	3	4	3	5	15
G4	4	4	4	4	16
G5	4	4	5	5	18
G6	4	4	4	4	16
G7	3	4	3	4	14
Average					**14.8333**
S4 G2	5	5	5	5	20
G3	5	5	5	5	20
G4	4	4	4	4	16
G5	4	4	4	5	17
G6	5	5	5	4	19
G7	4	4	4	4	16
Average					**18**

Comments (from Groups 2-7)

Clear PPT

Nice chart and structure

Good connection with the speaker and PPT

Fluent overall

Will be better if one of the members can have more eye contact with the audience

Nice and clear pronunciation

Good team work

Creative

Nice slides

Don't be too nervous

Can do more on conclusion

Minions are cute

PPT is great

Additional feedbacks (from the teacher)

Overall, this team has a good eye contact & body language

Everything(no s)

Include more cultural elements will be even better

S = Student

G = Group

S1 G2：G2 組給第一組 S1 學生的評分

附錄 2

教師整理後同儕互評評量表（2）

GROUP 6	Pronunciation /5	Language Use /5	Presentation skills /5	Content /5	Total
S1 G1	4	4	4	4	16
G2	3	5	5	5	18
G3	4	4	4	5	17
G4	4	4	4	5	17
G5	4	5	5	5	19
G7	5	4	4	4	17
Average					**17.3333**
S2 G1	4	4	4	4	16
G2	5	5	5	5	20
G3	5	5	5	5	20
G4	5	4	4	5	18
G5	5	4	4	4	17
G7	4	5	4	4	17
Average					**18**
S3 G1	5	4	5	4	18
G2	4	4	3	5	16
G3	5	5	5	5	20
G4	4	4	4	5	17
G5	5	4	5	4	18
G7	4	4	5	5	18
Average					**17.8333**
S4 G1	4	4	5	4	17
G2	5	5	4	5	19
G3	5	4	5	5	19
G4	5	4	4	4	17
G5	4	4	4	5	17
G7	5	4	5	5	19
Average					**18**

Comments (from groups 1-5 & 7)
This team really performed well
Strong and good opening
Well-designed PPT
Good structure
Nice picture in PPT, well-prepared
Taobao's PPT is separated-parepared, not teamwork?
Time management could be better
Nice eye contact of last presenter
Additional feedbacks (from the teacher)
Good information with very completed cultural elements in the content
More eye contact will be even better

S = Student

G = Group

S1 G1：G1 組給第六組 S1 學生的評分

附錄 3

原始評量表

Evaluator: Group # ___1___

Jo▪▪
S▪▪   Y▪▪

Evaluation Form

Criteria	Pronunciation & Fluency	Language Use	Presentation Skills	Content of PPT	Content of Video	Teamwork	Total
Group #1	/5	/5	/5	/5	/5	/5	/30
J▪	4	5	4	5	4	5	27
E▪	4	4	4.5	4.5	4.5	5	26.5
S▪	3	4	3	5	4	5	24
Y▪	4	5	4	5	4	5	27

Comments: time's control can be better!
All of us are too nervous.

Our power points are very elaborate. HaHaHa

Group #2	/5	/5	/5	/5	/5	/5	/30
J▪	3.5	3.5	3.5	4			
P▪	4	4	4	4			
▪	4	4	4	4.5			
S▪	4	4	3.5	3.5			

Comments: Peter really performs well!
It's hard to listen to Stau

Group #3	/5	/5	/5	/5	/5	/5	/30
E▪	4.5	4.5	4	4			
V▪	4	4	4	4			
S▪	4.5	4.5	4	4			
P▪	4	4	4	4			

Comments: Vito sounds a little nervous and like recite a script~

The content of PPT in this group really shows completely.

Group #4	/5	/5	/5	/5	/5	/5	/30
P▪	4.5	4.5	4	4.5			
S▪	4	4	4	4.5			
▪	4	4	3.5	4			
E▪	4	3.5	4	4.5			

Comments: I really like the content of PPT done by Ella's part.

The report about this report I think it is more close to girls.

8

閱讀與文化探索：
大學英文課程中讀本及小說之運用

蔣宜卿 [1]

一、課程整體概述

學生背景

這個文化教案實行時有三個大學英文（一）班級的學生參與，分別來自社會科學院、傳播學院、商學院等各學系，每班學生人數約為 38-40 人。學生的英文程度多為歐洲共同語言參考標準（Common European Framework of Reference for Languages, CEFR）B1-C1 水準。政大學生經入學考試的篩選後，學測程度多數落在 12 至 15 級分之間，但學生之間在程度與語言技能上的個人差異和不同班級的氛圍，仍然可從課中觀察到。

課程目標

從過去的教學的經驗中，我覺得大部分的學生在課後很少接觸英文，而且現在的大學生，雖然已經不像傳統文法教學時代缺乏聽力與口說的機會和能力，但仍然缺乏表達時的自信，和表達時的語言正確度。所以，在第一學期的課程中，我選擇側重學生閱讀速度與口語表達時的自信心，聽力和寫作為次要目標。

課程的基本概念是希望學生在課餘時間也能培養英語學習的習慣。

1　作者為國立政治大學外文中心專任助理教授

以廣泛閱讀（extensive reading）為理念架構，將課外的小說閱讀與大學
英文的課程利用主題互相結合，讓大學階段的英語學習，減少對老師與
學校課程的依賴，並增加主動課外閱讀的機會與語言輸入。廣泛閱讀除
了對單字的學習有助益外，也能同時吸收與主題相關的一般知識，以及
提供閱讀後省思及討論的題材（Day & Bamford, 1998; Krashen, 2004）。

　　為了希望能提供學生一個不同於高中時期針對準備測驗的學習方
式、減低學習上的壓力、與培養學生長篇及小說閱讀的能力及信心，課
程依規劃之進度單元，和課外閱讀的小說以主題相搭配，希望讓語言學
習不再局限於課文，而是擴展至與生活相關的事物，亦即文化當中。為
了融入文化教學，我利用小說中所能發現的文化相關敘述，例如在小
說 *Frindle* 中的美國小說課堂狀況及師生互動，介紹以及和學生討論文
化間存在的差異。這樣的教案設計，期望能幫助學生利用簡單有趣的內
容，培養閱讀的速度、討論時的聽說能力，以及製作書面報告時的寫作
練習。

選用教材

　　我所選用的主要教材（課本）是由 Oxford University Press 所出版
的 *Select Readings (2nd edition)*，書中共 12 個單元，使用兩學期。但因
為上課時間有限，而且通常還會加入許多課外活動，所以通常一個學期
只能上完五個單元。課本中的每個單元皆有課前討論、主要課文、閱讀
理解問題、單字練習、閱讀策略介紹、次要課文以及引導性的討論和寫
作問題等多元化的練習。單元的主題非常多元且有趣，且多數具備了新
奇和大學階段所應具備的思考能力和字彙，包括 YouTube 的崛起、語
言、態度對人的影響、感官聯覺症候群（synesthesia）[2]、創造力、傾聽
的重要性、飲食、網路交友、刻版印象、閱讀的好處等。

2　感官聯覺症候群是一種神經現象，當刺激一種感官時會自動激發另一種感官。例
　　如：聽到聲音時便能同時看到聲音的顏色。

除了原本課本以外，每個學期我會配合課程選用不同的讀本和小說使用，結合課本與小說閱讀。104 學年第一學期，依課本單元第三課至第五課的三個單元（主題分別是態度對人的影響、感官聯覺症候群、創造力），所選用的課文閱讀小說為 *Dragon's Eggs*、*Windows of the Mind*、*Frindle* 等三本小說。選用小說教材的原因和標準，請見後面的文化教案 language input 段落。

評量安排

　　本課程為課程參與度 15%，小考 20%，作業 20%，文化教案報告 20%（即為此文化教案所衍生之第 14 週和第 15 週的口頭和書面報告的分數），口語練習 10%，以及期末考 15%。作業包含有前兩本小說的讀後感想，和一篇在課程當中安排的作文寫作練習（寫作主題非針對此文化教案計畫），口語練習則包含一次上臺一分鐘的口頭練習，期末考為口頭報告，考試方式為兩人一組（和文化教案不同的分組），從當學期上課的主題選擇一個兩人共同認為有興趣的主題，在網路或其他資源上另找一篇文章閱讀後，兩位同學在排定的時間到老師的研究室，和老師一起討論，時間為 10 分鐘。整體而言，在評分上，和本文化教案有關的評分項目包含前兩本小說的讀後感想，與文化報告的分數，總共約占 30%。最後，文化教案的評分內容請見第二部分教案中的詳細說明。

二、我的文化教案

A Multicultural English Learning Project
College English I
Foreign Language Center, National Chengchi University
Instructor: I-Chin Nonie Chiang

✍ The learning task

The course aims to encourage novel reading and help develop (extra-curricular) reading habit, which will relate to the cultural issues in the novel through spotting and analyzing cultural clues, comparing and contrasting our own culture, and the culture in the chosen novel. Students will read the novel, check comprehension through class activities (Week 7, 10), discuss and fill in task sheets. The project ends with a short group performance and a written group report, including a cover, task sheet/organizers, personal reflection of the novel and peer-evaluation from each student. All of the four language skills are practiced, but mostly emphasize reading and speaking.

✍ Scheduling of the task within the Fall 2015 semester

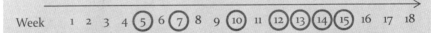

Week   1   2   3   4 ⑤ 6 ⑦ 8   9 ⑩ 11 ⑫⑬⑭⑮ 16   17   18

The course incorporates after-class graded reader/novel reading into the unit learning throughout the semester. Three books are chosen because they are relevant to unit 3 (positive attitude, Week 7), unit 4 (synesthesia, Week 10) and unit 5 (creative thinking, Week 12) of our textbook (*Select Readings*). The project is a wrap-up of the extended reading; hence, it falls during weeks 12 to 15.

✍ Language input

Reading

To encourage English leisure reading and develop an English reading habit, I ask students to read two to three graded readers/young reader's literature each semester. Three novels are chosen this semester. These novels were considered extended reading to the textbook reading passage (*Dragon's Eggs* for Chapter 3, *Windows of the Mind* for Chapter 4, and *Frindle* for Chapter 5). Reading long texts and staying focused can be challenging for language learners. Novel reading as the first step towards longer reading could provide learners more fun and decrease reading anxiety in English.

I have chosen these novels for several reasons. First, they are written for young native-speakers; therefore, they contain cultural information that English learners can learn, such as African culture, English culture, education, family, the young adult lifestyle, media, etc. In addition, the story of *Frindle* starts in a language art class and we learn some knowledge about the origin of dictionaries and language. These books are also chosen based on consideration of their relevance to the topics of the class, length, level of language difficulty, popularity, entertainment and creativity value, and award-winning history. See the following for publishing details.

Novel 1 Title: *Dragon's Eggs*

Author: J. M. Newsome (2010)

Cambridge English Readers (ISBN 978-0-521-13264-0)

Blurb: Tendai comes to live in an isolated African village. Tendai is a runner, a dreamer, and a storyteller. When landmines turn his world upside down, he runs, dreams and tells stories to try to deal

with a terrible tragedy. A gripping story of victory over man-made evil, and of a young man who never gives up.

Genre: Human Interest

Page number: 96

Novel 2 Title: *Windows of the Mind*

Author: Frank Brennan (2001)

Cambridge English Readers (ISBN 978-0-521-75014-1)

Blurb: Each of these highly entertaining stories centers around one of the five senses. We meet a well-known broadcaster whose blindness is her power, a war hero who hates noise and wants silence, a wine-taster who has an accident, a university lecturer who learns Tai Chi, and a magazine journalist who smells scandal and will do anything for a good story.

Genre: Short Stories

Page number: 96

Novel 3 Title: *Frindle*

Author: Andrew Clements (1998)

Simon & Schuster Children's publishing Division (ISBN 978-0-689-81876-9)

Blurb: Is Nick Allen a troublemaker? He really just likes to liven things up at school – and he's always had plenty of great ideas. But it looks like Nick's days of classroom shenanigans are over – thanks to his no-nonsense teacher, Mrs. Granger. That is, until Nick learns an interesting tidbit about how words are created. This inspires his greatest plan yet: invent a new word. From now on, a pen is no longer a pen – it's a frindle. But what happens when the word starts to catch on … around school, around town? Suddenly, *frindle* doesn't belong to Nick anymore. The word is spreading and there's nothing Nick can do to stop it…

Genre: Realistic fiction

Page number: 105

Listening

Listening is practiced while listening to others in discussion, since the class is conducted in English.

The project includes the reading part on week 7, week 10, and week 11, followed by intensive group discussion and production of three to four weeks between weeks 12 and14.

Week 5: One-minute oral summary practice

Week 7: Reading of novel 1 *Dragon's Eggs*

Week 10: Reading of novel 2 *Windows of the Mind*

Week 11: Reading of novel 3 *Frindle*

Week 12: Students in small groups of 4-6 decide their topics; plan the timetable through the time planner (handout 1); share with other groups about their project topic and research their own sub-topics as homework.

Week 13: Discuss research result in groups; decide on the subtopics and content; fill in handout 2 the content planner; and produce PowerPoint slides.

Week 14: In-class group oral presentation; teacher and peer evaluation; CA record the presentations.

Week 15: Written report due (cover + handouts 1-4)

Notes:

Handout 1 is a time planner (group work) for Week 12.

Handout 2 is a content planner (group work) for Week 13.

Handout 3 is personal reflection and self-evaluation (individual work) for Week 14.

Handout 4 is peer-evaluation (individual work) for Week 14.

See attachments.

✍ Input/output connection

The learning starts with the reading of the textbook units, extends to the novel, and leads to the summary and personal reflection. Students are asked to write a reading diary for personal reflection after they read the first two novels, while the class discussions focus on comprehension checks and extended issues from the novels. However, the discussion of the third novel is before the reading, which aims to initiate reading interest before the reading. These readings will later lead to the project, which takes place through intensive group discussion and both oral and written production in English between weeks 12 and 14. While discussing in class, students will review the novels and distill the meaning/lesson from the novels, extend the project into a meaningful quest for knowledge and the opportunity to practice their speaking and writing.

✍ Instruction to students for performing the task

Weeks 7, 10, and 11 allow students to read silently in class for one session and the classes end with discussion on prediction of the plot or comprehension checks. Then students go home to finish the novel and write their reading diary. This reading diary aims to track students' after-class reading and prepare them for some possible ideas for the project later.

Week 12 aims to show the students how to organize their project (15 minutes for each group presentation). Different tasks (handouts 1-4), including planning their timetable, making decisions on content, formulating reasons regarding culture and language, and completing feedback and evaluation sheets, are designed to help students see what they need to do to prepare for an English report. Students work in groups of 4 to 6 to complete their assigned tasks each week in English. Group discussions are monitored by the teacher and a teaching assistant. Students can choose the topics of their interest, which relate to the readings, and elaborate on their cultural origins. Common forms for a presentation of ideas are generally acceptable (e.g. role-play, PowerPoint oral report, short videos, music videos, etc.). All the members must present. In the end, the group submits a written group report, which includes a cover and all the handouts that have been assigned to complete. Time controlling techniques have also been practiced at week 5 (unit presentation for consolidation of units 1 and 3 in the textbook) to help them monitor the timing of their presentations.

✍ Assessment

Percentage: 20%

Criteria explained:

The evaluation criteria included relevance to the topics, clear structure of content, level of creativity/originality, language and punctuation, and punctual submission.

Assessor: teacher, peers, self

教英文、跨文化

Criteria of oral presentation (10%)

Criteria	Language			Content		
	Pronunciation	Grammar	Relevance to topic	Content familiarity	Group cooperation	Level of creativity / originality
Score						

Criteria of written report (10%)

Criteria	Group				Individual	
	Is it handed in on time?	Does it contain all the required materials?	Is the language accurate?	Quality of the completed work	Contribution to the group	Comments toward other groups
Score						

Peer review form (Handout 4)

Choose two groups to comment on.

Group	My comments and questions	Score (1-10)

此次的計畫分為三個階段，為了方便讀者理解，在此分階段說明。

第一階段

依課本單元循序上到課本的第三課（attitude，第 7 週）、第四課（synesthesia，第 10 週）、以及第五課（creative thinking，第 12 週）時，搭配所選用的 *Dragon's Eggs*、*Windows of the Mind*、*Frindle* 等三本小說要求學生進行課外閱讀。為了督促學生完成小說閱讀，我們在課堂上會先進行簡單的內容討論（comprehension checks）和延伸性的問題討論（extended questions），並在課後要求學生上傳一份個人讀後感想，內容包括故事摘要、自我省思、讀後及討論後激發的想法或是未能在上課討論時所提出的想法。

第二階段

首先，在本學期的第 5 週，我安排了每人一分鐘的口頭課文摘要練習，確認同學可以先有上臺不看稿報告的經驗。再於第 12 週至第 13 週進行小組口頭報告的準備工作（4-6 人一組；每組報告時間 15 分鐘）。要求學生分組後，由小組成員一起討論從課本為主，小說閱讀為延伸的主題中，能夠引起他們興趣的主題來報告。例如，課本的第四課 synesthesia，是一種感官相關所引起的症狀，所以搭配的小說 *Windows of the Mind* 是一本包含 8 篇以各種感官知覺為主的短篇小說選集。在這個主題之下，因為小說中有包含品酒師的故事，所以有的組別選擇比較各國的飲酒文化。也有因為第一本小說 *Dragon's Eggs* 所發生的地點為非洲，同學想要多認識非洲文化，所以設計了針對不同旅行種類需求來認識非洲的旅遊行程、介紹非洲音樂、以及研究非洲所存在的問題等等。

第三階段

學生於第 14 週分組上臺報告及繳交報告投影片，並於報告後寫下自己評量以及對他組報告的建議。教師於此時依設計的評分方式評量，而同學的報告由助教協助錄影保存，上傳雲端分享給同學。

階段一(閱讀)

第7週：課文第3課attitude－小說Dragon's Eggs

第10週：課文第4課synesthesia－小說Windows of the Mind

第11週：課文第5課creativity－小說Frindle

階段二(準備工作)

第12週：決定組員、選定題目、填寫講義(一)規劃準備進度

第13週：分組討論、搜尋及統整資料、決定報告內容、利用講義(二)確認報告的內容、流程、分工等，製作投影片、準備講稿

階段三(報告及評量)

第14週：分組上台報告、繳交投影片、助教協助錄影、報告後填寫講義(三)自我評量以及講義(四)他組建議、教師講評學生表現並給予即時回饋及指導以及給予分數

第15週：學生繳交書面資料(講義一至四)、教師收齊資料

圖1　文化教案流程圖

　　因為上課時間有限，為了幫助學生規劃報告工作的進度及內容，我準備了不同的講義提醒學生如何做好完整的準備，請參考附錄（一）至（四）中的學生作品範例。講義（一）是為了幫助學生於第12週小說討論有關於進度安排以及一開始選擇題目時使用（附錄1）；講義（二）是用於決定題目後，闡述為何選擇此題目、預期的問題及解決方式、報告呈現方式、報告到期日、報告時的內容安排、發現小說當中所出現的文化現象、重要單字、視覺輔助、資料來源以及小組分工等的紀錄，這個部分並要求同學說明他們選的題目和文化當中的相關性，以提醒同學在準備報告的主題內容時要聚焦於文化的概念（附錄2）；講義（三）為此活動後的自我省思（附錄3）；最後，講義（四）則是針對聆聽他組報告後所給予的評論及建議（附錄4）。講義（一）和（二）為小組應填寫表格，而講義（三）和（四）則為個人填寫表格。

　　為了這次的小組報告，課程中也已經於第5週安排練習了一次每人限時一分鐘的簡短口頭報告，內容為摘要課程第一課以及第三課的內

容，學生也都順利完成，證明學生可以完成一分鐘不看稿的演講能力，並藉以培養上臺的自信心；有了第一次的練習後，期待學生能夠更突破自己能力，因此將第 14 週的口頭報告的時間拉長至一人約二分鐘左右。在最後的第三階段，除了小組口頭報告外，學生同時完成書面報告的繳交，即完成講義（一）至（四）。

三、執行情形

針對小說和文化的相關性方面，我在第 12 週時有針對每本小說，列出一至兩個和文化相關的主題提供學生參考。例如，在 *Dragon's Eggs* 中主角利用民間傳說（folktale）的故事告訴其他小朋友地雷的危險，所以非洲的民間傳說這樣的題目就是一個很有潛力的主題。而在 *Windows of the Mind* 中的故事之一是現在很流行的品酒師行業。而最後在 *Frindle* 中，我則提供美國文化中，學校教育和家庭教育在處理問題上不同的方法、不同教育中對「好老師」的定義、以及媒體在社會中的角色等問題作為參考。在報告架構的方面，要求學生要做前言介紹、重點論述以及結語等等。然後除了架構外，也要考慮到要做的內容以及為什麼。在講義中也包含了同學認為在這次報告主題中比較重要的或是比較有學習價值的單字以及意思。在第 14 週同學分組上臺報告時將講義（三）發給每位同學一份，在聆聽報告時也同時選出兩組寫下建議及評分。在每組報告完時，我也會針對每組的優缺點加以講評，給予建議。尤其，會對於結構不足、關鍵重點字發音不對、練習明顯不足的部分特別強調及給予建議。最後，下課之前再將講義（四）發給同學回家填寫後，於第 15 週同組彙整所有講義後，和投影片檔案一起繳交。對於少數幾位表現不佳的同學，我請他們在下課後，另外選擇時間再一次對我單獨練習報告後，給予個別的指導和鼓勵。

由於大部分同學的英文能力能夠聽懂上課時的說明，所以大部分的組別都能依指示如期完成任務。但是因為同學似乎在填寫表格上缺乏經驗，很怕寫錯內容，會不斷詢問。我的處理方式是先聽完同學們說明他們的作品後，和他們一起完成局部內容，在每個項目上舉例說明，並且以較開放的態度接受他們所填寫出的內容。例如，在單字部分，有的組別會查字典寫出定義和例句，但有的組別可能會利用圖片說明，同學可以利用自己喜愛的單字學習方式填寫。當時的考量是，有的單字相較於文字說明，使用圖片可能較易理解，例如樂器、衣飾等等，所以讓同學自己選擇。但後來的結果顯示，多數同學依舊選用文字表達。在課堂上我會再三跟同學表明支持作品及內容的多樣化，同學可以使用任何寫法完成內容，以降低他們的焦慮感。

最後，雖然感覺到同學在填寫時的不安，我仍堅持希望同學完成的原因，一部分是因為同學在分組報告時，常是以分工的方式進行，以網路交換資料後各自準備，並沒有真的在準備好內容後，聚集在一起預演練習。因此，我想藉由這樣的準備方式，讓同學可以多一點討論的時間，達到利用語言溝通的目的。還有，因為同學們在準備報告時，很多時候都是拿著自己的筆記或小紙條上臺，並沒有看到自己和成員一起完成任務時所花的心力和經歷的過程，因此成就感可能較低，我希望能藉由留下他們所完成的每一項階段任務，可以清楚地展示出準備報告時所應有的階段過程，報告時所應具備的架構，報告後該做的省思等等方式，提升在學習的內容之外也提升成就感。

四、學生作品說明

本活動實行時每班最後約有 7-8 組報告。學生在討論後所選擇的題目包羅萬象十分豐富，學生們理解到學習英文不單單只是針對單字的背誦以及課文的理解，還可以運用有趣的方式和延伸活動去學習課文之外的知識。

本次活動依不同班別包含的主題列於下列表 1。

表 1　各班文化教案報告主題列表

班級一	班級二	班級三
Taboos of Africa	*Catchwords of various countries*	*The terrorism in Africa*
Funerals in different countries	*Learning from being drunk*	*Love in wine*
Travel time	*Bizarre foods around the world*	*Adolescent subculture*
Innovation in life	*Suffering after war*	*From Bollywood to Indian culture*
Wine culture	*India*	*The rhapsody of love*
Culture of African music	*Social network and Internet culture*	*Extra-ordinary sports*
If you catch a cold...	*International campaign to ban landmines*	*Naming of brands*
		Differences of media between western countries and Asia

　　在完成文化教案報告的過程中，這次的課程設計以課本的課文為起點，延伸至課外閱讀、再擴展至學習文化層面的知識。有些組別選擇針對 *Dragon's Eggs* 加深非洲文化、音樂、景點、恐怖主義及組織以及在非洲戰後殘餘地雷及掃除地雷組織的認識，有些選擇了延伸 *Windows of the Mind* 的故事，學習印度文化及詩人泰戈爾及其作品、印度服飾及寶萊塢電影的源由、傳統及存在的意義。第五課創造力的議題和小說 *Frindle* 則引起學生對新奇的事物的注意，包含食衣住行的創新發明、各地奇異的食材、以及更貼近語言學習的各國流行語的發明。另外有許多主題也都引起同學高度注意，例如青少年文化、飲酒文化、媒體文化、網路文化、喪禮文化等等。

　　大部分的組別選擇以口頭報告搭配投影片的方式呈現作品。但也有小組於報告當中穿插角色扮演與自己拍攝的短片作為輔助，增加報告時的趣味性也提高了學習的動機（圖 2 中第一和第二組）。另外，介紹非洲景點的組別更是將報告的內容，製作成精美旅遊手冊展示（圖 2 中第三組）。每組的口頭報告時間皆達到課程要求的 15 分鐘，絕大多數同學也做到了不拿著講稿唸，而是直接面對聽眾報告。

1. 報告主題：Catchwords of various countries 作品類別：自拍影片 同學利用手機與軟體自行拍攝不同地區及國家流行語的短片後，加上後製影音效果，穿插於口頭報告當中。	
2. 報告主題：Wine culture 作品類別：自拍影片 同學在報告中介紹不同種類的酒，以及在西式餐飲中常見的各式不同調酒。由於同學中有人會調酒，所以事先拍攝了調酒的短片，在報告的最後放映。	
3. 報告主題：Travel time 作品類別：旅遊手冊 同學用心地設計了兩套不同的旅遊行程，針對 Safari 和渡假兩種需求提供不同的套裝旅遊景點。並將內容做成精美的手冊展示。	

圖 2　小組報告學生作品說明與截圖

　　在書面報告的部分，許多同學提到這是個難得的經驗。同學們開始學習填寫不同的表單，提醒自己從一開始時的時程計畫、題目的訂定、內容的掌握、投影片的製作以及資料來源的記錄。從最後的自我省思部分，可以看出同學都很努力地準備了這次的報告、檢討自己不足的部分和給予別組同學肯定及建議。

五、學生回饋意見

　　由於講義（三）收集了學生針對研究主題和此次報告的心得及省思，我將摘錄部分出現頻率較高的內容以供大家參考。

正面意見：

- 經由這次報告，學生不但學習到許多的課外知識，而且學會如何藉由互相幫助，進行團體活動。
- 同學表達能藉由別組同學的報告學到許多課外的文化知識，非常有趣。
- 在知識方面，學生能觀察到自己對不熟悉的文化容易存有刻版印象，例如對於非洲常和貧窮及落後等聯想，殊不知其實近年來旅遊業在當地的興盛。因此，同學認知到自己應該多吸收新知，擴展自己的知識。
- 許多同學提到準備報告雖然很辛苦，但能夠克服站到臺上，不看稿子講完的成就感很高。
- 同學表達學會利用投影片摘要重點，時間控制和利用圖片加強視覺輔助等報告技巧。
- 這次的報告似乎引起部分同學想要去旅遊，親眼目睹世界文化的欲望。
- 在感想中很多同學提到很少有機會能夠完整地用英文報告，有些人甚至是第一次做英文報告，因此多數同學很珍惜這次報告的機會。
- 許多文化利用不同的形式傳承，例如法國的紅酒、非洲的音樂、美國的教育、印度的文學、各地特別的喪禮等等。這次的文化報告讓大家學會如何尊敬不同的文化以及其代表的重要意義。

反面意見：

- 同學反映準備的時間不夠充足，希望能有更多的準備時間來記熟講稿。
- 臨場表現方面，許多同學表達雖然自己花了很多時間準備，但在上臺時仍因為緊張和時間限制的關係，而無法達到自己預期的表

現。

- 同學認為要讀的小說有點多。
- 有的組員無法按時完成自己負責的工作，而導致無法同組一起預演練習、遲交口頭或書面報告等種種問題。對於這些不盡責的同學，其他組員也無解決方法。

六、我的教學反思

在這次的課程設計中，學生和教師雙方都獲得了很大的成就感。同學們願意努力配合完成課外閱讀，已經是對自己一個很大的挑戰。有許多同學都說他們之前都不喜歡或沒閱讀過小說，甚至是認為自己的程度不可能能夠閱讀小說。但在這學期的努力下，許多同學已經改變對自己的看法而願意在課餘的時間或睡前，拿起小說慢慢閱讀，並體驗小說閱讀的樂趣，我為這些同學感到開心與驕傲。不可避免的，有些同學無法趕上安排的進度、或是並未看完小說，但實屬少數，希望能在下學期針對這些同學瞭解問題，以鼓勵的方式配合他們的學習。例如，在下學期時通常我會傾向讓同學選擇自己想看的書，而不是指定書籍，希望能讓同學利用本學期用書的經驗及標準去選擇適合自己想看的書。

其實在設計課程時，就很怕學生無法完成在課外自行閱讀小說的任務。但因為我相信廣泛閱讀（extensive reading）的效果，以及如前所述，想提供學生一個不同於為了準備升學測驗的英文課，減低學習上的壓力、培養長篇閱讀的能力及信心等目標，這些都是廣泛閱讀的基本精神，不要讓學生的壓力抑制了他們的樂趣。也因此，我當初沒有選擇使用小考單字或章節內容來檢查他們的進度，而是選用閱讀感想來窺探學生的進度，而且閱讀感想也能帶給學生較大的空間做較多方面的分析討論，或是自省。盡量減低他們對閱讀的反感，是目標之一。但在實務上，如果老師的教學理論架構不拘泥在廣泛閱讀的理論上，則當然可以考慮利用小考章節內容及單字等方式確認學生的閱讀進度。如果使用的是讀本的話，則在教師資源手冊中，通常會有各種不同的教學資源可以提供老師做不同的確認，推薦各位老師使用。

　　為提供給同學一種較為開放的學習情境與培養學生完成作品時的成就感，與讓學生能夠選擇他們比較有興趣的題目的前提下，我完全開放題目的選擇性，但為了評分時的公平性，我們仍針對口頭報告與書面報告訂定了評分項目。在評量同學時，我分別針對各組的整體表現和個人表現，利用所設計的 Criteria of oral presentation 與 Criteria of written report 表格（教案中 assessment 部分），給組別及個人表現兩個分數，而同學在這個文化報告的分數則為兩個分數的平均。在口頭報告的評分上，這些標準簡化了許多問題也非常便於使用。但在書面報告方面，因為班級參與人數多達 108 位同學，閱讀每組報告及個人的報告，需要花費較多的時間。因此，在撰寫此文之時，我只能粗略的看過同學的報告與感想，也需要更多的時間再重新精讀同學的作品以及評分。換言之，在這樣大班教學的情況下，我認為三週的準備以及報告時間是不足夠的。如果有更充裕的時間，便能給予同學在報告前引導他們進入更有深度的方向、修正投影片上的用語、建議表達時的用語、糾正關鍵字的發音等，也能在報告後，提供同學個別回饋及改進作品的機會。因此，希望在下學期的課程中，加入這個報告作為素材，進行後續的修正。

　　針對能夠拉長報告準備時間、教學活動時程規劃調整的解決方法，我認為目前可考慮的方法是從要報告的課本第三課到第五課開始上。由於課本中每課內容的安排並沒有順序上的連貫性，所以可以由教師決定課程單元的順序。如此一來，就可以在比較早的週數時先開始有關於文化討論，至少也可以將第三次小說提前一至兩週看完，多出一至兩週的時間準備。並且，在前兩本小說看完時就可以先開始進行題目的選定跟內容的收集與確認，能增加教師在學生報告前給予建議的機會。

　　雖然在報告前已經針對常見問題做出提醒，但在實際報告時，還是出現了許多現場狀況。在第 12 週已提醒同學要在報告前測試自己要用的電腦，但仍出現機器無法播放的狀況，嚴重影響報告時間的安排。雖然也已經在學期第 5 週練習過如何計時及準備講稿，但仍有許多人超過預定的時間限制。

　　針對小組報告超過預定的時間限制問題，比較容易的作法是利用計時鬧鈴提醒並嚴格控制，但由於學生準備的內容精彩，我自己其實也很想聽完，所以雖然可以利用逾時扣分的評量機制，但我自己較少實際執行。為了避免逾時的情況，早在前幾週就建議同學可以用拍攝的小短片代替現場的戲劇表演，因為這樣比較好控制時間。而且影片的使用還具備了其他的優點，例如內容可以先設計好，能重複拍攝所以不怕犯錯，可以分段錄製之後再剪輯，因此對語言能力相對較不好的人，可以縮短必須背誦的內容，然後透過後製剪接成原來需要的長度。由於並非所有的組別組員都具備有拍攝及編輯影片的能力，所以只有少數幾組選擇自拍影片。而從同學提供的影片內容來看，如果和現場表演比較起來，的確已經縮短了許多時間及現場道具的準備。但是從我的觀察，我認為同學報告逾時的最大原因是因為同學沒有一起事前共同演練、互相計時。再加上我擔心時間一到就打斷學生的報告會影響同學報告的內容和一致性，間接也會影響同學互評的成績，所以只在最後評分中酌予扣分。因此，普遍來說，逾時的現象依然存在。但是和過去幾年的經驗相比，這次實行方式已經比過去逾時的情況有大幅改善。在下次實行準備時，我會在同學報告之前，安排一次在課堂上全班一起計時練習的活動，好讓同學知道自己的報告時間是否過長或過短，以及有足夠的時間修改講稿。

　　從這次的施行經驗中，我學到許多同學在準備報告時面對的問題。例如，少數幾組的成員間分別進行自己的部分，缺乏事前的共同演練及互相幫助的團隊精神。有些同學花費太多時間在搜集和閱讀資料，反而沒有充分的時間準備及練習自己的講稿，因此，有些同學反應未有充足的時間翻譯他們找到的資料。也有些同學較不配合，使得一些原本應該小組共筆的部分成為部分成員的負擔。在這些問題當中，有的可經由事前的規劃與安排來排除，例如，在課程設計時就計畫好，並給同學們清楚說明的時程表，規定每週必須完成的事項，例如在決定好題目後規定同學必須在特定的時間內完成資料搜尋及整理，然後訂下第一次大綱的繳交日，口頭報告前一週即讓同學計時練習等等。但是也有些部分，因為同學間英文能力的差異，比較無法掌控，例如對於內容的翻譯以及分工之後同學的負責程度等。這些可能可以藉由教師或者助教更密切的監督或是額外幫助才能達成。在大班教學中，教師已有相當的工作量，因此這也可能造成教師更多的工作量，而且由於同學來自不同科系，課程安排和生活模式都不同，有時嚴格的規定會變成學生的限制，所以我認為這是比較難克服的問題。

這次的計畫雖然是希望以多元文化為發展主題，但有些組別的題目較偏離主題以及不夠深入。如何訓練深入思考的能力以及表達觀點的能力應該列為接下來主要的修正方向之一。在思考能力的方面，可以投注多一點的時間，利用小組討論、心智圖、以及反向思考等方式改善報告時的內容深度，或者是利用教學助教以及和老師另外約時間進行小組各別討論，應該能夠大幅提升主題內容的深度，以達到較高等級的認知層次（Bloom, 1956），例如綜合和評鑑等層次。而在表達觀點的方面，可以加強觀念上的呈現架構，利用寫作技巧中的比較、批判及意見等寫作方法讓同學能更有效率地表達自己的意見。

—— Q & A ——

Q：這次所選的三本小說，對政大的學生來說，在程度上不會太簡單嗎？

A：不同班的學生來自不同的學院，所以三個班級之間也存在著不同的程度和上課時的氛圍。但學生程度不一的現象是每年每個班都會出現的常態，因此，我選擇較為簡單的閱讀教材來降低開始閱讀小說時所可能引起的焦慮感。在廣泛閱讀的理論上，其實也傾向於利用簡易教材入門，培養學生的閱讀習慣。至於如果較高程度的學生反應教材太簡單時，我會再幫他找其他的讀物來補充。但因為學生其實高中階段課業壓力較大，很多人未必有閱讀小說的經驗，所以這樣的安排其實學生較能接受。並且，有些讀本是由短篇小說構成的，其實依我的觀察，許多同學覺得短篇小說更好，因為他們可以隨時想看的時候看一小篇，比較輕鬆。然後在我的大學英文（三）的選修課中，輔助的小說就是正常的小說，而不是為了語言學習所出版的簡易讀本。

Q：既然學生來自不同院系，是否在這次文化教案的主題的發展上應該要求他們朝自己的主修方面深入發展較好？

A：因為同學剛進入大學階段不久，尚未能深入學習自己主修的科目，所以當時在同學所選擇的題目上並未要求他們依主修深入研究，而是以他們有興趣的題目，和練習表達自己意見為主。但是，在本教案集的分享中，看到別的老師要求同學的專業主修分析及表達自己的看法時，我也瞭解同學還有更多未開發的潛力、能夠更深入分析主題及表達看法。所以，之後的方向會考慮調整結合系所主修，讓同學能夠更發揮所長。

教學應用重點

■ 教材

利用和課本單元主題相關的英文小說，加強課外閱讀。

選用青少年小說可引起學生較多共鳴與反思。

■ 教法

製作講義引導學生準備報告。

發掘小說中所包含的文化元素，於課中做延伸討論。

教案規劃為三階段，輔助學生循序完成最終任務。

教師教學成長歷程

　　因為小時候住家樓下就是書店，因此我非常喜愛書本，尤其是愛看小說。在小學同學還在看小叮噹時，我已經跟著哥哥姊姊們看倪匡小說，成為小說迷。成長的過程中，也就讀過音樂班、商專、插班大學英文系等不同經歷，讓我培養出對新奇事物的接受度、好奇心、以及耐心。我也喜愛旅行，因此在寄宿家庭還未蓬勃發展的年代，就獨自一人到日本寄宿，深度瞭解自己喜愛的異國文化和練習日文。在英國修習應用語言學碩博士的期間，開始進入閱讀研究的領域，觀察到在日本和英國文化中，閱讀都是不可缺乏的精神食糧。相較之下，臺灣的閱讀風氣似乎較不興盛。我的博士論文是研究國小學童的英文課外閱讀習慣，而得到的結論是臺灣學生從小普遍仰賴補習教育，而缺乏培養課外英文閱讀的習慣，而這些孩子很可能到了大學階段也依舊未有課外英文閱讀的習慣。在大學的階段，因為學生都具備了一定程度以上的英文能力，我認為在此階段推行課外英文小說閱讀是一項非常重要的任務。在林語堂所寫的「閱讀的藝術」文中指出，閱讀可以帶領我們到現實生活中無法到達的時間與空間，可以擴展我們的眼界，和古聖先賢對話。也可以教導我們知識，探索世界的奧妙，提升自己的高度。閱讀應該是一件快樂的事，而在分數掛帥的現代教育中，這種快樂經常被犧牲。因此，在這次的教學規劃中，我希望能傳達給學生一個重要的訊息：內容簡單的小說其實仍然可以相當有趣和具備重要的知識及意涵，端看我們如何去理解及使用我們得到的知識和訊息，以及願意花多少心力去深入思考、發揮創意。文化，存在於語言文字和生活之間；在閱讀中，我們總會觀察到一些特殊的文化軌跡，例如，從 Lois Lowry 的小說 *Number the Stars* 可以瞭解到二次大戰時期猶太人的處境等等。所以，我認為從小說中去認識世界上的文化是最自然以及最能達到潛移默化的方式。

參考文獻

Bloom, B. S. (1956). *Taxonomy of educational objectives, the classification of educational goals handbook I: Cognitive domain.* New York: McKay.

Day, R. & Bamford, J. (1998). *Extensive reading in the second language classroom.* Cambridge: Cambridge University Press.

Krashen, S. (2004). *The power of reading*, 2nd edition. Portsmouth, NH: Heinemann.

附錄 1

文化教案講義（一）：學生作品範例

Week 12	Work to do		member responsible	Check
Project Week 1	Job distribution	Characteristics of Bollywood movies	XXX	V
		dancing and music	OOO	V
		Traditional Indian wear	@@@	V
		relation of Indian culture & conclusion	###	V
	deciding topic		All	V
	content discussion		All	V
Week 13				
Project Week 2	looking for information		whole group	V
	discussing the way to present the project			
	making PPT			
	participating presentation			
Week 14				
Project Week 3	**Oral Presentation**		whole group	V
	comments			
	writing handouts			
Week 15	**Written report**			V

附錄 2

文化教案講義（二）：學生作品範例

Content Plan

Topic: Social media & Internet Culture

Group members:

XXX, ***, ###, @@@, / / /

Reasons to choose this topic:

We got the idea from "Windows of the mind" which is the second story of the book. The story is about a journalist that she is sensitive to the scandal. And she could do anything for a fascinating report. This inspires us to our topic "Social media & Internet Culture".

Anticipated problem:

Because some news use Chinese to convey information, and some key word is very hard to translate.

Anticipated solutions:

We chose not to change the language, because it cannot precisely express the meaning of the resources. Plus, if we want to translate them, we would find that it only can use the Romanization to pronounce.

Through what ways would we like to present this topic?

PPT and oral presentation

Note

How is the chosen topic related to 'culture'?

First of all, we have to define what is culture? In order to find the answer, I googled "culture definition", and I got a sentence "Culture is the characteristics and knowledge of a particular group of people, defined by everything from language, religion, cuisine, social habits, music and arts."

Then I start to contemplate the question "How is the chosen topic related to 'culture'?" It occurred to me that just do for searching the question, I googled it such as many people can do. According to this art, I get a group that have the same habits, goggling for question, commenting on message boards, and clicking the "like". Never are they limited to the only place, because where there is Internet, there is Internet users. To sum up, we get the Internet culture.

附錄 3

文化教案講義（三）：學生作品範例

講義三學生作品 1

Personal reflection from each group member (250 words each person)

(For instance, what have I learned from the topic or the project?)

I learned a lot from the project. First of all, to finish this project, strong cooperative spirit was requested. We had to work with our teammates and figure out the best way to accomplish the project together. Everyone in a group play a crucial role, and we could not finish the project without anyone.

Second, I could understand deeper in the topic. My presentation topic was 'hegemony of western media'. As far as I was concerned, ti was a worth discussing topic because sometimes we were ingrained an idea unconsciously by the media. Nevertheless, the idea may influenced our perspectives in a large degree. As a result, I found out that the ability to reflect was important. In the modern age where information explodes every minute, everyone has an easy access to all sorts of information. In order to become a person who could keep his or her own perspectives, rather than be affected easily, I should understand the reason why the media try to deliver this information to the audience.

Last but not least, we could not only learn from our group's work, but also from other classmates'. There were several interesting topics, which help us to get more information from presentation, instead of textbooks.

All in all, thanks to the culture project, I could think much about the topic and be closer to the teammates.

講義三學生作品 2

Personal reflection from each group member (250 words each person)

(For instance, what have I learned from the topic or the project?)

In this project, we study a lot about Bollywood movie. Before we do this, Bollywood movies to us are just a group of actor dancing and jumping everywhere, and Three Idiot. After making this project, I know more about it and have a deeper look in Bollywood movie. For example, the dance in the movie is not just exaggerate and astounding, but also originated from a traditional kind of performance, which has it own history.

During this project, my teammates help me a lot. In the beginning, I wasn't at class when we decided the teammate. A friend of mine, who has many same class as me asked if I want to be in a team with her, making me not be left alone. When it's time for presentation, I was so nervous that I thought I used too much time and don't know what I'm actually talking about. My teammates are so kind that they said it is all okay and we are really nice. I think that, besides our performance well or not, the most important is that we've dug in this topic and we had a harmonious cooperation.

Finishing this project, I can feel that my English still remains improving. There is a long way from using it fluently. Another point is that I can notice teacher's patience on us. Many classmates in our department said that we have a lot of homework, but I think this is how a teacher really makes student learn something, while coming up with this homework is not so easy, so does grading them. Though it is not an easy quest (but not so hard actually), it is a nice experience for our learning.

218

附錄 4

文化教案講義（四）：學生作品範例

Peer review

Choose two groups to comment on.

Group	My comments and questions	Score (1-10)
Wines	This is very amazing to make a video of wine-mixing by themselves, though they try hard to introduce as many they could, but I thought they were too focus of the number of wines the told, I want to heard more about their taste and their ingredients in detail. Second part which introduce the different ways every country was very interesting and useful, I could learn something that I could use in the future, which I will give a good comment.	8 points
Public Media	This is the topic which mention things that were happened around us, the charts, examples were all impressive to me. From introducing the good and bad ideas of public media to let us join the process of media control, I could understand more about the media and could be more careful when I face them in the future. Though when some explains were a little bit long and made me feel sleepy, but most of the project still means a lot and teach me things.	8 points

9
從新聞看世界：現實生活中的文化議題

謝瑤玲 [1]

一、課程整體概述

　　大學英文向來注重學生在英文聽、說、讀、寫的全面訓練，雖然短短兩小時的課，在課堂上必須做的還真不少，課程十分緊湊。站在教師的立場，總是希望可以將兩個鐘頭的課充分運用，達到最大收益。除了綜合性的內容外，以專業英文的角度思考，大學英文的內容似乎要兼顧到學生的主修，但此課程畢竟以語言的訓練為主，也不宜因以學生系所的主要科目為考量，而失去讓學生有機會接觸英語文化各種層面的機會。何況在 21 世紀的今天，英語已經成為世界性的語言，是與全世界各國各階層的人接軌的橋樑，更應該讓學生在學習語言中可以透過英文進一步認識全世界，養成對其他文化深入探索的好奇心和對不同文化的接受與尊重。因此，雖然我近幾年所教的學生多是商學院各系的學生，但在教材選擇上，除納入一些與經濟或商業相關的報導或文章當補充教材之外，仍是以各種不同題材的英文書寫為主，而以文化為主題的計畫，完全切合大學英語教學兼顧各個層面的本意。

　　歷年來，探討英語文化的面向便是我教授大學英文課程的基準。在選用教科書上，基於這個考量，就必須常常變更，以符合時代的改變和新的需求。坊間進口大學英文用書的書商甚多，這些教科書內容包羅萬象，而且多半是由國外教師編著，並由著名的出版公司或知名大學出版

---

1 作者為國立政治大學外文中心兼任教授及東吳大學英文系專任教授

社所出版。近年來由於臺灣學生從小就有學習英文的機會，進入大學就讀時往往已經有相當程度的英文基礎，因此大學英文用書的深度也跟著提升。一般英文教科書傾向由初級編到高級成為一個系列，而教授大一學生的教師通常會選用中高級或高級。這兩年來我為學生選的是牛津大學出版社編印的 *American English File 5*，也是該系列最高階的英語用書。前兩年我選用的是該書的第四冊，但鑑於商學院學生的英文普遍優於其他學系的學生，因此去年開始改用第五冊。此書內容豐富，每一單元皆有聽說讀寫的練習，還介紹與課文相關的深入字彙與文法解說和練習題，可以說英語教學上該有的它都有。最重要的是，此書雖為英國大學教師編著，內容卻涵蓋英、美、加、澳等英語系國家，就連聽力訓練的部分也包括不同英語系國家的用語和口音，可以讓學生在加強聽力之時，也練習接受不同的口音和語彙。

不過，僅是用教科書上課，雖然內容包括播放 DVD 做聽力訓練及錄影帶的訪問與複習、讓同學根據每一單元討論不同議題並加以發表、以及寫作練習（多半是回家作業，再交由教師批改和檢討），卻仍嫌不足。畢竟教科書中的內容是固定的，儘管新編，很難完全與不斷發生在周遭的現實狀況貼合。因此之故，我選擇補充講義，以時事和最新議題為主，一學期大約 10 到 15 頁，訂成一冊，再讓學生分組就各頁內容上臺做報告。每一組人數多少，依全班的學生數而定，大概是三到四人一組。這兩年來，我選擇的講義，多半出自英國和美國的報章雜誌，例如 *Time, Newsweek, The Wall Street Journal, The Week, Saturday Post, The Guardian, London Metro* 等等。當我寒暑假期間閱讀這些報紙或雜誌，我會隨時選擇適合學生閱讀的報導或短文，影印下來，當作下一學期的補充教材。我的用意除了讓學生習慣新聞英文的用詞字彙並讓學生練習用英語說明內容及表達個人意見之外，也希望學生可以多接觸不同的英文刊物，瞭解一般本國人會用的詞彙，並體會到這些想像中很有「深度」的報紙和雜誌其實不會太難，是他們大可自行閱讀並吸收最新資訊的有用資源。各組學生在選擇或分配到一頁講義後，就必須以該頁講義的內容為主，進行討論並分配每個組員該做的工作，包括整理單字、說明大意，延伸議題、從臺灣的觀點切入討論、尋找相關影片補充、製作 PPT 等等，由各組自行決定如何呈現。上臺報告時，每一位學生都必須以英語呈現主題，約 5 分鐘左右，加上補充影片或延伸議題，每一組報告的時間約為 20 分鐘左右。儘管報告時間並不長，但學生在準備作業上必須花相當多的時間和心力，也必須充分討論相關議題，所以報告的成績占學期成績的 25%。其他成績的分配還包括：期中考和期末考各占 25%，作業和課堂表現占 20%，及出席 5%。

二、我的文化教案

A Multiculture English Learning Project

College English I

Foreign Language Center, National Chengchi University

Instructor: Yauling Hsieh

✍ The learning task

In this module, students will read articles selected from *Wall Street Journal, Time, Evening Standard*, and *London Metro* to learn about current issues with an international perspective. Students are divided into 8 groups to give presentations on these articles, and each group is in charge of a topic. In preparing for and giving the PowerPoint presentation, they need to use and practice listening, speaking, reading, and writing skills, as they have to present their topics to the class in English, using all sorts of materials they find on the Internet, including short films and reports related to their topic. They also need to answer questions raised by their classmates and the instructor.

✍ Scheduling of the task within the Fall 2015 semester

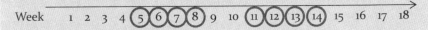

Week   1 2 3 4 ⑤⑥⑦⑧ 9 10 ⑪⑫⑬⑭ 15 16 17 18

As students also need to read, write, and do oral and written exercises that are included in each unit of the textbook, *American English File 5*, the weeks for their group presentations are limited. The above 8 weeks are specified for this activity so that they have enough time to collect materials, discuss the issues among group members, and come up with a complete PowerPoint version of their presentation.

✍ Language input

Reading

- "Should Pets Be People too?" *(Wall Street Journal)*

- "Two World Center" *(Time)*

- "Killer imagined TV reporter's everyday remarks were racist" *(Evening Standard)*

- "Cantankerous Couples in Cinema" *(Wall Street Journal)*

- "Women in Government" *(Time)*

- "Where Millionaires Want to Move *(Time)*

- "He's bloody good: Benedict's proud parents give their verdict" *(London Metro)*

- "The New Way to Prevent Nut Allergies?" *(Time)*

- "America's newest national monuments" *(Time)*

Listening

- time.com

- abc.go.com/shows/the-view

- facebook.com/eveningstandard

- wsj.com

✍ Input/output connection

The materials (handouts) provided by the instructor are directly related to what students create in their presentations. Students need to comprehend the reading materials, sort through related information, work together as a group to organize their presentation, talk about the issue in depth, and write down their opinions about it.

✍ Instruction to students for performing the task

Selected articles, 12 pages in total, are provided by the instructor. Students are divided into 8 groups, and each group of students chooses a page to focus on before they collect related materials through the Internet. They work together as a group to sort out the collected materials, organize the content, write down the presentation outline, and present the topic to the class through talking about it or commenting on it by showing pictures or video clips. After the presentation, other students and the instructor will raise questions concerning the presented topic. The presentation group will answer the questions and conduct a further discussion in class.

✍ Assessment

Percentage: 25 %

Criteria explained:

The criteria of assessment include organization of the presentation content, delivery skills (clarity of speech, intonation, and proper expression), relevance to the topic, individual performance, and group coordination.

Assessor: teacher

在教學中融入文化議題的計畫一提出，我便想到可以就我原本即列為課程一部分的「新聞英文上臺報告」來執行。本班學生共 24 人，來自商學院不同的科系，分為八組，每組三人。學期一開始，我就跟同學說明本學期大學英文一有一個跨文化學英文的計畫，基本上每一班都要有一個可以符合跨文化議題的特別計畫。本班經由上臺報告講義主題，並加入「臺灣觀點」的討論，即可達到跨文化學習的目的。另外，由於學期末會有一個全校性的公開展演，老師會從八組報告中挑出內容最充分且表現最佳的一組，代表本班參加展演。老師評分的原則，依同學準備報告的用心以及報告內容的呈現為依據。例如，如果同學只有整理單字，沒有深入介紹該頁呈現的議題並深入討論，可能顯得不足。若同學可以延伸議題，進一步在報告中引用影片或統計數字等補充資料加以陳述，使內容更為精彩，當然值得嘉許。同時，同學必須盡量以自然口述的方式說明，避免看稿唸字，而且要注意發音準確和抑揚頓挫，大聲傳達自己的想法，才能充分發揮上臺報告訓練口才與組織表達能力的目的。

各組報告週次如教案文件中所示，集中在期中考前後數週（報告時間約 20 分鐘，其他時間照常上課），讓同學有足夠時間準備報告，也讓在所有報告練習結束後被挑選出來代表全班參加期末展演的組別有足夠時間修改內容和進一步做準備。

三、執行情形

學生們在分組並以抽籤決定負責報告的頁數之後，各組必須在課餘時間就該頁主題討論上臺報告的方式和題材。通常每一組都會集中於該頁的文本，先進行內容介紹，整理單字並舉例，提出評論，然後連結相關網站做更進一步的搜尋分享或以該組在網路上找到的相關影片加以補充，最後再提及在臺灣有關類似議題的情況。

舉例來說，第一組同學報告的是第一頁的 "Should Pets Be People

Too?"（by David Grimm）這一篇文章選 *The Wall Street Journal*（July 12, 2015），提到美國人對寵物疼愛有加，當寵物因人為疏失而死亡時，法院常會對肇事人判處最高刑罰或易科大筆罰金，但同時獸醫也因此常捲入醫療糾紛，而不得不提高收費以維持收支平衡，反而加重飼主的負擔。負責報告的第一組同學，先由一人簡單陳述內容，再由另一人介紹文中的單字與片語，而最後一位同學則以事例談到臺灣寵物受害時法院的判例與獸醫院的狀況。

另一個有趣的例子是第三頁的報告內容。這一頁是摘自英國 *London Metro* (Aug. 25, 2015) 的新聞報導，標題是："Wife rapped it would 'rain with pain' before knifing husband in back as he left"，內容是一則妻殺夫的兇殺案，一個妻子因酗酒失控，在用 rap 唱完一句「我要讓你痛如雨下」後，持刀刺傷丈夫。特別的是，這則家庭暴力事件，受害人是丈夫，而且他平常就飽受妻子欺凌及訕笑，事發當時他已轉身背對妻子，不想理會她並準備離開，但他太太仍然從廚房抓來一把八吋長的刀刺向他的背部。該組同學除報導這則事件外，衍伸討論家庭暴力的問題，並找到一段有關家暴的影片。可惜的是，他們對此議題並未更深入的探討，也沒有提出臺灣目前有關家暴的案例或報導，因此最後沒有被選為代表本班參加展演的一組。

基本上，雖然每頁講義只由一組三個同學負責，但每位學生仍必須熟讀講義內容，因為期中考試和期末考試時都有一個大題是以講義為主，以簡答的方式讓同學就講義內容答題，有時是簡述大意，有時是發表簡短意見，雖然是以六或七題選五題回答的方式，但如果完全忽略這些講義，就無法作答。另外，我要求學生在上臺報告時儘量不看原稿，所以多數學生很努力地背下大部分內容，也力求簡明自然。

四、學生作品說明

八組同學都上臺報告過後，我選出其中最合作無間且整體表現也最佳的一組，即報告第 7 頁的第五組同學（因為講義有 12 頁，但只有八組同學，所以有些頁數是大家一起在班上閱讀而已，沒有人必須上臺報告），報告的頁數是選自 *Time*（July 21, 2015, p. 7），共有三篇小短文，一篇是關於北愛爾蘭在 7 月 12 日舉辦的「橘人節」（Orangemen's Day），一篇是關於女性從政者："Women in Government"，還有一篇是關於全球化之後的移民問題："Where Millionaires Want to Move"。該組三位同學選擇每人負責一篇報導，就該篇做介紹，不僅討論單字，並找尋適當影片對主題加以補充。報告「橘人節」的男同學，說明該慶典的歷史背景，解釋該天慶典的篝火儀式，並以影片展示當天在北愛爾蘭首都貝爾法斯特的遊行及遊行後常常引發的暴力事件。負責報告 "Women in Government" 的女同學就該篇報導中提到的數字（包括芬蘭在 1907 年選出 19 位女性議員，盧安達的眾議院女議員占總人數的 63.8%，以及有五個國家參眾兩議會的議員全數是男性）加以敘述，再提到全世界所選出的女性總理或總統，包括臺灣當時參選中的蔡英文總統。第三位同學報告全球富翁選擇移入的國家，包括前五名的英國、美國、新加坡、澳洲、和香港，配合地圖與地景的簡介，並討論這些國家和臺灣比較之下的優點與缺點。

這組同學經過老師詢問後，都願意再多花時間修改他們的報告內容，使短短 20 分鐘的報告內容更為豐富，再參加期末的展演。老師雖然表示參加展演同學學期成績會加分，但看得出來同學參加展演並不以加分為目的，而是樂意在許多人面前進一步展示他們的學習心得。

在學期最後幾個星期，這三位同學都針對他們的內容提出修改，並時常將修改過的文字和內容寄給我，看看我是否有更多建議或進一步的更動。我與該組同學在每次上完課後，也會聚在一起討論修改內容。最後一切大致底定後，三位同學便各自就自己選定的內容回家進行背稿。希望能在上臺發表時完全可以不用看打字內容，盡情表述。

可惜的是，報告愛爾蘭「橘人節」的男同學因在大學上課不適應等問題，在本學期末無法修習任何課程，因此最後無法參加展演，所以到了展演當天，只有兩位女同學上臺發表。在臺上發表時，她們幾乎都不看草稿，直接對著 PPT 檔案的呈現，陳述內容，並表達意見。雖然時間很短，十幾分鐘報告就結束了，但我想對她們而言，這次展演是大一生活中一個十分寶貴的經驗。

五、學生回饋意見

展演結束後，我問過參加展演的學生是否有任何感想或意見。兩位女同學都一致認為透過國外雜誌或報紙的報導，可以使她們第一手接觸到國外的新聞或議題，有助於她們開拓眼界和思考。對於她們負責的報告，她們覺得因為其他學科的課業壓力，使她們沒有足夠的時間可以做更深入的探索，相當可惜。但經過這樣的經驗後，她們會願意自己去找英文報紙或雜誌閱讀，以增進英語字彙，提升閱讀能力，並增廣見聞。

就全班整個上臺報告的方式而言，班上同學提出下列幾點看法：

1. *每一頁的內容包羅萬象，但有些集中於一則事件，有些分為幾篇小報導，各組報告分配時不盡理想。*

2. *雖然經過老師選取，但某些報導篇幅較長，字彙也較難。*

3. *有些同學能掌握內容，且能清楚傳達意見，但有些同學準備不足，或聲音太小，難以完整介紹主題，使臺下同學無法集中精神聆聽，有點浪費時間。*

4. *在帶入臺灣情況相比較時，有時找不到相關報導。*

5. *接觸這些國外的主流雜誌或報紙，很有意義。*

6. *上課必須兼顧教科書，所以每一主題的討論時間太短，有點倉促。*

7. *聽說別班同學只要參加展演，加分很多，我們班是否可以跟進？*

上述意見有正面有負面，有些與課業評量相關（如第七點），可以加以考量，但多數針對報告與展演內容提出建議，值得教師未來在選取教材與設定報告主題時加以參考，更加審慎斟酌。

六、我的教學反思

　　根據同學的反應及我歷年來進行這個練習的經驗，我也常常思考是否有辦法讓同學從這個活動中學到更多。例如以上述第一和第二個意見而言，或許我在選材上可以再多花一些時間，在質與量上更加注意，並帶進更多與同學相關的議題（例如，在下一個學期中，我們有一篇討論學生早上到校的時間是否應延後）。就第三點而言，同學表現本來就不大一致。有些同學英文好，口說比較流利，且能清楚表達意見；有些同學或許英文也不錯，但個性上比較羞怯或說話聲音比較小，無法清楚表達內容或自己的看法。或許臺下聽眾有時會難以集中精神傾聽，但就上臺報告的目的而言，仍是必須的練習。每個同學都必須經歷這個練習的過程，才能知道自己的優缺點，未來若必須上臺以英文作報告時，才知道可以如何改進，所以問問題就很重要了。通常我會在同學上臺報告時適時問負責報告的同學一些問題，來提升全班同學的注意力和興趣，避免讓報告因乏味流於形式。每組同學報告完後，我也會請同學就報告內容問問題，以免有些同學完全拒絕聽別組同學的報告。

　　第四點意見與帶進臺灣觀點有關。我提出最好能呈現臺灣觀點，一來是提醒同學自己國家裡也有相關議題存在，二來也是希望將觸角伸得更廣，讓同學可以練習深入思考。所以，就算有些議題在臺灣不見得可以找到相關報導，多數同學仍會設法提供自己從臺灣看問題的意見，畢竟這也是跨文化教學的意義所在。

　　關於第六點，就是課程內容會不會太多，使同學覺得難以負荷的問題，我也想過，是否可能連教科書都不用，直接用講義來上課就好。這樣對講義中呈現的各個議題都可以有較深入的討論，而學生的報告時間可以更長，內容也可以加強。但考慮大學生，尤其是大一新生，必須參與很多活動，也有很多新課程要修習，加上本班學生又來自不同學系，如果英文課以講義和報告為主，他們勢必要多花課外的時間討論，基本上相當困難。所以目前仍保留一邊上教科書，一邊上臺報告的形式。

至於第七點，大部分學生都很在意分數，所以給予適當的加分鼓勵是不可避免的。其實整學期的課程中，可以加分的機會也不少，例如討論時踴躍發言、上課不遲到早退、小考或寫作成績有進步等，單一展演應該加多少分，只能由個別教師決定。但正如我前面提過的，我發現這次參加展演的兩位同學並不是很在乎加分。她們很以這次代表全班的經驗為榮，而且透過與教師進一步討論內容的過程，她們可以學到更多，改進更多，這應該才是最重要的。

　　跟同樣教大一英文的他校老師談到這次聯合展演經驗時，他們都很羨慕同學有機會可以參加全校性的展演，認為這是個有意義的活動。當然，其他班級的文化學習教案，如世界各地的節慶、跨文化友誼的落實、探討刻板印象等，都反映出跨文化學習英文的各種面向。這個有意義的活動，只要經費許可，似乎有延續的必要。事實上，文化議題層面很廣，使可能性得以無限延伸，只要能讓大一學生學習如何跨出臺灣，思考這個世界，並將臺灣與世界做連結，就是一個很有意義的計畫。

　　也有老師提到他們也都有讓學生分組上臺報告的活動，但不一定是以新聞英文為內容，配分比例也不一定相同，不過大致上他們都認為能夠讓學生接觸世界大事和當代議題，擴大英文教學的層面，相當值得肯定。有些老師表示，他們可能也會嘗試相同的作法。但也有老師怕自己班上同學的英文程度比較差，或許無法閱讀這些英、美報章雜誌，因此無法進行類似的活動。

— **Q & A** —

Q：從新聞議題中選擇題材，教師是否要花很多時間閱讀並進行選材？

A：無法避免吧，但是教師若平常即有閱讀報紙或雜誌的習慣，就可以在平日閱讀時即進行評估選材的動作，不一定必須花更多時間才能找到適合學生的文章或報導。

Q：報章雜誌上的新聞或報導，對大一學生而言，會不會太艱澀難懂？

A：要在選材上做適當篩選，即可找到有趣的主題，避免太過政治化或深入報導，就不會碰到字彙艱深或內容過於繁複的問題。此外，為使每組學生閱讀及報告的分量相當，教師找的報導大致上都以一頁為主，所以不太可能會選到深度報導會有的較專業的字彙或語詞，學生閱讀時不會碰到太多難題。

Q：你的學生是政大商學院的學生，一般程度較高，如果是程度比較差的學生，可以進行類似的新聞議題閱讀與討論嗎？

A：商院的學生雖然整體而言英文程度比較好，但並不如想像的那樣每個都很好，有些學生的英文也需要大力加強。所以，透過小組報告的方式，可以讓同組同學互相激勵，刺激程度較差的同學花更多時間去學習。

Q：分組進行報告，會不會產生比例不均，某些人花較多時間準備及報告，結果分數卻相同的不公平現象？

A：報告的設計是每位同學都必須上臺發言，教師就每位同學的表現進行評量，再加上整組合作表現的評量成績。通常同學都必須分工合作，在討論過後進行材料的揀選與組織，然後整組同學會一

起上臺，每位同學再分別以英文敘述自己負責的討論內容，所以
不會有程度好的同學必須做較多事情卻得分相同的不公平現象。

教學應用重點

教材

選擇近期英文報章雜誌中，長度與難度適合大學生閱讀的文章報
導。

文章內容包含切身或國際議題，並具有挑戰性，引起同學感同身
受的興趣並培養國際觀。

教法

讓全班同學分組後，抽籤決定負責報告的新聞，再針對新聞蒐集
相關內容加以呈現。

每組上臺報告後接受同學與老師提問，加以進一步解析，讓全班
同學都可以由被動聆聽化為主動參與。

教師教學成長歷程

　　我在美國主修比較文學，回臺任教後大部分的課程也是以英美文學或比較文學為主，但從我開始教書以來，便一直教授大一英文或英文寫作的課程，多年來不曾間斷。事實上，因為我是文學主修，具有比較文學跨文化的背景，所以這些年來我在大學英文的教學上一直都將跨文化的教材納入課程中。

　　無可否認，任何語言學習都是全面性的，涵蓋文化層面，而且聽、說、讀、寫，全都很重要；語言只有深度和廣度，沒有實不實用的問題。要讓學生學習語言的深度和廣度，當然必須包括與文化相關的民情習俗，以及全球性的議題。無論學生的主修是什麼，只要他們繼續學英文，就要學各種英文。又因為他們已經是大學生了，更應該將視野放寬到全世界，才有可能充分掌握到這個世界語言。

10
文化無所不在：小組及個人口頭報告活動在大一英文課程的運用

蘇靖棻[1]

一、課程整體概述

學生背景

我在 104 學年度上學期共負責三個大一班級，其中一班有 38 人，來自社會科學院各學系，如政治系、外交系、社會系、地政系、經濟系、財政系、公共行政系等；一班有 39 人，來自文理學院各學系，包括中文系、歷史系、哲學系、應數系、心理系、資科系等；另一班有 40 人，來自外語學院，包括阿語系、斯語系、日文系、韓語系、土語系、歐語系等，以及傳播學院各學系（大一不分系）。三個班級的學生個別英文程度不一，各班上課氣氛亦略有不同，例如外語傳播學院的學生較活潑，經常主動發言；文理學院學生相對較為安靜、被動；社科院班級上課氛圍則居中。普遍而言，學生大多可以接受我幾乎全英語的授課方式。

課程目標

本課程設計依據政大大學英文共同的課程指標，目標在透過閱讀課文、觀賞影片、聽力練習、寫作練習、小組和個人口頭報告等活動，以達到增進學生聽、說、讀、寫各方面英文技能之目標，並提高學生的文

1 　作者為國立政治大學外文中心專任助理教授

化覺識能力。由於高中英語課程較重視閱讀與寫作,而口語和聽力訓練較不足,本課程的設計以加強學生的口說與聽力為主要英文技能,輔以寫作與閱讀為次要英文技能,而文化教學則主要融入在閱讀與口說練習之中。

選用教材

我上課使用的教材主要是 National Geographic Learning 所出版的 *Reading Explorer 4* 一書,書中共 12 個單元,使用兩學期。每個單元均有 2 篇文章、1 部相關短片、閱讀測驗、閱讀技巧訓練、批判思考性問題討論、字彙練習等不同素材,每篇文章的長度和難易度適中,都取材自國家地理頻道和雜誌,涵蓋的主題包括科技與視覺文化、攝影、食品安全、基因改造農作、時尚業的尖端科技、野生動物保育、全球水資源議題、環保與汙染、節慶與文化聚集、歷史文物保存與科技、健康與長壽……等各種文化面向,多元、新穎的題材能讓學生對內容產生興趣,再搭配相同主題的影片,加深學生的印象與理解。上學期我挑選出 8 篇文章上課時深入閱讀討論,其中有 6 篇指派學生進行小組口頭報告。除了課文閱讀討論外,每學期我通常還會安排一次小組口頭報告、一次個人口頭報告、一次英文短文寫作練習、三次短片聽力練習以及一首英文歌曲。寫作練習主要訓練學生寫作「比較對照文」(comparison and contrast essay)和「論說文」(persuasive essay)兩種常用文體;聽力練習的短片取自 *Reading Explorer 4* 教材,搭配我自行設計的英聽填空學習單。另外搭配使用 Moodle 數位學習平臺,在平臺上連結相關的 YouTube 影片、課文朗讀及英聽練習音檔和網頁資源給學生多元的刺激。

評量安排

本課程的評量項目多元,包括小考(15%)、寫作作業(15%)、口頭報告（35%）、期末考（20%）、課堂參與和出缺席（15%）。小考總共涵蓋 6 次單字小考和 3 次聽力小考，寫作作業成績依據學生的初稿、同儕互評以及我的批改而定。由於每學期已安排三週時間讓學生進行個人口頭報告，我便將期中考省略，期末考則安排文意字彙、配對題、閱讀測驗、論述題等，評量學生是否有吸收課文內的字彙、文法、消化內容並能用英文回答與課文議題相關的簡短論述題。課堂參與和出缺席方面，為了鼓勵學生上課願意踴躍用英文回答問題或主動提問，我在開學第一堂課就告訴學生，每發言一次就可獲得一點課堂參與的加分，期末時再統計發言次數並據以評分。

　　本課程最重要的評分項目為小組及個人口頭報告，總共占學期總成績的 35%，其中小組口頭報告占 40% 而個人口頭報告占 60%。小組口頭報告我會給小組一個總分，再依據學生所填寫上傳的「小組報告自評與同儕互評表」，評估小組成員的個別貢獻，而微調個別成員的分數。個人口頭報告分數包含教師所評量的分數（75%）以及同儕互評的平均分數（25%），評量的細項可參考我在文化教案中的說明。

二、我的文化教案

A Multicultural English Learning Project

College English I

Foreign Language Center, National Chengchi University

Instructor: Jing-fen Su

✍ The learning task

　　This project is intended to sharpen students' cultural awareness and language skills through reading relevant articles as well as giving oral presentations. Two types of oral presentations are adopted: Group Presentation and Individual Oral Presentation. For Group Presentation, in the beginning of the semester, the students are divided into six groups of 6 to 7 members. Each group is assigned an article from the textbook *Reading Explorer 4*; they need to do some research outside the classroom and present their findings with PowerPoint for 20 minutes on designated dates. For the Individual Oral Presentation, each student will give a 3-to-5 minute presentation on a self-selected topic, ranging from traveling experiences, favorite film or book, and the like. I encourage students to incorporate cultural dimensions in their Group Presentations and Individual Oral Presentations so as to deepen their understanding and acceptance of different cultures.

✍ Scheduling of the task within the Fall 2015 semester

Week   1   2   3   ④⑤⑥   7   8   ⑨   10   ⑪ ⑫ ⑬ ⑭ ⑮   16   17   18

- Weeks 4, 5, 6, 9, 11, 15: Group Presentations on six articles selected from the textbook *Reading Explorer 4* (by National Geographic Learning)
- Weeks 12 to 14: Individual Oral Presentations by every student on self-selected topics with cultural dimensions

✍ Language input

Reading

Six articles on cultural issues are selected from the textbook, *Reading Explorer 4* (by National Geographic Learning), accompanied by audio recordings of the articles and video clips on relevant topics as supplementary materials provided by National Geographic Learning. The articles in level 4 are suitable to the freshmen at National Chengchi University in terms of their length, vocabulary, and difficulty level.

The topics range from animals, plants, environmental protection, food safety, people in different cultures, new technology and invention, etc., as adopted from authentic *National Geographic* magazine articles. The diverse topics along with the vivid colorful visuals in the textbook are very appealing to students. The summary of each reading passage is listed below (adapted from the Teacher's Guide to *Reading Explorer 4*):

1. Unit 2B Feathers of Love – The male birds of paradise in Papua New Guinea have magnificent plumes of colored feathers, which they show off in a series of dances in order to attract females. Several scientific theories are presented, followed by facts about why birds of paradise in Papua New Guinea have evolved in such an extraordinary way.

2. Unit 3A How Safe Is Our Food? – Although food-related illness can be deadly, there is much that can be done to help reduce the risk of sicknesses. By improving sanitary conditions and changing the way farm animals are raised, the risk of coming into contact with dangerous bacteria can be decreased.

3. Unit 3B Genetically Modified Foods – The benefits and risks of genetically modified foods are investigated, with clear arguments from experts on both sides of the issue.

4. Unit 4B The Future of Fashion: Dreamweavers – With the advent of synthetic fibers, new innovative designs are being thought up by creative people around the world, bringing fashion to a whole new level.

5. Unit 5B Fantastic Voyage – Around 3,000 years ago, people set out on extraordinary adventures across the Pacific Ocean, and began to colonize the islands along their route. Anthropologists are now coming up with new theories about how these pioneers

navigated such unbelievable distances without the use of modern technology.

6. <u>Unit 6B For the Love of Elephants</u> – Biologist Iain Douglas-Hamilton has made conserving elephants his lifelong passion. This reading introduces his story and what has happened in his life to get him to where he is today.

During classroom sessions, I guide the students through the articles with activities including "Before You Read," "Reading Comprehension," "Critical Thinking" (Interpretation, Evaluation, Discussion), "Reading Skills," and "Vocabulary Practice." Audio recordings of articles will also be played in class while the students read the passages aloud along with the speaker.

✍ Input/output connection
Group Presentation

When the students are preparing for the group presentations outside the classroom, they need to first digest the assigned article, search for relevant materials online, design PowerPoint slides based on the information they have obtained, and finally give an oral presentation to the whole class.

Individual Oral Presentation

Students are allowed to choose their favorite topics; some may choose topics inspired by or relevant to the articles discussed in class. They may use the vocabulary and sentence structures from the readings in their own oral presentations.

In class lectures and discussions, I will try to point out the cultural aspects relevant to the units or topics at hand so as to enhance the students' objective knowledge and subjective understanding of different cultures around the world, and to indirectly inspire them to incorporate these cultural elements in their own presentations.

✍ Instruction to students for performing the task

Group presentation

The students are divided into six groups of 6 to 7 members. Each group will take turns giving a 20 minute presentation on an assigned article. Group presentations can cover anything interesting related to the article, including historical, geographical, social, cultural, and economic background, and the like; students may also choose to perform a short play. The group members will first read their assigned article, and brainstorm the main topic and subsections of their group presentation to form an outline. Then the group members will write their drafts and design their PowerPoint file (PPT) to accompany their speech; their PPT will be submitted to Moodle for the teacher's feedback, according to which the students can modify their design in the PPT.

Individual Oral Presentation

Instructions for students' individual oral presentation are as follows:

Guidelines for Individual Oral Presentation

- Time: Each person has **3 to 5 minutes** to present.

  * You can find a partner; both of you together have **6 to 10 minutes** to present (at most 2 persons in a team).

- Topic: Choose from the sources below:

  1. Topics related to the articles in *Reading Explorer 4*.

  2. Traveling experiences: Introduce one place you have visited (in Taiwan or abroad) with photos and brief descriptions.

  3. Recommending your favorite book or film: Briefly summarize the book or film and explain why you love it.

  4. Any topic that you are highly interested in or have a passion for.

  * You are encouraged to incorporate cultural dimensions into your oral presentations.

- Requirements:

  1. English only, no Chinese.

  2. Prepare a PowerPoint file.

  3. Prepare one question related to your presentation for the audience to answer.

  4. No copy-and-paste from online sources! Rewrite the information in your own words.

- Step-by-Step Preparation Schedule:

  ✓ Choose a Topic; decide the organization/outline (due Week 8)

  ✓ Write your draft (due Week 9)

  ✓ Design your PPT (due Week 10)

  ✓ Oral Presentations (Weeks 12, 13, and 14)

✍ Assessment

Percentage: 35% (Group Presentation 40% + Individual Oral Presentation 60%)

Criteria explained:

<u>Group Presentation</u>: Every presenting group will be paired with another peer-review group, members of which need to complete the "Form of Group Presentation—Peer Review" (see Appendix 1). The teacher and the peer-review group will give oral comments and suggestions on the presenting group's performance immediately after their presentation. Each member of the presenting group needs to fill out the "Form of Self- and Peer-Evaluation of Group Presentation" (see Appendix 2) and submit it on Moodle within one week after their group presentation. The scores and written comments on the form will be adopted in company with the teacher's scores.

<u>Individual Oral Presentation</u>: instructor's score 75% + peer evaluation 25%
Criteria: The commentaries and scores are marked according to these criteria

- English oral proficiency: pronunciation, intonation, fluency 40%
- Content, organization & language use (of your draft) 30%
- PowerPoint design 15%
- Nonverbal performance: gestures, facial expressions, interaction with the audience, time management, etc. 15%

Assessors: teacher / peers / self

　　和以往不同，本學期的課程多了「文化融入教學」的設計，我在選擇教材上仍維持以往教學所使用的 *Reading Explorer* 系列用書，主要是因為我認為「文化無所不在」，而這一系列的教材結合國家地理頻道及雜誌的經典內容，廣泛涵蓋世界文化、自然生態、環保議題、旅遊探險、氣候變遷等各種議題，讓學生在閱讀中不著痕跡地接觸到世界各地不同的文化風俗民情。豐富的國家地理網站，更提供額外的相關資訊與練習活動，很適合學生準備報告與進行小組討論。

大一學生在高中上的英語課程較重視閱讀與寫作，相較之下聽力與口語訓練則較為缺乏，因此我在大一英文課程設計上，特別加入「小組口頭報告」與「個人口頭報告」兩項教學活動，希望學生透過構思、準備、練習與實際上臺發表的過程，能在口說技巧上有更多的進展，而在聆聽其他同學發表的過程中，也可加強其英聽能力。本學期為了搭配文化主題，我特別引導並鼓勵學生把文化面向融入其口頭報告內容內，藉此間接強化學生對各種不同文化的了解與體會。例如課本教材中 6B For the Love of Elephants 主要討論非洲大象保育議題，相關文化議題可以是非洲當地居民的特殊文化，包含音樂、舞蹈、傳統宗教儀式等，也可以是國際非政府組織在非洲的起源、發展、組織人員如何適應與融入當地文化民情等，或者深度介紹非洲野生動植物的狀況、保育人員和研究者如何與野生動物、當地居民以及政府權要互動等，或深入研究大象在非洲或其他代表性國家中的社會文化意涵等。學生可以自由依自己有興趣的相關主題和文化面向去發展報告內容。

三、執行情形

小組口頭報告

學期初將學生分為 6 個小組（約 6-7 人一組），每一小組負責報告一篇文章的主題，報告時間分別在第 4、5、6、9、11、15 週。每一個小組成員在課外時間閱讀課文內容，並上網蒐集與課文主題相關且蘊含文化面向之資料，經過消化、統整、組織、整理成報告內容，於課堂上進行小組口頭報告。根據我的指示，每一小組都有準備簡報檔，並且每一位小組成員都上臺發表，整組報告進行約 20 分鐘。針對每一報告小組，我都指派另一小組負責同儕回饋，該組的每一位成員除了需要在報告小組上臺報告時填寫「小組報告同儕回饋單」（附錄 1）外，報告小組完成口頭報告後，回饋組成員都需要上臺用英文發表回饋評語，之後我再做總評，所有的報告和評論回饋都以英文進行。而完成報告的每位小組成員事後也都必須填寫「小組報告自評及互評表」（附錄 2、附錄 3），對自己、每一位成員、和小組整體的表現評分並寫下個人意見，完成後將表格上傳至 Moodle 課程平臺，做為我評分之參考。以下圖 1 為小組口頭報告評量方式流程圖，圖 2 為「小組報告同儕回饋單」上的回饋文字節選。

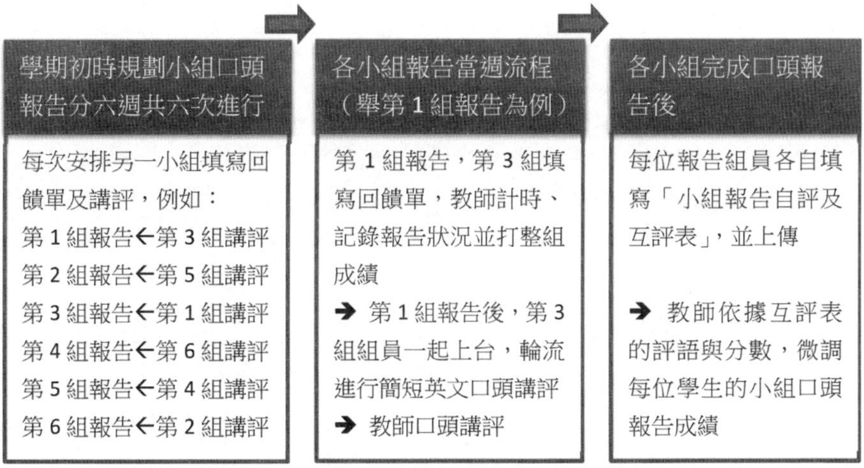

學期初時規劃小組口頭報告分六週共六次進行	各小組報告當週流程（舉第 1 組報告為例）	各小組完成口頭報告後
每次安排另一小組填寫回饋單及講評，例如： 第 1 組報告←第 3 組講評 第 2 組報告←第 5 組講評 第 3 組報告←第 1 組講評 第 4 組報告←第 6 組講評 第 5 組報告←第 4 組講評 第 6 組報告←第 2 組講評	第 1 組報告，第 3 組填寫回饋單，教師計時、記錄報告狀況並打整組成績 ➔ 第 1 組報告後，第 3 組組員一起上台，輪流進行簡短英文口頭講評 ➔ 教師口頭講評	每位報告組員各自填寫「小組報告自評及互評表」，並上傳 ➔ 教師依據互評表的評語與分數，微調每位學生的小組口頭報告成績

圖 1　小組口頭報告評量方式流程圖

◎Comments: Please write down your comments and feedback on the group's overall performance; you can also give feedback according to several of the rubrics listed above.

About your group presentation, what I like the most is...

the coherent topic and specific introductions, and the idea of "voyage" rather impresses me. It seems to enjoy a travel TV program, because of diverse cultural introductions of each region, such as food, dance and geology. And above all, they have a summary in the end.

About your group presentation, I think the part you can improve is...

that the style of the powerpoint is disunited, and that sometimes the presentors seemed to murmur.

圖 2-1 「小組報告同儕回饋單」回饋文字

◎Comments: Please write down your comments and feedback on the group's overall performance; you can also give feedback according to several of the rubrics listed above.

About your group presentation, what I like the most is...

1. I am strongly impressed by the fashion eletronic clothes they introduced.
2. The videos you provided really help us to interpret what you want to convey more clearly, but too many.
3. I consider the way you presents the content creative.

About your group presentation, I think the part you can improve is...

1. It would be better if every group member has more eye contact.
2. I think that the structure of the presentation has a lot of room to improve.
3. Time management is very important, but it's obvious that you didn't do it well.
4. I suggest that you cut down on the quantity of the videos.

圖 2-2 「小組報告同儕回饋單」回饋文字

個人口頭報告

個人口頭報告分三週（第 12-14 週）時間進行。在學生準備個人口頭報告的過程中，我鼓勵學生先發想主題與大綱並上傳到 Moodle 課程平臺，我在閱讀後會依據其主題範圍大小和大綱細節給予即時的回饋和建議；接著我要求學生寫下口頭報告的逐字口說草稿，我會仔細閱讀，更正其文法或用字遣詞問題，並提出內容、順序上的修改建議；最後是讓學生提前上傳口頭報告時所要使用的簡報檔案，我也根據其搭配口說稿內容相關性和簡報設計細節，從觀眾的角度給予修改建議。每一位同學上臺報告時，我和所有在臺下聆聽的學生都需要填寫「個人口頭報告同儕互評回饋表」（附錄 4），針對報告者的報告內容、英文口說能力、表達方式和技巧、簡報設計等等給予具體回饋和整體評分。學生報告完成後我和課程助理將所有同儕互評回饋表的文字內容整理繕打成電子檔，再由我分別用電子郵件寄送給每一位報告的學生，讓每一位學生都能獲得完整的教師和同儕回饋，以期學生未來在進行口頭簡報時，能留意並改善自己的報告內容設計和表達方式，更臻完善。以下圖 3 為個人口頭報告評量方式流程圖，圖 4 為「個人口頭報告同儕互評回饋表」上的學生評語回饋文字節選。

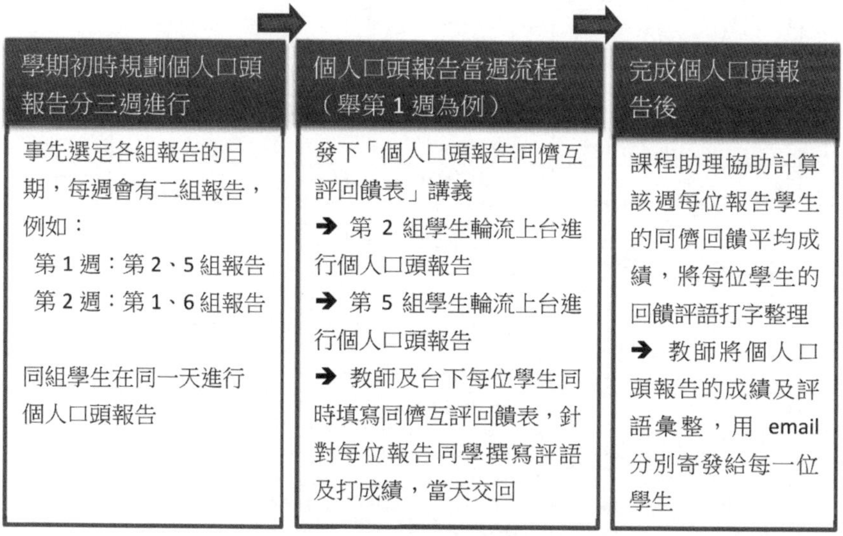

學期初時規劃個人口頭報告分三週進行	個人口頭報告當週流程（舉第 1 週為例）	完成個人口頭報告後
事先選定各組報告的日期，每週會有二組報告，例如： 第 1 週：第 2、5 組報告 第 2 週：第 1、6 組報告 同組學生在同一天進行個人口頭報告	發下「個人口頭報告同儕互評回饋表」講義 ➔ 第 2 組學生輪流上台進行個人口頭報告 ➔ 第 5 組學生輪流上台進行個人口頭報告 ➔ 教師及台下每位學生同時填寫同儕互評回饋表，針對每位報告同學撰寫評語及打成績，當天交回	課程助理協助計算該週每位報告學生的同儕回饋平均成績，將每位學生的回饋評語打字整理 ➔ 教師將個人口頭報告的成績及評語彙整，用 email 分別寄發給每一位學生

圖 3　個人口頭報告評量方式流程圖

教英文、跨文化

College English - Individual Oral Presentations

Name: ▨▨▨▨   Student No.: ▨▨▨▨   Date: 12/4

Presenter	Answer to questions	Your comments on his/her performance	Score
1. ▨▨	No, women dress like us in Turkey.	In my opinion, you should manage your time more efficieny. I also think "Thank You" in Turkish is very interesting.	7
2. ▨▨	Yes, if people really want to change the world, they can do it.	I think you can download the video in advance or just sing for us. By the way, I like MayDay's songs, too!	7
3. ▨▨	4	I think you don't need to put Chinese in your PPT. I also think your presentation is eye-catching.	7.5
4. ▨▨	No, I hope I never had the experience.	I think you can speak louder. Don't be shy ⸚ How scary are the goose! They must be they are the king of the world. XD	6.5
5. ▨▨	It's looks good but taste bad	I had been to London, too! I like their accent of speaking English. I think you can put the name of the place on your traveling part.	7.5
6. ▨▨	The Elegance of the Hedgehog	I like your confidence when you are on stage. I think I will find ∧ time to see the movie. ⎣some⎦	8
7. ▨▨	The Saint	I also like her novels. "Confessness" was the first book I read when I was 14.	8

圖 4-1 「個人口頭報告同儕互評回饋表」學生評語回饋

College English - Individual Oral Presentations

Name: ▨▨▨▨   Student No.: ▨▨▨▨   Date: 2015.12.4

Presenter	Answer to questions	Your comments on his/her performance	Score
1. ▨▨	NO!	Your content is abundant, and prepare very well But you can speak more clearly and slowly, so that the audience can fully-understand.	8.
2. ▨▨	Yes, I do, I believe that music can do sth different to people!	Your topic is really eye-catching, cause the pop group is very well-known to us.	7.5
3. ▨▨	4 kinds of people	Funny & Interesting. The game setting is different from others. However, you should put more emphasis on your topic.	7.5
4. ▨▨	Yes, I had.	Speak louder!! don't stare at your paper so often. you should try to make more eye contact. I think your content is abundant!!	6
5. ▨▨	disgusting	Your speech is great, however, don't put too many pictures in your PPT. Try to use less pictures and give more literal exploining.	7.5.
6. ▨▨	The Elegance of Hedgehog	I like your speech! You give as many details as you can, and you express the emotion of yourself. The connection between you and the movie is so intimately	9
7. ▨▨	告白 "The saint.	I'm really interested in your topic, cause I've read her novels before, and you really introduce most of much information to us! related!	9.5

圖 4-2 「個人口頭報告同儕互評回饋表」學生評語回饋

248

四、學生作品說明

　　本學期三個班級共形成 18 個小組，做了 18 場小組口頭報告。三班合計 117 位學生，於三週內分別做了 117 場個人口頭報告。

小組口頭報告

　　本學期三個班級的小組報告主題都由課本文章內容出發，摘要文章內容、補充額外知識訊息、提供相關影片欣賞等，還有小組精心拍攝剪輯影片做為報告的開場，令人印象深刻。另外也可在小組團體報告中發現學生的創意，例如有一組學生報告主題為 "The Future of Fashion"，模仿奧斯卡頒獎典禮模式，採用對各個不同主題之創新發明頒獎之方式（The Most Fashionable Clothes, The Most Convenient Clothes, The Most Dangerous Fibers, The Strongest Fiber, The Most Creative Fiber, The Most Improved Military Technology）來組織報告內容，令人耳目一新。

　　文化面向上，就如同我先前所述，我認為「文化無所不在」，以國家地理頻道和雜誌資料為本的教材 *Reading Explorer* 各篇文章裡，多多少少蘊含了文化相關的種子，因此學生在蒐集小組報告相關資料時，多半會接觸到各國各地不同文化的訊息，而融入其報告中。雖然我沒有硬性規定報告內容一定要跟文化議題相關，但是有不少小組的報告內容可以看出文化面向。例如有一小組報告 "5B Fantastic Voyage" 主題時，介紹了波里尼西亞大溪地每年舉辦的「夏威基島獨木舟競賽」（Hawaiki Nui Va'a），分析波里尼西亞文化的起源，以及島民成功橫越太平洋數千哩向外擴展的各種可能原因，甚至提到拉匹達（Lapita）文化與臺灣及南島語系原住民文化之間的關係。另一小組在介紹食品安全主題 "3A How Safe Is Our Food?" 時，加入了臺灣本地面臨的食安危機議題（地溝油、塑化劑、毒澱粉等新聞事件），並指出美國速食業興起對全球肉品和農產品壟斷的不可逆影響。有一小組在介紹非洲大象主題 "6B For the Love of Elephants" 時,除了詳細比較亞洲象與非洲象的異同點,介紹野生大象的生態環境和習性,說明違法盜採及買賣象牙對大象生態保育的重大影響,並在最後將場景移到泰國,指出泰國文化觀光產業裡,業者殘忍訓練小象為觀光客進行各種表演謀取利益,卻罔顧小象的動物權,此議題引起許多學生的關注,我也藉此機會讓學生針對此文化議題口頭發表意見,討論相當熱烈。

圖 5　學生上臺做小組口頭報告照片

個人口頭報告

本學期三個班級的學生個人口頭報告內容非常豐富而多元,有介紹國外或國內旅遊經驗(英國、美國、加拿大、德國、奧地利、臺中、臺南、高雄、花蓮、宜蘭、旗津……等等),有介紹各國電影、影集或書籍,有分享自己學習語言的歷程,還有其他主題如介紹社會企業、裸食(Naked Food)、攝影、寵物、鋼筆藝術、圍棋、社團、運動或各國影藝界明星偶像……等,讓臺下的觀眾不僅有練習英文聽力的機會,更間接學習到從臺灣本土到世界各地多元文化的知識。

其中有一位學生分享自己如何透過 Postcrossing（交換明信片計畫，圖6）結交來自世界各地的朋友，並擴展自己的眼界，還可一邊精進英文閱讀與寫作；一位阿文系的學生透過介紹阿拉伯的電影來破除一般臺灣人對阿拉伯文化的迷思（圖7）；另一位學生分享到蘇州旅遊的經驗（圖8），並反思我們不只是要當觀光客，更要嘗試做「在地人」、體驗在地文化，將新鮮的文化體驗帶回，並在我們自己的土地上做一些改變。從這些報告可以看到學生對多元或異地文化的體驗和反思。

雖然我並未用強迫的方式，而是鼓勵學生在其口頭報告中融入文化相關面向，但是由於每一位學生所來自的家庭背景、出生及成長的社會文化環境還有所接受的課堂或課外教育資源不完全相同，每個人日常生活中所吸收、接觸到的各種多元文化知識和經驗也不盡相同，當學生被賦予充分的自由去選擇他們可以盡情發揮的報告主題時，結果也往往會產生非常多元而豐富的報告成果。每一位學生不僅在自己報告的主題上有更深入的認識與詮釋，也從觀賞聆聽班上其他同學的口頭報告中，吸取到許多寶貴的多元文化知識與經驗。

圖6　學生個人口頭報告簡報設計一"Postcrossing"

圖 7　學生個人口頭報告簡報設計—" Where Do We Go Now?"

圖 8　學生個人口頭報告簡報設計—"My Traveling Experience in Suzhou"

五、學生回饋意見

從我要求每一位學生填寫「小組報告自評與同儕互評表」，加上我在接近期末時讓同學填寫的「課程教學意見回饋表」裡，可以發現學生關於小組和個人口頭報告這兩項活動的教學回饋，整理篩選列舉如下：

小組口頭報告：

- 小組報告可以更深入了解課文沒有提及的部分，且聆聽他組報告很有趣，像在補足課外知識

- 我們這組的主題是「認識大象」，我所準備的部分是泰國文化中大象所代表的角色。這使我更加了解泰國的文化，即使我去過泰國好幾次，我還是能從中學習到不少文化知識。

- 因為報告在期中考前，我們非常早就分配好各自的工作也約定好了繳交的時間，讓我們的報告不會太匆忙，在這次的報告中我們決定用一種新的方式，模仿頒奧斯卡獎的模式，採用對話的方式介紹我們的內容，創新需要更多時間的練習，我們都各自分組互相練習了很久，雖然結果不盡完美，但很開心能有這樣的報告經驗。

- 從整個小組團隊來說，我們合作的真的很開心，每個人都很盡力的想出架構、尋找資料、彙整成 PPT，效率又快又好，雖然流程跑得不是很盡理想，也因為電腦出了一點狀況導致打亂了節奏，但是看到最後每個人都把自己的心血呈現出來真的很感動。我是一個很害怕站在舞臺的人，但是我以能夠和大家一同站在臺上感到很光榮。希望我的臺風可以更穩健一點，今天因為過度緊張把辛苦背下來的臺詞全忘光了，舌頭也一直不停地打結，期許自己下一次可以更加的進步。

- 我們這組有與眾不同的影片（是自己拍的！）大家都很為自己負

責，不會拖延或不想做而雷到組員！而且每個人都有用心把自己的那一部分做好，才使大家的PPT內容這麼豐富，經由這次的報告，也使我對英文越來越有興趣，且發現英文有趣的地方，不再像以前對英文的認知就是要背、有點無聊，發現英文也可以很好玩！

- This is my first time to report in English, so I was really nervous. I think all of my teammates were nervous too. In order to present better reporting, we carefully collected information and discussed frequently. All of us prepared the group presentation devotedly. We also learned how to cooperate with others. I think we should seize the chance to practice English as well as learn the skill of cooperation. I think our group did prefect in communication and distributing the work. Finally, I think I was very lucky to work with such nice teammates. I really cherish this wonderful experience.

- I think this group presentation is very helpful for us. It not only boosted many aspects of our English abilities, but taught us how important the teamwork is. Although we may face lots of difficulties while conducting the project, we can learn more from them actually. In my opinion, our group is conscientious and everyone is responsible. Therefore, we did completed our presentation. Although the final work may not be perfect, but I think it is precious since it connected we seven person's efforts. On the other hand, the drawbacks we need to improve are that we should finish our work on time and be more active to our discussion. Thanks for my group members, teacher and the audiences under the stage!

　　從以上學生的回饋可以發現，很多學生認為小組報告不僅讓他們加強英文能力，也讓他們學習如何進行團隊合作，雖然過程辛苦或遇到一些困難，能克服萬難順利完成報告很有成就感。聆聽其他小組的報告，可學習到不少知識。有些小組認為不同科系組員不容易找到共同討論的時間，或有些小組太晚開始討論，因此準備時間不足，各組的最終表現，因組員投入程度或團隊合作程度不同而參差不齊。

個人口頭報告：

- 可以做自己喜歡的題目，覺得很有趣
- 上臺報告可以練習英文且增加經驗
- 看同學報告主題，感覺對電影電視特別有興趣
- 每個人的口頭報告都相當有趣！
- 英文口頭報告對我說真是個挑戰，腦袋想表現得落落大方，卻好似總無法做到，上了臺才發現自己其實很緊張，很想要變強，所以會更加努力的。要多加強練習，而更加肯定他人表現
- 個人報告很有挑戰性，雖然上一次表現很差，但會想讓自己想要改得更好，能夠在課堂上大聲說英文的感覺真好，高中都沒這麼好的福利！
- 全英文口頭報告，我學到很多，雖然報告的不是很流暢，內容也不夠豐富，但我從老師和同學身上不斷的吸收經驗，很想做到老師所強調的「眼神交流」的部分，我想那是要對自己的報告準備得夠熟才能做到，希望我有朝一日也可以在臺上做到如此！
- 口頭報告後老師會寄 feedback 給我們，讓我們能從他人角度檢視自己的優點和不足，感覺老師很用心！
- Individual oral presentation 很好！無論是發表或聽他人分享都收

穫滿滿！

- I really love individual oral presentation. With this, I can learn a lot from others.
- It make me to search for the information about the topic.
- I like to choose my own topic! It makes me feel interested to do it.
- I enjoyed presenting in English a lot, especially with self-chosen topics.

　　由於大部分的學生先前較缺乏用全英文上臺報告的經驗，因此個人口頭報告對他們的衝擊特別大。為了不在臺上出糗，大部分的學生都會願意另外花費課外時間認真準備，也因為他們的投入，讓他們會覺得這項教學活動對自己幫助很大。即使覺得自己表現不好，也因為有教師和同儕的回饋而知道以後可以在哪方面改進。

六、我的教學反思

小組口頭報告

　　本學期採用小組團體報告和個人口頭報告活動，讓學生有機會透過準備報告的過程增進自己的蒐集、吸收、整理、組織資訊的能力，加強英語表達能力，及上臺發表的技巧，在小組的討論與發表過程中也培養團隊合作的精神。從學生的回饋裡，可以發現他們以往在高中比較缺少團體進行英文報告的經驗，而不同科系的成員組成同一小組，也可擴大學生的接觸層面，在小組討論中學習與不同領域背景的同儕相處、溝通、磨合，並整合不同的意見，才能呈現具有一致性的小組報告。有些小組成員表示較晚開始準備，加上不同科系成員不容易找到共同時間可以討論，因此時間不足準備得較匆忙，還有很多待改進之處。以後或許可以規劃利用課堂上剩餘的時間，讓各個小組的成員有機會針對報告的準備做討論，老師也可以從旁引導、監督和提供即時回饋，確保其最終口頭報告可以順利進行。例如老師可以先鼓勵學生在初步擬好報告大綱時就先寄給老師，老師再根據題目範圍、內容涵蓋的次主題、結構、順序等給予回饋；接著學生寫好口頭報告草稿，老師再更正其文法、用字遣詞等錯誤，並進一步提供內容修改的細部建議；最後學生上傳其口頭報告用的簡報檔到 Moodle 課程平臺，老師再提出一些增刪修正的建議和回饋。

個人口頭報告

從學生回饋中，可以看到大部分的學生認為，有機會上臺進行個人口頭報告，對自己的英文口說和簡報技巧幫助很大，上臺做英文報告雖然不容易，卻學到很多；觀看別人的報告，加上發表之後老師和同儕所給予的回饋建議，幫助自己知道還有哪些地方可以改進，將來在進行口頭報告時才有機會能做得更好。也有學生覺得報告時間太短內容受限，也許未來可以增加時間為每個人進行 4-6 分鐘的英文口頭發表。

讓全班學生每一個人都有機會自選主題上臺進行口頭報告，優點是所包含的主題將會非常多元，學生在準備報告的過程中，因為是自己所選定有興趣的主題，會更願意在課外多花時間蒐集資料、撰寫講稿、設計簡報和練習；實際上臺報告時，基於與別人分享自己的熱情所在的出發點，也會讓學生比較容易克服上臺面對群眾演講的恐懼；臺下的觀眾面對五花八門的主題，總是會有一些主題比較容易吸引其興趣而願意專心聆聽，並因此吸收到多樣化的新知識與新觀點，有助於擴展其眼界與生活觀。

而這樣設計活動的缺點是，題目包羅萬象較沒有一個共同的聚焦，在極短的報告時間內，學生僅止於吸收到一些文化相關議題的知識或理論，也許會受到一些衝擊，或引發其內在思考，但未必能實際將客觀知識加以思辨、吸收、轉化為主觀經驗，運用到自己的日常生活中。要讓這個教學活動能對學生發揮最大的功效和影響力，我提出兩點可以改進、延伸的方向：

建議一

在以後的實行上，可以考慮設定一些大的主題或方向，例如：針對「跨文化溝通」的主題，要求學生分享「與外國人互動的經驗談」；針對「多元文化」的議題，要求學生分享「國內外旅遊經驗所觀察到的異地文化」，或要求學生「找一部電影分析其中的文化面向」等。如此有大方向幫助聚焦，讓此教學活動更貼近課程所規劃的目標，同時學生還是可以自由決定自己的主題和想分享的經驗，可謂一舉兩得。

建議二

設計一些與報告主題相關的討論問題，在學生完成個人口頭報告後，以小組或全班為單位，針對議題加以深入討論；也可以指定為寫作作業主題，讓學生以自己報告或觀看同儕報告所吸收到的新知識、新觀點為基礎，用書寫方式回答討論問題；甚至也可以讓學生先完成獨自寫作之後，再於課堂上進行小組或全班一起的口頭分享和討論。透過團體問題討論的刺激，來加強訓練學生能針對特定議題仔細分析、反思與批判的能力。

— Q & A —

Q： 您提到在學生準備個人口頭報告過程中，會給予學生不同階段的指導和反饋，面對這麼多學生、這麼多份上傳的作業，還有報告結束後所有學生同儕回饋的整理，這些通常都需要花很長的時間處理。請問您是否有祕訣可以分享？例如怎麼給予學生指導和回饋，怎麼指導助教，助教處理過程中是否有碰到甚麼困難，您是如何處理的等等？

A： 在協助學生準備個人口頭報告的過程中，我提供學生分階段準備的日期進度表，希望學生盡可能按照預定日期上傳主題、大綱和口說草稿，以從我這裡得到回饋建議；我也利用 Moodle 課程平臺「繳交作業」的功能，透過系統讀取學生的作業並傳送線上文字建議或回饋檔案給學生，可以免去用電子郵件處理各班學生作業的混亂狀況。此外，我鼓勵但不強迫學生每一位學生都需要先上傳主題、大綱和口說草稿，比較認真積極的學生（約占所有學生人數的 1/2 到 2/3）會上傳檔案，而且每位學生上傳檔案的時間日期也不一，因此在準備階段所需要花費的作業處理時間還不算太多或太密集。

　　需要密集花費較多時間心力的，是在課堂上學生報告時撰寫回饋和評分，以及學生報告完後對於所有老師和學生回饋評語及分數的整理繕打。為了方便學生給予同儕評分，我要求學生給 1-10 級分，以 0.5 分為級距，即從滿分 10、9.5、9.0、8.5、8.0……等等。老師和學生撰寫回饋和評分在課堂上已完成，後續處理就相當需要倚賴課程助理的協助。我在期初時就會跟課程助理預告這三週學生個人口頭報告的期間，會有分量較多的助理工作，希望他們在這幾週時間減少其他的活動或工作。而到了學生個人口頭報告期間，每週學生一報告完，我當天就會把該班所有老師和學生的回饋單紙本交給助教，讓助理開始

著手將針對同一位學生的回饋文字整理在一起打成 Word 電子檔，並將學生給的同儕回饋成績整理輸入 Excel 檔裡計算平均分數。我會要求助理在拿到書面資料的 1-2 週內完成工作回傳相關電子檔給我，我再一一用電子郵件轉發回饋和分數給每一位學生，讓學生在記憶猶新時就能收到回饋建議，以求發揮最大的功效。因為這幾週期間的助理工作較密集，像我有三個班級同時進行這項教學活動，最好能有兩位助理同時協助，否則若只靠一位助理處理會需要花費較長的時間，可能無法及時完成回饋給學生。

Q：政大的學生普遍來說英文程度都不錯，所以應該可以獨力完成個人英文口頭報告，但如果面對的是英文程度比較差、對英文很沒有自信的學生，在使用您所分享的口頭報告教學活動上，會遭遇到什麼困難？您有什麼建議？

A：由於個人口頭報告活動是讓學生可以自選主題、自行撰寫草稿和設計簡報檔，因此從學生最後上臺表現來看，的確會有不少個人差異，反映出學生原本就參差不齊的英文程度，這是英文課程常態編班所難以避免的狀況。但我認為學生原本英文程度如何並不會造成很大的問題，因為這項教學活動的訴求，是讓每一位學生在經過準備和練習後，可以從原有的英文程度更往上提升，而非要（也不可能）達成所有學生一致的英文水平或特定程度。只要學生可以寫出、講出有意義的句子，就能夠上臺報告。

如果學生的程度無法講到 3 分鐘的英文口頭報告，建議或許可以先縮短為 1 分鐘的報告，降低門檻讓學生的壓力不會太大。老師也可以從旁提供更多的協助，對其所選定的主題、大綱、草稿提出修改建議，讓學生可以一步一步、循序漸進，最後達成上臺用英文進行報告的目標，而獲得滿足感和成就感。

教學應用重點

■ 教材

選擇主題多元、議題豐富的教材引發學生的學習興趣。

給予學生自由選擇個人報告主題，濃厚的興趣是願意主動學習的關鍵。

■ 教法

將困難的口頭報告任務分成幾個步驟進行，並提供學生階段性的回饋。

採用多元評量與回饋方式，以建設性的回饋建議協助學生越來越進步。

教師教學成長歷程

　　我大學就讀英語系，對文學、語言學和英語教學都很感興趣，修了不少相關課程，還完成教育學程副修教育系。後來選擇繼續就讀外文所碩士班、博士班。就讀博士班期間，我曾在不同的公私立機構擔任兼任英文講師，教授過的課程包括：大一英文、英文散文選讀、五專英文、公企中心商用英文寫作、進修推廣部商用英文、私人企業員工英文培訓課程……等等。在這段兼職期間，由於所面對的學生背景不同，針對不同課程、不同目標所選用的課本教材也不同，慢慢摸索累積自己的教學活動設計；雖然學生程度或學習意願不一，我對英語文教學的熱誠卻不減。

　　順利完成博士學位後，我先在成大外文系擔任成鷹計畫專案英文講師一學期，密集地教授大一及大二英文課程，短短一學期不斷向其他有多年教學經驗的同事切磋請教，學習到很多創新的大學英文教學活動，並加強磨練自己的教學技巧，對於系統性教學活動設計與規劃越來越成熟。接著因緣際會應徵上政大外文中心專任助理教授教職，便在政大任教至今，教授英文系文學課程及全校外文通識課程。

　　我的研究專長領域是英美文學，但教授大學英文也是我的興趣和熱情所在，我很喜歡學習和觀摩其他老師的上課方式和教學活動設計，並且每學期都會依照學生的教學回饋反應，不斷調整自己的上課內容和教學方法，希望能讓學生享受上英文課並樂於學習，達成學生願意自動自發、終生學習英文的目標。這幾年來我開始嘗試將生命教育融於大學英文課程中，透過帶領學生閱讀富有生命教育意義的英文小說和文章，觀賞相關影片並討論，讓學生除了增進英文基本能力之外，也能學習到面對人生挑戰和挫折的正面態度，幫助他們在人生道路上走得更勇敢無畏。

附錄 1

「小組報告同儕回饋單」

Group Presentation—Peer Review

Group No. Under Evaluation:_____ Date:_____ Name:_____

◎ Grading: Please check the grade you want to give for the group presentation.

☐ A+   ☐ A   ☐ A-   ☐ B+   ☐ B   ☐ B-   ☐ C+

◎ Rubrics: Please check the aspects that the presenting group has accomplished.

☐ The presentation content is rich and informative. 報告內容資料豐富多元

☐ The presentation is clearly-structured and well-organized. 報告組織架構清楚有條理

☐ The way the group presents the content is creative. 報告內容及呈現方式創新有品質

☐ The word font, color and structure of PPT are well-designed and help the audience better understand the presentation. 簡報字體、顏色、版面設計恰當，幫助聽眾掌握報告內容

☐ The presenter(s) has proper volume and variation of intonation, and have proper eye contact with the audience. 報告者能關注到全場聽眾，音量和聲調變化適當

☐ The presenter(s) shows passion for the topic and can arouse interest from the audience. 報告者展現對主題的熱情，並能引起聽眾興趣

☐ The presentation shows sufficient preparation and good teamwork. 口頭報告準備充分且呈現良好的團隊合作

☐ Good time management 口頭報告時間掌控得當

◎ Comments: Please write down your comments and feedback on the group's overall performance; you can also give feedback according to several of the rubrics listed above.

About your group presentation, what I like the most is...

About your group presentation, I think the part you can improve is...

附錄 2

「小組報告自評與同儕互評表」

Self- and Peer-Evaluation of Group Presentation

Group No.:_____ Date:_____ Name:_____

Part I: Individual Evaluation

※ Please give **0-10** scores to evaluate you and your group members' performance within your group. **10** represents **"Excellent"**; **0** represents **"Failing to accomplish the aspect."**

Aspects \ Name	**Myself**					
Collecting Materials						
Participation in Discussion						
Actual Contribution (Contributing Ideas, Writing/Compiling, PPT Design, Presenting, etc.)						
Passion for work (willingness to help, active participation)						
Responsibility (Complete assigned work on time)						
Quality of Completed Work						
Attendance at group meetings						
Total Score						
Your Personal Comments or Feedback						

Part II: Evaluation for overall teamwork and performance

Write down your reflections on cooperating with your group members to perform this group presentation.

Concerning our performance as a team, we...

附錄 3

學生實際填寫上傳的「小組報告自評與同儕互評表」

Group Presentation Teamwork—Self-Evaluation and Peer Evaluation

Group No.:____4____ Date:_____11/11_____ Name:___ 陳 XX___

Part I: Individual Evaluation

※ Please give **0-10** scores to evaluate you and your group members' performance within your group.

10 represents **"Excellent"**; **0** represents **"Failing to accomplish the aspect."**

Aspects \ Name	**Myself**	劉 XX	邱 XX	楊 XX	陳 XX	邱 XX
Collecting Materials	10	8	10	7	9	10
Participation in Discussion	9	10	8	10	7	8
Actual Contribution (Contributing Ideas, Writing/Compiling, PPT Design, Presenting, etc.)	10	10	10	10	10	10
Passion for work (willingness to help, active participation)	9	10	9	9	8	9
Responsibility (Complete assigned work on time)	10	10	10	10	9	10
Quality of Completed Work	10	10	10	9	8	10
Attendance at group meetings	10	10	10	10	10	10

Total Score	68	68	67	65	61	67
Your Personal Comments or Feedback	This's first time I have a English presentation and perform not bad! Hope I can keep this experience in mind.	You are good at organize the whole presentation and handle the situation.	Although you were a little shy but you've done your best. We all can feel that you tried hard. Good job!	You are an interesting guy and added so many cute gestures in the presentation. That's pretty good.	Your topic is hard to explain but you just made it. Thanks for your prepare.	I think you'd been well-prepared, thus performed really well and were not nervous at all!

Part II: Evaluation for overall teamwork and performance

Write down your reflections on cooperating with your group members to perform this group presentation.

Concerning our performance as a team, I think we've done a really great job. Although at the beginning we thought this theme was a little hard to present, we still tried our best to complete it. In the process of preparation, we discussed a lot. Before the presentation we rehearsed many times. It was a really impressive experience to work together with you. I think it will help me in the future. Thank you all!

附錄 4

「個人口頭報告同儕互評回饋表」

College English - Individual Oral Presentations

Name: _____ **Student No.:** _____ **Date:** _____

Presenter	Answer to questions	Your comments on his/her performance	Score
1.			
2.			
3.			
4.			
5.			
6.			
7.			
8.			
9.			
10.			
11.			
12.			
13.			
14.			

附錄 5

寄給學生的個人口頭報告回饋評語和分數電子郵件

Jing-fen Su <jfsu@nccu.edu.tw>

來源：Jing-fen Su <jfsu@nccu.edu.tw>
收信： ■ ■ ■ ■ ■■■ ▸
日期：Tue, 22 Dec 2015 10:11:47
標題：Feedback on your individual oral presentation

Dear ■

Below are comments from me and your classmates for your individual oral presentation. Let me know if you have any questions.

Teacher's comments:

-Your pronunciation is good, and your fluency is fine.

- Good opening by asking questions of the audience.

-Good interaction with the audience.

-You may have too many pauses that disrupt your sentences.

-Rehearsing more in advance will help your fluency.

-Your PPT is well-designed with useful keywords and pictures. Good integration of speech and PPT pages.

Students' comments:

-Your presentation is cool and useful.

-I think Tom Huddleston is so handsome.

-good English. Ppt. But time control could be better.

-An actor which inspire to learn English. How cool is it! You show a lot of passion and make the speech really interesting.

-Speak really fluently. Time control.

-You can practice your presentation first to make sure your time is well-controlled. BTW, I've seen the trailer of "crimson peak" and I would like to watch it.

-Like your facial expression and your accent.

-Interesting topic. Notice time.

-clear speaker

-Too long.

-The speaking is vivid. The rhythm should be more compact.

-Your presentation is very interesting.

-Fluently speaking and great presentation.

- Your presentation is lively. I like it very much.

-Your tone changes high and low, I think it's a good thing which can attach our attention.

- I like her speech. She caught our attention first and then showed what she wants to say. However, she should control her time.

-The beginning is cute and attracting. The method to learning English is useful.

-I can feel she has really good gained back her passion of leaving English.

-I like your confident when you 're on the stage Hope I can find motivation for learning English as soon as possible.

-Indeed, English magazines can't make us have passion to learn English. Maybe, to find out an actor can evoke my passion.

-Tom Huddleston is a totally handsome man. So is Thor. Maybe you can make a script since you are kind of hesitated.

-You make the presentation like a story. Great. I can feel your love to the actor.

-The opening is attractive. The layout of PPT is simple and clear. Nice presentation.
-You could say faster. I think your advice is great.
-Wonderful. But time control could be better.
-Funny and abundant expression. Talk too slowly.

-Great prologue. The time is too long.
-Thanks for your experience sharing, but I think you should notice your time.
-The intonation is good. Speak fluently English.
-You don't like English until you find your passion as many of us.

Peer evaluation: 87.7

Instructor's score: 87

蘇靖棻
國立政治大學外文中心助理教授
研究大樓737室
分機: 88121

第三部分

異中求同：文化能力
評量與共同線上課程

11
大學英語學習者跨文化溝通能力的評量
趙子嘉[1]

一、前言

　　隨著交通與科技的發達，網路傳播媒體的無遠弗屆，全球經濟的多元，使得疆界國籍模糊化；為了求學、旅遊、經濟貿易、環境保護、教育合作、醫療援助、運動賽事等不同領域交流需要，不同語言與文化背景人士之間的互動頻繁，溝通的機會多了，但互動時的挑戰也增加（例如：跨文化溝通時語言的誤解或文化行為的矛盾）。當「全球化」、「國際化」、「地球村」、「多元文化」、「英語為國際共通語」等成為趨勢，許多相關的問題紛紛出現，因此如何發展與評估時代公民應該具備的跨文化溝通能力，成為許多領域學者關心的議題（Alptekin, 2002; Baker, 2009, 2011; Byram,1997; Byram, Nichols & Stevens, 2001; Corbett, 2003; Holliday, Hyde & Kullman, 2010; McKay & Bokhorst-Heng, 2008; Norton & Toohey, 2004; Peterson, 2004; Spencer-Oatey & Franklin, 2009）。

　　曾擔任美國資深科技創新顧問，也是《未來產業》（*The Industries of the Future*）的作者羅斯（Alec Ross）提出培養未來人才的十大能力，分享未來不被淘汰的祕訣時，特別強調「對文化的理解與流暢度」與「外語能力」是排名前二名的關鍵能力。羅斯認為「隨著經濟日益全球化，精通多元文化變得日益重要……了解不同的國情，用理解與包容看待不同的文化，未來才能成為一個國際人。」（徐仁全，2016）。

1　作者為明新科技大學應用外語系教授暨語言教學中心主任

就如跨文化研究學者 Bennett 所言:「在地球村的今日,為了避免成為一個語言流利的傻子,跨文化溝通能力的發展不容忽視。」(Bennett, 1997: 16)。特別在全球英語(Global English)概念的催化下,許多專家學者皆認為英語教育的態度、發展與內容皆需重新定位,才能面臨未來的挑戰(Dogancy-Aktuna & Hardman, 2008; Ke, 2010; Kirkpartick, 2007)。在此潮流的推波助瀾下,除了提升國際共通英語語言能力外,為了與不同國家、語言或文化背景人士達到有效溝通,跨文化溝通能力(intercultural communicative competence)的發展更是扮演著舉足輕重的角色(Alptekin, 2002; Baker, 2011, 2012)。

近年來,一些從事或關心臺灣英語教育與國際化的專家與學者,也開始注意到發展跨文化溝通能力的迫切性(廖柏森,2005;趙子嘉,2009;Ke, 2010; Tsai, 2009),除了提出相關課程的設計與建議(陳文苓,2007;葉潔宇,2009;趙子嘉,2009;Babcock & Reifsteck, 2008; Chang, 2007; Chao, 2011; Ke, 2010; Liaw, 2006; Tasi, 2009),亦建言國家外語政策中應該有具體的策略來幫助國人準備面對跨語言及跨文化溝通的全球化時代(王星威、甯耀南,2008;張婕雯,2009)。從 2015 年起,教育部積極推廣基礎語文及多元文化能力培育計畫(例如:多元文化語境之英文學習革新課程計畫),許多臺灣大專院校語文教師皆熱心規劃申請與執行相關課程,但仍有一些本地英語(外語)老師表達在課程結束後,不確定如何合適地評估其成效,例如學生的跨文化溝通能力是否改善;亦有老師表示是第一次執行跨文化(多元文化)學習的語文課程,因此想瞭解有那些國內外相關的評量工具和方式可參考使用。因此本文特別針對英語學習者跨文化溝通能力評量之相關議題做分享與討論。

二、何謂跨文化溝通能力

根據國內外相關研究,從 Hall(1959)開始,一直有許多不同領域學者從事跨文化溝通能力（Intercultural Communicative Competence, ICC）的研究，對於跨文化溝通能力的名稱（terms / names）、定義（definitions）、組成成分（components）和測量方式（measurements / assessments），真可謂百家爭鳴。因著領域、語言或文化背景之差異，學者們強調的重點不同，至今尚未產生廣為接受的定義、成分和測量方式（Arasaratnam & Doerfel, 2005; Fantini, 2009）。可喜的是，近年來對於組成跨文化溝通能力的一些基本面向，開始在學者們間有了交集。一般來說，他們認為跨文化溝通能力包含三個面向：情意（affective）、認知（cognitive）和行為（behavioral）。這三個面向缺一不可，需要一起發展，才能在跨國溝通的場合中如魚得水，有得體的表現及達到預期的成效（Byram, 1997; Chen & Starosta, 1996; Fantini, 2000; Gudykunst, 2004; Lustig & Koester, 2006; Spencer-Oatey & Franklin 2009; Spitzberg, 2000; Ting-Toomey, 1999; Willis-Rivera, 2010）。但是仔細檢驗比較這些跨文化溝通能力基本面向的細部內涵時，筆者發現因為領域、文化與國情之差異，其陳述的內涵重點（key points and indicators）呈現多元且不一致的現象，造成許多老師概念上的困惑和評量上的困難。例如，有的跨文化溝通能力架構或評量工具著重語言能力（例如：ACTFL Proficiency Scale）（Language Testing International, 2017）；有的著重文化適應（例如：Cross-Cultural Adaptability Inventory / CCAI）（Kelley & Meyers, 1995）；有的著重心理層面（例如：Intercultural Sensitivity Inventory / ISI）（Olson & Kroeger, 2001）；有的強調過程（例如：Intercultural Development Inventory / IDI）（Hammer, Bennett & Wiseman, 2003）；有的重知識（例如：GAP test）（Global Awareness, 2017）；又有的重行為（例如：Behavioral Assessment Scale for Intercultural Communication / BASIC）（Koester & Olebe, 1988）。因為跨文化溝通能力是一種複雜的能力，現代人因不同跨文化情境的需要，常需具備此能力的某些特別面向，才能與不同語言或文化背景的人士進行合適並有效地互動，所以在執行跨文化溝通相關課程與訓練時，老師們首先需要依據自己所在的教學情境與學生需求，確認課程內容是否能反應教學目標與所依據的跨文化溝通能力概念（架構），並瞭解是否有相對應（合適）之質性和量化的評量工具或方式來評估成果。換言之，清楚與一致的跨文化溝通能力架構、教學目標、教學方式和評量工具描述，在執行與評估跨文化溝通教育成效上，非常重要。因為它決定了相關課程與訓練的設計與執行是否對於參與者跨文化溝通能力（例如：整體能力或是欲強調面向的能力）的發展有助益（Deardorff, 2009; Fantini, 2009）。

在外語（英語）教育中，英國學者 Michael Byram（1997）的跨文化溝通能力架構最廣為引用。依據語言專家 Byram（1997）的觀點，跨文化溝通能力是溝通能力的延伸與修正。綜觀支持溝通式語言觀的學者們（Canale, 1983; Canale & Swan, 1980; Van Ek, 1986）所提到的溝通能力（communicative competence），包含了語法能力（grammatical competence / linguistic competence）、言談合適能力（discourse competence）、社會情境語言能力（sociolinguistic competence）、溝通策略能力（strategic competence）、目標語社會文化能力（socio-cultural competence）和社交能力（social competence）。Byram（1997：11）解釋這些能力的發展仍是以母語使用者為範本（native speaker as a model），但在真實世界中，外語學習者常是無法達成這些能力，因此造成無法避免的失敗；外語學習者也無法為了完全融入另一種語言（目標語），而拋棄自己的母語。Kramsch（1998）和 Leung（2005）亦指出以母語使用者為範本發展出的溝通式語言觀，太理想化和不切實際。那麼，Michael Byram（1997）的跨文化溝通能力架構和溝通式語言觀有何不同呢？Byram 的跨文化溝通能力（intercultural communicative competence）較溝通能力（communicative competence）多增加了一項跨文化能力（intercultural competence）。此處提到的跨文化能力（intercultural competence）包含了跨文化溝通時的態度（attitudes）、知識（knowledge）、解釋的技能（skills of interpreting and relating）、互動的技能（skills of discovering and interaction）與批判式文化覺醒的能力

（critical cultural awareness）。Byram 的跨文化溝通能力除了強調語言溝通能力的發展，更增加了跨文化能力的培養，希望幫助外語（英語）學習者能夠對世界上不同國家、文化或語言背景的人們有更多的認識、瞭解與省思，亦鼓勵外語（英語）學習者能以他者的角度、立場或文化背景來思考與溝通相處上的異同，因而能產生更多的協商、包容、覺醒和互動策略，以便合適且有效地溝通，並維持良好正面的關係。

因為跨文化溝通能力特別強調情境脈絡的重要性，除了重視人與人之間溝通的有效性與適當性，也注意人與溝通情境之間的互動，與雙方文化的覺醒與認同（Baker, 2009, 2011, 2012; Byram 1997; Chen & Starosta, 1996, 2005; Holliday et al., 2010），在全球化和國際化的今天，跨文化溝通能力的發展更顯重要。近年來，在英語為國際共通語教育及其他外語教育領域，跨文化能力的加強與目標語言能力的發展皆受到相當的關注（Alptekin, 2002; Baker, 2009, 2012; Dasli, 2011; Gilhereme, 2007; Nault, 2006）。檢閱目前相關的文獻，歐美國家已有相關的師資培訓或跨文化教育課程調查（Richards, Conway, Roskvist & Harvey, 2010; Sercu & Bandura, 2005; Young & Sachdev, 2011），但亞洲地區只是剛起步，研究結果亦顯示，世界各地的英語（外語）語言教師的跨文化溝通教學與評量能力仍相當有限，極需加強（Chao, 2013; Cheng, 2012; Lee, 2012; Luk, 2012），專業教育訓練和相關課程導引有其必要性（Spencer-Oatey & Franklin, 2009）。

三、跨文化溝通能力評量相關文獻簡述

當檢視跨文化溝通培訓或教學課程相關文獻時，較多偏向理論或組成討論，評量的介紹與應用較少論及，但評量為跨文化教育中重要的一環，如何合適與有效的評量，相當重要。本節筆者將透過自身在臺灣、美國和澳洲的跨文化教育經驗與觀點，整合國內外相關資料，簡述高等語言教育中跨文化溝通評量之目的、類型、內容、方式及工具。

在地球村的今日，跨文化溝通評量之目的，常依據個人或團體組織在不同領域的需求，呈現多元的面向。在學校英語學習者跨文化教育層面（例如：通識教育和大學外語教育），跨文化溝通評量的主要目的為：（1）幫助老師瞭解學生跨文化溝通能力發展現況，規劃提供合適課程的參考；（2）幫助學生反省自己跨文化溝通能力，發現目前問題與思索如何因應未來挑戰；（3）幫助老師評估相關跨文化課程之成效；（4）針對相關跨文化課程提供反饋與建議等。

跨文化溝通評量之類型，一般可分為直接評量（direct assessment）、間接評量（indirect assessment）與混合式評量（blended assessment）。

直接評量的方式很多元，例如學生表演活動之實作評量（performance assessment）、行為觀察紀錄評量（observations in real contexts or simulated situations）、學生作品集成果評量（portfolios）、跨文化作業評量（intercultural assignments）、學習日記（learning diaries）、口語評量（conversations with interlocutors）、深入訪談（in-depth interviews）等項目。這些方式可以直接評估學生在跨文化溝通的知識程度、技能發展、態度傾向或實際行為的表現。直接評量在資料收集和分析上較費時費力，但可提供詳實的內容和個人化的訊息，作為課程或學生學習成效評估的參考。但是具體的指標或相對應之分析工具仍需發展與詳述，方可作為評估者（教師）評量時的依據，使得評量結果有效且具有可信度（Bellanca, Chapman & Swartz, 2000; Lázár, Huber-Kriegler, Lussier, Matei & Peck, 2007; Lazear, 2000; O'Malley & Pierce, 1996）。

間接評量工具則以自評（self-assessment）量表（scales or inventories）或問卷（questionnaires）為主，此法是國外商業管理、教育心理領域、跨文化訓練機構最常採用的評量方式。因其省時省力的優點，目前仍是最廣為使用之跨文化溝通能力評量方式。特別是在企業外派人才的評選上，針對不同需求而發展出的量表與問卷不勝枚舉。表1則列出目前在跨文化教育界，受到國內青睞，主由國外專家學者研發的間接評量工具。

表1 知名的跨文化溝通能力間接評量工具

評量工具	研發者	題數與量表格式	組成／變項	跨文化溝通能力面向
Intercultural Development Inventory (IDI)	Hammer, Bennett & Wiseman (2003)	50 statements / 7-point Likert scale	6 stages: denial--defense--minimization--acceptance--adaptation--integrations	情意
Intercultural sensitivity inventory (ICSI)	Bhawuk & Brislin (1992)	46 questions / 7-point Likert scale	4 factors: individualism; collectivism; flexibility and open-mindedness	情意
Cross-Cultural Adaptability Inventory (CCAI)	Kelley & Meyers (1995)	50 questions / 6-point Likert scale	4 factors: emotional resistance; flexibility& openness; perceptual acuity; personal autonomy	情意
Intercultural Sensitivity Scale (ISS)	Chen & Starosta (1996, 2000, 2005)	24 questions / 5-point Likert scale	5 factors: interaction engagement; respect for cultural differences; interaction confidence; interaction enjoyment, and interaction attentiveness	情意
Assessment of Intercultural Competence (AIC) (Part 7: intercultural abilities)	Fantini (2007)	54 questions / 6- point Likert scale	4 dimensions: intercultural knowledge; attitude; skills; and awareness	綜合
Cultural Intelligence Scale (CQS)	Van Dyne, Ang & Koh (2008)	20 questions / 7-point Likert scale	4 factors: CQ strategy; CQ knowledge; CQ motivation; CQ action	綜合

　　如上所述，許多國外專家學者研發各種與跨文化溝通能力評量相關的量表與問卷，這些間接評量工具大部分以調查法，透過參與者自我評估的方式（self-report / self-assessment），呈現目前跨文化溝通能力的發展情況。有些學者認為自評結果和真實能力常常不一致，他們擔心受試者（學生）因為經驗或能力的不足，無法精確地評估自身跨文化溝通能力（Altshuler, Sussman & Kachur, 2003; Arasaratnam & Doerfel, 2005），因此使用量表與問卷前的說明和訓練非常重要。

　　文獻也顯示，目前大部分的量表與問卷，是用來評估參與者跨文化溝通能力中某些特別面向之傾向或多元面向的程度，屬於標準參照測驗（criterion-referenced testing）。其中又以評量情意方面的量表與問卷居多。例如知名的 Cross-Cultural Adaptability Inventory（CCAI）就以情意內涵中的四個向度進行傾向或程度檢測：瞭解個人情感適應力；彈性與開放性；感知敏覺性；個人自主性。雖然 CCAI 被廣為使用，但未必盡如人意。有跨文化訓練者提到量表內容之呈述，明顯會引導填答者依據社會喜好填答（socially desirable responses），無法真實了解填答者的跨文化溝通能力（Spencer-Oatey & Franklin, 2009）。又有學者提出，量表的題目內容和所屬因素之間出現不一致的情形，質疑其效度，進一步的研究有其必要性（Davis & Finney, 2006）。除此之外，國際知名的 IDI 量表亦是偏向評量個人的跨文化敏感或適應力（情意面向），但有別於其他以跨文化能力傾向或程度進行檢測的量表，IDI 是依據 the Developmental Model of Intercultural Sensitivity（DMIS）（Bennett, 1986），強調評量個人在跨文化情境時，面對文化差異的態度，再依據受測者態度所屬之階段，提供相關課程訓練。這六階段的態度發展依序為否定、防禦、差異最小化、接受、適應和融合（Hammer, Bennet & Wiseman, 2003）。然而 IDI 的六個發展階段說法亦引起爭議，學者們認為跨文化溝通態度（敏覺性）的發展未必會按照順序進行，有可能因環境或文化因素，出現進一階，退兩階，或是前後跳躍的情況進行（Sparrow, 2000）。因此，西方專家學者所設計的跨文化溝通能力評量工具未必適用於所有跨文化情境，亦無法反映不同語言文化背景人士之需要。近年來，發展區域性量表取而代之的趨勢增多（Sinicrope, Norris & Watanabe, 2007）。臺灣的外語教師在選擇使用國外發展的量表與問卷時，除了知名度外，仍需考量其信、效度，明白其設計背景和使用之目的，思考施測對象與情境（文化）的合適性，以及熟悉量表與問卷的執行步驟與結果解讀方式。最後，是否有中文譯本、是免費或需付費、取得難易度（availability）等相關議題也需列入考慮。

為了提供較完整的跨文化溝通能力評量訊息，許多專家學者建議採用混合式評量，亦即透過直接評量與間接評量的工具來多面向檢測與診斷，提供更完整的跨文化溝通能力發展訊息（Deardorff, 2006）。其中由歐洲學者推動的跨文化能力評量計畫（Intercultural Competence Assessment Project / INCA）就是典型代表。相關訊息可在歐盟執行委員會（European Commission）網站上獲得（INCA, 2017）。

四、大學英語學習者跨文化溝通能力量表

背景介紹

現今文獻中所提及的跨文化溝通能力評量工具，主要由西方學者所研發，並用英文撰寫，主要是為了滿足國際貿易與管理人才培訓之需要。但是這些工具是否反映臺灣的大學英語學習者跨文化溝通之需要，值得省思。大學教育是培養跨文化溝通能力之搖籃，英語（外語）教師更是扮演關鍵角色。為了明白臺灣的大學生在使用英語進行跨文化溝通的目的與學習上的需求，筆者執行了一連串的研究來設計相關量表（Chao, 2014），包括了相關文獻蒐集分析；訪談隨機抽樣的大學生，了解其跨文化教育的需求；收集大學教師的建議以及一些跨文化專家學者的意見等。在初期探索階段，筆者提出了一個高等教育中大學英語學習者的跨文化溝通能力假設性架構（A hypothetical IC-EFL-S-HE

Model）。這個架構衍生出 60 個題項。經過題項分析（item analysis/ evaluation）、先導性研究（pilot study）、探索性因素分析（exploratory factor analysis）及專家學者建議等過程，而後產生 36 個題項。在正式研究（formal study）中，筆者在臺灣北、中、南、東部共 12 所大專院校中獲得了 1117 份有效的樣本，透過進一步因素分析後，產生了 30 個題項，分屬於 5 個因素，Cronbach's alpha 係數為高信度的 .93。這 5 個因素就是修正後臺灣的大學英語學習者跨文化溝通能力架構（A revised IC-EFL-S-HE Model）的主要成分，如圖 1 所示。

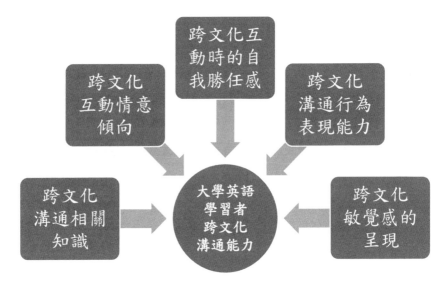

圖1　修正後臺灣的大學英語學習者跨文化溝通能力架構

量表內容

　　大學英語學習者跨文化溝通能力量表共有 30 題，是以中文撰寫，採用 6 點 Likert 的方式（0-5 / 完全不同意－非常同意）施測，英文譯文則做為參考之用（Chao, 2014）。量表五個因素的定義及相關題項說明如下。

因素一：跨文化溝通相關知識（knowledge of intercultural interaction）。此因素屬於認知層面，包含了一般文化知識（culture-general knowledge），文化融合知識（culture-hybrid knowledge）和特別文化情境知識（context-specific knowledge），共有 9 個題項。

題項	文化知識
1. 我知道世界上其他文化的日常生活習慣（例如：飲食、習俗）。	特別文化情境
2. 我知道世界上其他文化中的非語言溝通行為。	特別文化情境
3. 我知道世界上其他有形的成就文化（例如：建築、文學作品）。	特別文化情境
4. 我知道世界上其他文化人士運用語言溝通時的規則。	文化融合
5. 我知道遭受其他文化衝擊時會出現的症狀及克服的方法。	文化融合
6. 我知道如何運用文化模式理論（例如：價值取向分類系統），來瞭解世界上不同文化人士的態度與行為。	一般文化
7. 我知道歷史和社會政治上的因素如何對世界上不同文化人士的態度與行為產生影響。	一般文化
8. 與不同文化背景人士互動時，我知道如何合適地商討應對。	文化融合
9. 我知道不同文化人士在專業領域社交活動上經常採用之互動行為。	特別文化情境

因素二：跨文化互動情意傾向（affective orientation to intercultural interaction）。此因素指個人面對不同文化或語言背景人士時，對他人所產生情感或心理上的反應，包含了動機和態度，共有 6 個題項。

題項	對他人所產生情感或心理上的反應
10. 我喜歡和世界上不同文化的人交流互動。	態度
11. 我願意學習瞭解世界上不同的文化。	態度
12. 面對跨文化互動時可能產生的負面情緒或沮喪，我願意坦然面對並作調適。	態度
13. 面對自己不熟悉的文化背景人士，我願意展現友善的態度與進一步瞭解的興趣。	態度
14. 為了合適地與世界上其他文化的人往來互動，我願意調整自己的態度與行為。	動機和態度

題項	
15. 為了提升自己的國際觀，我願意與世界上其他文化的人交流互動。	動機和態度

因素三：跨文化互動時的自我勝任感（self-efficacy in intercultural situations）。此因素指面對不同文化和背景人士時，個人對自己的溝通力和調適力的態度，其中共有 3 個題項。

題項	對自己互動能力的態度
16. 對於能否與世界上其他文化的人士進行合適有效溝通一事，我很有信心。	溝通力
17. 在不同文化的環境中生活，我確信自己有足夠的適應力。	調適能力
18. 我相信自己能夠調適處理在面對文化衝擊時所產生的壓力。	調適能力

因素四：跨文化溝通行為表現能力（behavioral performance in intercultural interaction）。此因素指個人與不同文化或語言背景人士互動時，所具備的英語能力，所呈現的行為和互動策略是否能夠滿足真實情境的需要，共有 7 個題項。

題項	溝通行為表現
19. 我具備流利的英語能力，能與世界上其他文化的人有效溝通。	語言使用
20. 我能因著不同跨文化情境的需要來調整自己的飲食方式。	行為調整
21. 我能因著不同跨文化情境的需要，彈性地使用各式行為用語（例如：道歉用語、邀請用語、拒絕用語），以期達到合適溝通的目的。	語言和互動策略
22. 我能發展合適的互動方式（例如：直接、面子維持）來適應不同文化的溝通風格。	互動策略
23. 我能因著不同文化情境的需要，而調整自己的穿著。	行為調整
24. 我能因著不同跨文化溝通的需要，而改變自己的語言行為（例如：速度、口音、表達方式）。	語言使用
25. 我能因著不同跨文化溝通的需要，而改變自己的非語言行為（例如：手勢、面部表情、眼神、肢體動作）。	行為調整

因 素 五： 跨 文 化 敏 覺 感 的 呈 現（display of intercultural consciousness）。此因素指個人在與不同文化或語言背景人士接觸時的後設認知能力，包括了計畫、監督、評估和省思等能力，其中共有 5 個題項。

題項	後設認知能力
26. 我不會把某個人的行為簡化解讀為某種特定文化的代表。	評估和省思
27. 在與不同文化背景人士互動前，我會事先作好準備。	計畫
28. 我能夠瞭解自己在與不同文化背景人士互動時，所運用到的文化知識。	監督和省思
29. 我能夠意識到自己的文化背景，會如何影響到我面對跨文化溝通問題時，所持的態度與處理方式。	監督、評估和省思
30. 我能夠意識到在跨文化溝通過程中，不同文化背景人士對我的回應，通常反映了他們自己的價值觀。	監督、評估和省思

使用方式

本量表共分為 5 個部分，可因不同需要分開使用。例如，老師只想要了解學生在「跨文化互動的情意傾向」方面是否有改善，可單用其下的 6 個題項作為檢核、討論與反思的工具。除此之外，在量表中常提到的「世界上其他文化人士」一詞是一種通用性的說法，在執行量表時，教師（施測者）可依實際需要，向學生（受測者）點出本次量表填答時，是針對哪些國家或文化背景人士。可能是東南亞來臺的勞工（例如印尼），或是欲前往學術交流之國家（例如日本）的當地人士。

教師們可使用此量表達到以下的功能：（1）教學諮商：了解目前學生跨文化溝通能力的分配狀況，作為相關跨文化課程規劃的依據。（2）教學成效檢核：了解學生在接受相關跨文化課程後是否在跨文化溝通能力的發展上有進步。（3）個人使用：作為自我跨文化溝通能力檢核與省思的工具。

量表限制與建議

　　雖然本量表已進行因素結構分析，修編為五因素之量表，但此量表尚屬於初編階段，未來需要更多的量表驗證確認其量表穩定性。除此之外，本量表進行編製時，雖廣跨多個不同學校與區域等，取樣上可能還是受到便利取樣中的一些偏誤影響，由於是以大學新鮮人為主，產生取樣樣本代表性（臺灣的大學英語學習者）的問題，進而影響本量表可能會產生的挑戰與質疑，未來取樣上的多元性（包含大一至大四學生）有其必要。由於本量表共包含五個部分，題項也算多，受測者可能會因題項過多而有填答中途厭倦之情況發生，造成無效問卷較多。所以教師可針對教學目標分開使用此量表，並根據每一題項進行深入訪談，了解學生填答選擇之相關理由，再作輔導與訓練。

五、結論

　　長久以來，跨文化教育者著重於跨文化態度、行為和策略的訓練及發展，把跨文化溝通過程中關鍵的語言能力忽略了，他們認為語言學習應該是語言老師該注意的事。而語言老師在關心學生的語言能力發展時，也常常忽略跨文化溝通時的態度、行為、策略等面向的教學和評量（Fantini, 2009; Sercu, 2006）。為了幫助臺灣的大學英語學習者合適且有效地發展跨文化溝通能力，英語（外語）教師需把語言、跨文化態度、行為和互動策略等相關能力統整到課程中，並提供合適的教學和評量。

　　跨文化溝通能力是邁向 21 世紀的一項重要能力，合適的評量有助於學生發展此一能力，特別是評量工具的多元化與相關品質的要求需要特別注意（Deardorff, 2009; Fantini, 2009），因此，跨文化溝通的評量在英語（外語）教師師資培訓中需要被重視，希望未來有更多相關的調查，研究與訓練，來幫助臺灣英語教師提升此一專業能力。

參考文獻

< 中文部分 >

王星威、甯耀南（2008）。 跨語言及文化溝通的全球化時代來臨了：華人準備好了嗎？ **English Career**（國家外語政策專輯），27，48-50。

徐仁全（2016 年 9 月 9 日）。亞歷克・羅斯：迎向未來世界 10 大必備能力。**ETNEWS 新聞雲**。取自 http://www.ettoday.net/news/20160909/769605.htm#ixzz4RRxVV4Ur。

張媁雯（2009）。國際人才之跨文化能力及其學習方案。**人文與社會科學簡訊**，**10**(4)，136-141。

陳文苓（2007）。歐洲語言學習架構：教出跨文化溝通能力。載於何琦瑜、吳毓珍主編，**教出英語力**（頁 43-48）。臺北：天下雜誌出版社。

葉潔宇（2009）。如何在 EFL 情境落實跨文化溝通能力。**華岡英語學報**，15，275-287。

廖柏森（2005）。以英語為國際語之義涵與教學觀。**英語教學**，30(1)，1-14。

趙子嘉（2009）。大專英語學習者跨國文化溝通能力初探與課程建議。**國際文化研究**（*Studies in International Cultures*），5(2)，49-86。

< 英文部分 >

Alptekin, C. (2002). Towards intercultural communicative competence in ELT. *ELT Journal, 56*, 57-64.

Altshuler, L., Sussman, N. M., & Kachur, E. (2003). Assessing changes in intercultural sensitivity among physician trainees using the intercultural development inventory. *International Journal of Intercultural Relations, 27*(4), 387-401.

Arasaratnam, L. A., & Doerfel, M. L. (2005). Intercultural communication competence: Identifying key components from multicultural perspectives. *International Journal of Intercultural Relations 29*, 137-163.

Babcock, S., & Reifsteck, L. (2008). Developing intercultural communicative competence: An Asian EFL classroom experience. *Chung Cheng Educational Studies*, *7*(2), 1-36.

Baker, W. (2009). The cultures of English as a lingua franca. *TESOL Quarterly*, *43*, 567-592.

Baker, W. (2011). Intercultural awareness: Modeling an understanding of cultures in intercultural communication through English as a lingua franca. *Language and Intercultural Communication*, *11*, 197-214.

Baker, W. (2012). From cultural awareness to intercultural awareness: Culture in ELT. *ELT Journal, 66*(1), 62-70.

Bellanca, J., Chapman, C., & Swartz, E. (2000). *Multiple assessments for multiple intelligences*. Arlington Heights, IL: IRI/SkyLight Training and Publishing, Inc.

Bennett, M. J. (1986). A developmental approach to training for intercultural sensitivity. *International Journal of Intercultural Relations*, *10*, 179-186.

Bennett, M. J. (1997). How not to be a fluent fool: Understanding the cultural dimension of language. In A.E. Fantini (Ed.), *New ways in teaching culture* (pp. 16-21). Alexandria, VA: TESOL.

Bhawuk, D. P. S. & Brislin, R. (1992). The measurement of intercultural sensitivity using the concepts of individualism and collectivism. *International Journal of Intercultural Relations*, *16*, 413-436.

Byram, M. (1997). *Teaching and assessing intercultural communication competence*. Clevedon, UK: Multilingual Matters.

Byram, M., Nichols, A., & Stevens, D. (2001). *Developing intercultural competence in practice*. Clevedon, UK: Multilingual Matters.

Canale, M. (1983). From communicative competence to language pedagogy. In J. Richards & J. Schmidt (Eds.), *Language and communication* (pp. 2-27). London: Longman.

Canale, M. & Swain, M. (1980). Theoretical bases of communicative approaches to second language teaching and testing. *Applied Linguistics, 1*(1), 1-47.

Chang, S.-J. (2007). A graphic approach to teaching communication-concerned, culture-general constructs: Its rationale, design and application. *English Teaching and Learning, 31*(1), 1-42.

Chao, T.-C. (2011). The hidden curriculum of cultural content in internationally published ELT textbooks: A closer look at New American Inside Out. *The Journal of Asia TEFL, 8*(2), 189-210.

Chao, T.-C. (2013). A diary study of university EFL learners' intercultural learning through films. *Language, Culture and Curriculum, 26*(3), 247-265.

Chao, T.-C. (2014). The development and application of an intercultural competence scale for university EFL learners. *English Teaching & Learning, 38*(4), 79-124.

Chen, G. M., & Starosta, W. J. (1996). Intercultural communication competence: A synthesis. In B. Burleson (Ed.), *Communication Yearbook 19* (pp. 353-383). Thousand Oaks: Sage.

Chen, G. M., & Starosta, W. J. (2000). The development and validation of the intercultural communicative sensitivity scale. *Human Communication, 3*, 1-15.

Chen, G. M., & Starosta, W. J. (2005). *Foundations of intercultural communication* (2nd ed.). Lanham, MD: University Press of America.

Cheng, C.-M. (2012). The influence of college EFL teachers' understanding of intercultural competence on their self-reported pedagogical practices in Taiwan. *English Teaching: Practice and Critique, 11*(1), 164-182.

Corbett, J. (2003). *An intercultural approach to English language teaching.* Clevedon, UK: Multilingual Matters.

Dasli, M. (2011). Reviving the "moments": From cultural awareness and cross-cultural mediation to critical intercultural language pedagogy. *Pedagogy, Culture and Society, 19*(1), 21-39.

Davis, S. L., & Finney, S. J. (2006). A factor analytic study of the cross-cultural adaptability inventory. *Educational and Psychological Measurement, 66*(2), 318-330.

Deardorff, D. K. (2006). Identification and assessment of intercultural competence as a student outcome of internationalization. *Journal of Studies in Intercultural Education, 10*, 241-266.

Deardorff, D. K. (2009). Implementing intercultural competence assessment. In D. K. Deardorff (Ed.), The *SAGE handbook of intercultural competence* (pp. 477-491). Thousand Oaks, CA: Sage.

Dogancy-Aktuna, S., & Hardman, J. (Eds). (2008). *Global English teaching and teacher education: Praxis and possibility.* Alexandria, VA: TESOL.

Fantini, A. E. (2000). A central concern: developing intercultural communicative competence. *School for International Training Occasional Papers Series, Inaugural Issue*, 25-42.

Fantini, A. E. (2007). *Exploring and assessing intercultural competence: Research report 07-01.* St. Louis, MO: Washington University.

Fantini, A. E. (2009). Assessing intercultural competence: issues and tools. In D. K. Deardorff (Ed.), *The SAGE handbook of intercultural competence* (pp. 456-476). Thousand Oaks, CA: Sage.

Global Awareness (2017). *Global awareness profile test.* Retrieved March 6, 2017, from https://globalawarenessprofile.wordpress.com .

Gudykunst, W. B. (2004). *Bridging differences: Effective intergroup communication* (4th). London: Sage

Guilherme, M. (2007). English as a global language and education for cosmopolitan citizenship. *Language and Intercultural Communication, 7*(1), 72-90.

Hall, E. T. (1959). *The silent language.* New York: Anchor Books.

Hammer, M. R., Bennett, M. J., & Wiseman, R. (2003). Measuring intercultural sensitivity: The intercultural development inventory. *International Journal of Intercultual Relations, 27*, 421-443.

Holliday, A., Hyde, M., & Kullman, J. (2010). *Intercultural communication: An advanced resource book for students* (2nd ed.). New York: Routledge.

Intercultural Competence Assessment Project (INCA). (2017). *Intercultural competence assessment.* Retrieved March 5, 2017, from https://ec.europa.eu/migrant-integration/librarydoc/the-inca-project-intercultural-competence-assessment

Ke, I.-C. (2010). Globalization and global English: Panacea or poison for ELT in Taiwan? *Taiwan Journal of TESOL, 7*(1), 1-27.

Kelley, C., & Meyers, J. E. (1995). *The cross-cultural adaptability inventory: Self-assessment.* Minneapolis: MN: NCS Pearson.

Kirkpatrick, A. (2007). *World Englishes: Implications for international communication and English language teaching.* Cambridge: Cambridge University Press.

Koester, J., & Olebe, M. (1988). The behavioral assessment scale for intercultural communication effectiveness. *International Journal of Intercultural Relations, 12*, 233-246.

Kramsch, C. (1998). The privileges of the intercultural speaker. In M. Byram & M. Fleming (Eds.), *Language learning in intercultural perspective: Approaches through drama and ethnography* (pp. 16-31). Cambridge: Cambridge University Press.

Language Testing International (n.d.). ACTFL Proficiency Scale. Retrieved March 6, 2017, from http://www.languagetesting.com/actfl-proficiency-scale .

Lázár, I., Huber-Kriegler, M., Lussier, D., Matei, G., & Peck, C. (2007). *Developing and assessing intercultural communicative competence: A guide for language teachers and teacher educators.* Council of Europe Publishing.

Lazear, D. (2000). *The rubrics way: Using MI to assess understanding.* Tucson, AZ: Zephyr Press.

Lee, K.-Y. (2012). Teaching intercultural English learning/teaching in world Englishes: Some classroom activities in South Korea. *English Teaching: Practice and Critique, 11*(4), 190-205.

Leung, C. (2005). Convivial communication: Recontextualizing communicative competence. *International Journal of Applied Linguistics, 15*(2), 119-143. Reprinted in Li Wei (Ed.), *The Routledge applied linguistics reader* (pp. 275-294). London: Routledge.

Liaw, M. L. (2006). E-learning and the development of intercultural competence. *Language Learning and Technology, 10*(3), 49-64.

Luk, J. (2012). Teachers' ambivalence in integrating culture with EFL teaching in Hong Kong. *Language, Culture and Curriculum, 25*(3), 249-264.

Lustig, M. W., & J. Koester. (2006). *Intercultural competence: Interpersonal communication across cultures.* New York: Allyn & Bacon/Pearson Education.

Olson, C. L., & Kroeger, K. R. (2001). Global competency and intercultural sensitivity. *Journal of Studies in International Education, 5*(2), 116-137.

O'Malley, J. M., & Pierce, L. V. (1996). *Authentic assessment for English language learners: Practical approaches for teachers.* Reading, MA: Addison-Wesley Publishing Co.

McKay, S. L., & Bokhorst-Heng, W. D. (2008). *International English in its sociolinguistic contexts: Towards a socially sensitive EIL pedagogy.* New York: Routledge.

Nault, D. (2006). Going global: Rethinking culture teaching in ELT Contexts. *Language, Culture and Curriculum, 19*(3), 314-328.

Norton, B., & Toohey, K. (Eds.). (2004). *Critical pedagogies and language learning.* Cambridge, UK: Cambridge University Press.

Peterson, B. (2004). *Cultural intelligence: A guide to working with people from other cultures.* Yarmouth, ME: Intercultural Press.

Richards, H., Conway, C., Roskvist, A., & Harvey, S. (2010). Intercultural Language Learning (ICLL): Awareness and practice of in-service language teachers on a professional development program. *New Zealand Studies in Applied Linguistics, 16*(1), 1-15.

Sercu, L. (2006). The foreign language and intercultural competence teacher: The acquisition of a new professional identity. *Intercultural Education, 17*, 55-72.

Sercu, L., Bandura, E., & Castro, P. (Eds.). (2005). *Foreign language teachers and intercultural competence: An international investigation.* UK: The Cornwell Press Ltd.

Sinicrope, C., Norris, J., & Watanabe, Y. (2007). Understanding and assessing intercultural competence: A summary of theory, research and practice. *Second Language Studies, 26*(1), 1-58.

Sparrow, L. M. (2000). Beyond multicultural man: Complexities of identity. *International Journal of Intercultural Relations, 24*(2), 173-201.

Spencer-Oatey, H., & Franklin, P. (2009). *Intercultural interaction: A multidisciplinary approach to intercultural communication.* London: Palgrave Macmillan.

Spitzberg, B. H. (2000). A model of intercultural communication competence. In L. A. Samour & R. E. Porter (Eds.), *Intercultural communication: A reader* (pp. 375-387). Belmont, CA: Wadsworth.

Ting-Toomey, S. (1999). *Communicating across cultures.* New York: Guilford.

Tsai, Y. (2009). Exploring the feasibility of integrating culture learning into Taiwan's foreign language education. *Studies in International Cultures, 5*(1), 135-157.

Van Dyne, L., Ang, S., & Koh, C. (2008). Development and validation of the CQS: The cultural intelligence scale. In S. Ang & L. Van Dyne (Eds.), *Handbook of cultural intelligence: Theory, measurement, and applications* (pp. 16-38). New York: M. E. Sharpe.

Van Ek, J. A. (1986). *Objectives for foreign language teaching, Vol.1: Scope.* Strasbourg: Council of Europe.

Willis-Rivera, J. (2010). *The essential guide to intercultural communication.* Boston: Bedford/St.Martin.

Young, T. J., & Sachdev, I. (2011). Intercultural communicative competence: Exploring English language teachers' beliefs and practices. *Language Awareness, 20*(2), 81-98.

12

線上課程「跨文化溝通入門」：從設計到實施

陳彩虹[1]

一、背景

　　除了將文化教學融入現有課程之外（請參閱本書第 4 至 10 章），本中心「多元文化語境之英文學習革新課程計畫」的另一目標為發展及推廣數位化英語課程。為達成此目標，中心於 104 學年度成立了「線上課程委員會」，負責研發數位影音課程教材，當時成員為中心主任黃淑真老師及五位資深專任教師：車蓓群、陳彩虹、崔正芳、林翰儀、與許麗媛。由筆者擔任委員會主席，車蓓群老師擔任課程主講人。此數位化英語課程的研發為三年半長程計畫，線上課程委員會於第一年規劃出一門含六個單元的線上課程 Introduction to Cross-cultural Communication（跨文化溝通入門）（圖 1），並分工合作完成前三個單元的製作。第二年，委員會除了繼續製作其它單元外（此年度蔣宜卿及蘇靖棻老師加入，許麗媛老師離開委員會），並推動了全體授課教師於大一英文班級使用第一至三單元的課程。我們透過三項資料蒐集工具檢驗成效，以提供我們改進課程的參考，包括教學經驗及反思問卷、文化覺識量表，及線上課程意見調查表。此次實施還有另一個重要目的，即我們彙整了老師們的各式教學策略及其得失，期望能藉此找出此線上課程與原實體大一英文課程的合理有效搭配方式，讓課程的功效極大化。此章節將依序敘述這門線上課程的設計理念、結構與內容、第一次實施的成果、及將

1　作者為國立政治大學外文中心專任副教授

來可能的發展方向。

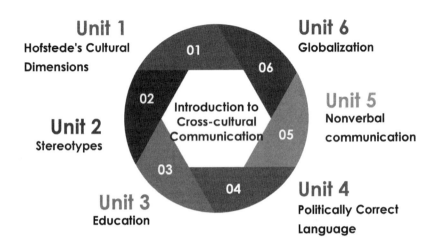

圖 1　政大磨課師「跨文化溝通入門」課程

http://moocs.nccu.edu.tw/course/52/intro

二、課程設計理念

　　此課程預設學習對象為本校學生，而本校學生較迫切需要教師們協助他們學習的並非單字、文法或句型，而是能幫他們適應高等教育的學術英語能力，尤其是較高層次的語言產出，例如討論、思辨等。因此，我們決定使用「內容本位語言教學」（content-based instruction, CBI）來做為課程設計的指導原則，讓學生藉由學習一個特定主題習得這類學術英語能力。Brinton, Snow 與 Wesche（1989, p. 2）將 CBI 定義為「將特定內容整合於語言學習中」（the integration of particular content with language-teaching aims）。至於何謂「特定的內容」，Richards（2015）提到所有語言課程都有某種形式的內容，然而一般語言課的內容與 CBI 課程的內容的區別在於前者是偶發性質的（incidental），僅用來當作練習語言的工具，但後者則是課程本身設計的工具，而課程其它部分皆由此內容衍生：

> [W]ith other approaches to syllabus design, content is incidental and serves merely as the vehicle for practising language structures, functions or skills.... In a content-based syllabus, however, content proves the vehicle for the design of the course, and other syllabus strands are derived from it. (pp. 573-574)

當 CBI 用於高等教育情境時，Brinton, et al. (1989, p. 2) 更是直接把內容跟學科知識畫上等號，也就是說，大學裡的內容本位語言教學其實就是同時教學科知識及第二語言技巧的意思（the concurrent teaching of academic subject matter and second language skills）。如下所述，對於學生來說，這類課程的學習重點在於透過第二語言習得學科知識，並於過程中培養出第二語言能力，且最終的學習目標是能將所學到的第二語言技巧轉移至其它以該語言授課的學科：

> The focus for students is on acquiring information via the second language and, in the process, developing their academic language skills. Ultimately, the goal is to enable students to transfer these skills to other academic courses given in their second language. (Brinton et al., 1989, p. 2)

在 Brinton, et al. (1989) 所提出的三種 CBI 模式中，即 theme-based language instruction, sheltered content instruction 與 adjunct language instruction，又以第一種「主題式語言教學」較合乎我們的教學情境與本校學生的需求。主要原因是此線上課程的授課教師是語言教學專家，而非學科知識教師。下列 Brinton, et al. 對主題式語言教學的闡述十分恰當地描述了我們的課程設計原則。簡言之，整個課程將環繞一個中心主題，這個主題再進一步細分為子題。要研發這樣的教材，如這些學者點出，需要大量的協調，然而優點是由於與此主題相關的字彙與概念於教材中不斷出現，隨著課程進行，學習者在這類議題上的意見表達流利度自然會提升。Brinton, et al. 把這項優點稱作「額外益處」（additional payoff），但對我們來說，它卻是我們核心目標之一。

> Another type of topic-based curriculum might involve organizing the curriculum for an entire course around one major topic (e.g., marketing) which is then further subdivided into more specialized topics (e.g., product development, advertising strategies, consumer behavior). This type of approach requires a larger amount of coordination in terms of materials adaptation and development, but it may have an additional "payoff" in that as topic-related vocabulary and concepts are continuously recycled through the various materials, students become increasingly able to communicate their ideas on these topics fluently. (Brinton et al., 1989, p. 15)

確認這個大方向之後，我們的首要任務即是決定此課程的主題。為配合「多元文化語境之英文學習革新課程計畫」的中心目標，我們便由多元文化開始發想什麼樣的主題不但能配合我們現行的大一英文實體課程，將來又有獨立開課的潛力，最後決定將本課程的內容訂為跨文化溝通。

至於預定的授課方式，雖然 MOOCs (Massive Open Online Courses) 近年蔚為風潮，但有鑑於 MOOCs 的高註冊率與低修課完成率，我們將本課程規劃成小規模私人線上課程（Small Private Online Courses, SPOCs），並配合目前大一英文實體課程進行，由教師在學生尚未習得自學能力及具備足夠學習動機時引導學生學習。

三、課程結構與內容

Introduction to Cross-cultural Communication 共含六個單元，授課影片語言難度設定為本校大一學生程度，約為歐洲共同語言參考標準（Common European Framework of Reference for Languages；CEFR）C1 程度。但課程中提供的補充學習資源則皆為母語人士真實語料。內容分量為六週課程，每週 4 至 6 小時學習時數。主要教學目標為培養理解、分析及使用英語表達跨文化溝通理論與議題的能力，並藉此省思自身文化。課程簡介如下：

Introduction to Cross-cultural Communication aims to enhance your understanding of interactions between people of different cultures. In this course, you will learn about a well-known cross-cultural theory and how it is relevant to cross-cultural communication. You will also explore a number of key topics in cross-cultural communication. Each unit consists of a video lecture, checkpoint quizzes, discussion activities, and learning resources. After completing the course, you will be able to:

‒ explain the theory and issues in both oral and written forms;

‒ understand and analyze cultural differences;

‒ identify potential misunderstandings or conflicts in cross-cultural situations;

‒ develop strategies to cope with cross-cultural misunderstandings or conflicts;

‒ gain a better understanding of your own culture.

各單元的標題分別為：（1）Hofstede's cultural dimensions，（2）Stereotypes，（3）Education，（4）Politically correct language，（5）Nonverbal communication 與（6）Globalization 。第一單元簡介一個跨文化理論，

目的是要讓學生對跨文化溝通先有個大致理論背景，以幫助他們在後幾個單元可以用跨文化領域專業的詞語來描述、分析、與討論相關議題。我們選擇的理論是荷蘭社會心理學家 Geert Hofstede 的 cultural dimensions theory。必須在此強調的是我們選擇了這個理論並不意味著在所有跨文化理論中，我們對它最認同。而是在考量過我們的目標學習者，與我們的教學目標後，我們決定它最合適。首先，它在國際溝通與企業關係領域廣為人知，而這些領域與本校學生學科領域較為接近，對我們的學生較有實質上的用處。其次，此理論比較國家文化（national culture），在現今社會中不免受到質疑，然而，這正好提供了良好的討論素材，因為質疑精神與辯論正是我們想幫學生培養的學術能力之一。此外，這個理論的特點是它經大規模調查後對各個國家的文化特質於數個面向提出量化的分數，這些具體的數字讓我們能較容易地去觸發學生對抽象文化特質進行比較與討論。當然，要特別注意的是，如同此理論一再強調的，它所提供的文化特質比較得分皆是相對性的（relative），若不是在比較的情況下，這些分數完全沒意義（can be only used meaningfully by comparison），這亦是一般人容易誤解，而在教學上教師們需要提醒學生的地方。第 2 至 5 單元則是每單元介紹一個跨文化溝通議題。這些單元在內容及語言上皆無深淺順序之分，學生可依任何順序學習這些單元。最後一個單元帶入現今跨文化世界的兩個重要概念：全球化與在地化，目的是要學生嘗試由這兩個觀點重新審視本課程中提到的議題。各單元所含的教材與學習活動如圖 2 所列。每個單元皆有教學影片、測驗、討論問題與學習資源。以下逐項說明。

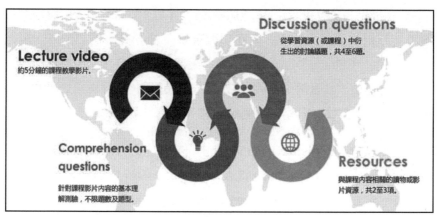

圖 2　各單元學習活動

教學影片（Lecture video）

　　每單元有一個五至十分鐘的自製簡短教學影片。此教學影片的主要目的是簡介該單元主題，引發學習動機，並提供學生學習該議題的一個起點（point of departure）。如此設計是為搭配影片之後的「討論問題」與「學習資源」（如下介紹），以引導學生自己學習這些細節，深入了解該議題。

測驗（Checkpoint quiz）

　　每單元有一至兩個簡單測驗，目的是檢視學生是否理解影片內容。原設計中，測驗種類含選擇、是非與配合題，但由於學校所提供平臺的功能限制，目前測驗種類暫時以選擇題方式呈現。

討論問題（Discussion questions）

　　每單元含四至五個開放式討論問題，問題分成兩類，一是針對教學影片中議題做討論，二是由學習資源（見下一個項目）中衍生。不論是哪一類問題，問題的設計皆遵循兩項原則：（1）問題須能引發學習者運用其分析及思考力，（2）問題須與現實生活相關。例如，第一單元（Hofstede's Cultural Dimensions）的一個討論問題要求學生使用所學到的跨文化理論比較臺灣、美國和法國的文化差異，並分析在臺灣的美國和法國留學生誰比較容易碰到適應困難。

> Currently, the highest numbers of foreign students in Taiwan, aside from Asia, come from the U.S.A. and France. Use #1.2 in the Resources section to compare how Taiwan, the U.S.A., and France score on the Hofstede Dimensions. Who do you think is more likely to encounter greater difficulty while studying in Taiwan, an American student or a French student? (Unit 1, Discussion and Resources)

另一個例子是第二單元（Stereotypes）的一個討論問題，我們要求學生先觀看影片以了解美國前任及現任總統對女性的觀點，然後推論他們兩人對男性可能持有的看法。

> Do you know how Barack Obama and Donald Trump see women? Watch #2 in the Resources section to find out. Based on their views of women, how do you think they might see men? (Unit 1, Discussion and Resources)

明顯地，這兩個問題皆與學生生活或時事有密切關係。臺灣目前西方外籍生來源國，排除掉亞洲國家，最主要就是美國與法國，本校外籍生人數眾多，學生每日與他們擦肩而過，自然會對他們產生好奇。而川普現象亦無疑是目前與未來幾年內的世界新聞焦點。

學習資源（Resources）

接在討論問題之後的是 2 至 4 項學習資源，這些資源皆來自外部網站，含影片或文字類資源，皆是真實（authentic）語料，因此對學生有挑戰性。使用真實性教材亦是 CBI 的核心重點之一。每單元中我們提供的資源依目的可分成兩類：第一類是幫助學生了解該單元議題的教材；第二類是針對該單元內容所設計的討論活動所需的教材。

必須強調的是，雖然我們在每單元做這樣相同順序的編排，我們認為在使用上可以很有彈性，不一定要照相同的順序來進行。由本課程第一次實施結果可發現，本中心教師使用此課程的方式十分多樣化。

四、課程實施

這個部分將介紹本校於 105 學年度上學期首次實施此線上課程前三單元的方式與結果。為尋求線上課程與大一英文實體課程搭配的較佳方式，本課程在此次實施時提供兩種搭配方式讓老師們依其教學信念與課室實際狀況選擇使用：「線上課程外加模式」及「線上與實體課程混合模式」（圖 3）。前者指的是線上課程與大一英文實體課程同時平行進行，線上課程部分主要由學生自學，原則上不占用實體課程時間，教師介入亦較少。後者則是教師於大一英文實體課程中撥出約三週時間進行與線上課程相關的教學活動，此種方式教師介入較多。此外，該學年度適逢本校開始實施新制課程精實方案，其中一項規定為教師可將學期面授週數由 18 週縮短至至少 15 週，並以其它方式（如線上課程）做為不面授時的學生學習教材。因此，我們也提供了老師這項選擇，即老師們可申請最多三週不面授，完全以線上方式教授此線上課程。但為與外加模式做區別，本中心規定申請不面授的老師必須提供其它形式的教師參與（teacher presence）以取代不面授，如與學生線上討論等。全部 21 位教師中，共有四位老師選擇使用這個方式教授線上課程。

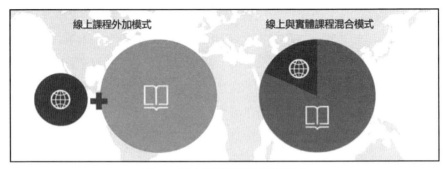

圖 3　線上課程預定實施方式

　　為了解實施結果，我們使用三項工具「教學經驗及反思問卷」（附錄1）、「文化覺識量表」（見本書第11章）及「線上課程意見調查表」（附錄2）蒐集師生們對課程的意見。「教學經驗及反思問卷」於所有課程結束後請老師們填寫，問卷請老師：（1）簡述使用時點、方式與心得，（2）勾選指派作業類型，選項含個人口頭報告、小組口頭報告、個人寫作、小組寫作，個人線上貼文、小組線上貼文、及其它。問卷發給所有老師21位，有20位繳交（編號TR1-TR20），回收率95%。「文化覺識量表」採用趙子嘉老師為臺灣情境設計的跨文化溝通能力評估量表，我們於使用量表前一年對該年大一學生部分班級做了預試，並依測試結果稍做了修改。修改後內容共29題，測五個構念：跨文化溝通相關知識（8題）、跨文化互動情意傾向（6題）、跨文化互動時的自我勝任感（3題）、跨文化溝通行為與表現能力（7題）、與跨文化敏銳感的呈現（5題）。於正式實施該學期初與末對學生施行前後測，前後測皆完整作答的問卷共計1,410份。「線上課程意見調查表」則是一份開放式學生問卷，主要是問學生是否覺得本課程對學習跨文化溝通相關議題有幫助，老師們亦可針對各班狀況自行修改這份問卷。這份問卷的用意是要提供老師們了解學生反應的一個管道，並給老師們填寫「教學經驗及反思問卷」時做參考，並不用在目前這份分析報告中。唯一例外是筆者班上的調查表，筆者客製化後的調查表請學生使用五分量表對各單元內容及我的實施方式做評估及開放式回應（詳細項目請見圖5），共有76位學生完成調查表（編號 SW1-SW38、SF1-SF38；SW 與 SF 為班級代號）。

我們對文化覺識量表前後測填答結果進行成對樣本平均數檢定，以了解經過一個學期的課程後，學生的文化覺識是否有所提升。其它問卷及調查表所蒐集到的量化資料我們進行描述統計，質化資料則是透過反覆細讀、比較資料的分析方式讓重要主題顯現。以下分三部分說明分析結果：教學模式，學習成果，及課程內容檢討。

教學模式

透過分析教師於問卷中對其實施方式的開放性敘述，我們發現教師們採用的教學方式無法用外加模式和混合模式的簡單二分法來明確劃分。而較適當的分類方式是使用教師介入（或學生自學）程度來區分實際發生的教學模式。若將教師介入程度看成一條連續線（continuum）（圖4），兩個極端分別為完全不介入與完全介入，個別教師實施線上課程的模式則有無限可能的落點。如圖4所示，箭頭表示教師介入程度，顏色越深表示教師介入程度越高。最左邊教師不介入的實施方式可稱為「自學模式」，最右邊教師介入程度最高的情況可以形容為「教師指導模式」。介於中間的則是不同的自學與教師指導比例搭配出來的各種模式，大致可歸類為「翻轉模式」。此次實施，除了四位選擇不面授老師之外，16位老師中，有七位採取翻轉模式，五位的教法偏向教師指導模式，其他四位選擇以偏向學生自學模式進行此課程。以下對這些模式做進一步說明。

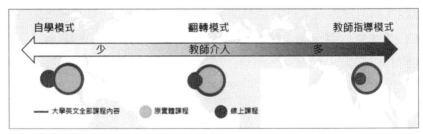

圖4　線上課程與實體課程實際搭配方式

翻轉模式

　　進行翻轉教學的老師們要求學生課前自學的程度不同，從要求學生上實體課前必須至少已看完線上課程教學影片，到要求學生必須已看完影片、做完測驗、並將指定的討論問題的答案在線上發表或帶來課堂上討論的都有。這些老師實體課的教學活動則可能有教師帶領討論、口頭報告、小組討論、討論後的小組口頭或書面報告。老師們亦會指派課後小組或個人寫作作業或發表線上回應。大部分老師皆是直接使用線上教材中的討論問題與學習資源做為課中討論或課後作業題目，但也有少數老師（如：TR6、TR7、TR12）讓學生自行決定以該單元主題相關的題目做報告。另外，有些老師（如：TR5、TR7、TR8、TR19）原先實體課程使用的教科書正好與線上課程某單元主題可搭配，他們便將兩份教材融合在一起教授。

　　實施這種翻轉教學模式的老師們提到學生對能與課堂相關議題結合，與能在課前用自己喜歡的速度學習有正面反應：

　　學生對這樣的線上課程基本上是正面而肯定的。除了可以綜觀跨文化溝通，亦能將之運用於課堂相關議題討論，並能經由爭議性議題，結合時事探討，和同學一起精進語言能力。（TR7）

　　Students were rather happy with the chance to watch these units before coming to class for they could prepare themselves better for discussion questions. They could also choose what they are more interested in to read or to watch videos on their own in order to understand the topic more comprehensively.（TR2）

不可避免的，這種教學方式需要學生們課前配合自學才能發揮其最有效功能，例如，有老師便提到學生對她使用的翻轉方式——課前自學，課中與老師進行面對面小組討論——反應良好，但有位學生表示：「有同學沒看影片以致討論 delay 有些可惜」（TR1）。

教師指導模式

採取教師指導模式的老師將線上課程內容視為一般實體課程會使用到的電子化教材，並於課堂中安排約三週時間教授這些教材。老師們於上課中播放教學影片給學生觀看，且播放前後會進行相關學習活動。有的老師也會在課堂上用線上測驗題目檢視學生是否了解影片內容。課中活動與課後作業類型與上一類翻轉教室的課堂活動類似。使用這種模式的五位老師中，有一位提到學生覺得此上課方式「適合且有趣，幾乎都是正面評價。因為利用上課時討論，學生參與度也高，有問題時也可以即時討論」（TR5），然而，這位老師也補充說明下一次實施時她傾向於改成上述翻轉模式，因為：「可以節省影片觀賞和測驗的時間，增長討論的時間以提供更多範例、並做更有深度的討論。」

自學模式

實施自學模式的老師原則上都是讓學生於課後自行學習所有線上課程內容，雖然大部分老師會撥一點上課時間跟學生提點課程內容重點，讓學生提問，或讓學生發表學習感想，這些老師的實施方式的共同特點與翻轉模式相比之下，線上課程占用很少課堂上課時間，且在這些時間裡，他們的重點在於協助學生解決學習上的問題，而非進行課程內容的討論。這裡使用筆者的教學策略做例子來說明這個模式的進行。我的學生每個月課後自學一個單元，完成線上測驗，並繳交一篇個人寫作作業。作業中，學生須回應討論問題中我規定的必答題及他們的自選題。繳交作業當天，我僅花五至十分鐘課堂時間讓學生做同儕紙筆回饋。作業先由一位芬蘭籍助教給予跨文化知識方面的回饋，再交由我批改。助教並撰寫他對必答題的回應給學生做參考。發還作業當天，我透過分析學生範文的方式指點學生下一單元的學習方向，時間亦不超出十分鐘。此方式大致延續我前一學年度的文化教案實施方法（見本書第 4 章）。

　　課程結束後，學生於先前提到的「線上課程意見調查表」中對各單元內容與我的實施模式做回應。在我的實施模式方面，我請學生用五分量表對五個面向做回應：（1）自學，（2）寫作作業設計，（3）互評，（4）讀同儕範文，和（5）讀助教範文。如圖 5 所示，學生對寫作作業設計、同儕範文、助教範文賞析評價較高，分別為 4.21、4.20、4.20分。而得分相對稍低，但仍超過 4 分的是自學和互評，兩項都是 4.08分。學生對寫作的正面回應符合我的教學目標。至於自學的相對性低分原因有可能是大一學生過去此方面經驗較少，習慣依賴老師。我不認為這代表自學模式不適合此線上課程實施方式。相反的，我認為自學項目得分超過 4 分表示大部分學生願意嘗試這個學習模式。至於互評，此次實施中，我僅要求學生對同儕觀點做回應，目的是要讓每份作品除了教師與助教之外，多一位讀者，藉此提高寫作動機。然而，由於部分學生的回應簡短，深度不足，可能因此導致學生們覺得互評對學習的益處較小。若教師們要提升互評的成效，可以在這方面加強教師介入程度。

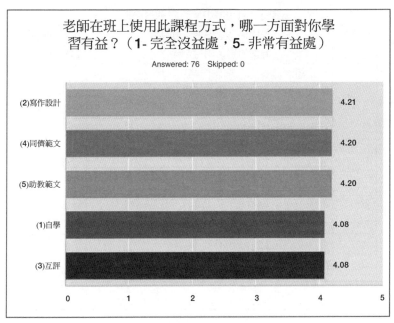

圖 5　自學班級問卷填答結果

不面授模式

上述三種模式皆屬於教學方法，而這裡要說明的不面授模式並不是一種教學方法，而僅是一個呈現教學方法的不同管道（delivery method）。表 1 說明四位選擇不面授老師的線上課程安排。

表 1　不面授模式之教學內容

教師	無面授週數	無面授週之學習活動種類 （除觀看影片與做測驗之外）	教師回應學生作業 或貼文之互動平臺
TR8	3	■ 小組討論並完成寫作作業 ■ 回應教師製作的文化知識問卷 ■ 回應教師提問學習單 ■ 製作投影片並錄音	Moodle 數位教學平臺
TR11	2	■ 小組討論並完成（兩週後面授時之）小組口頭報告 ■ 小組面對面跟教師諮詢報告內容	Face-to-face consultation; email
TR16	3	■ 與教學影片相關的心得貼文或回應同學貼文 ■ 張貼隔週（面授時）小組報告的內容大意	Moodle 數位教學平臺
TR17	3	■ 小組討論並完成寫作作業 ■ 個人書面心得 ■ 觀看教師上傳 Facebook 的影片並回應教師提問	Facebook

　　四位老師中，有三位的教學方式（TR8、TR16、TR17）與翻轉模式類似，差別僅在於師生與同儕互動變成了線上文字互動。這個實施方式的優缺點，如老師們的教學反思顯示，皆跟線上教學與面對面教學本身的差別有關，而與此線上課程內容較不相關。例如，有位老師就觀察到「學生較有機會能互相觀摩其他人的作業」與「平常較內向的同學，較敢主動參與線上的討論內容」（TR17）。然而，非即時的互動也造成某些學生拖到截止時間前才貼文，以至於討論無法達到教師預期的深度（TR16）。此外，由於教師們必須回應學生的問題，導致工作量反而比面授重。而另一位老師（TR11）的實施模式則較接近自學，只是跟自學模式不同的是，這位教師使用面對面諮詢時間取代面授，並撥了課堂時間讓學生做報告以檢視學習成果。

學習成果

　　學生的學習成果將由兩方面來說明：學生的文化覺識是否有提升，

與學生有何學習產出。首先，對文化覺識量表前測與後測整體差異的平均數 T 檢定顯示，1,410 個樣本前後測的變化有達到顯著提升的現象（p<.0001）。進一步的統計分析則是發現在所測試的五個構念中，有四個構念（跨文化溝通相關知識、跨文化互動時的自我勝任感、跨文化溝通行為與表現能力、與跨文化敏銳感的呈現）的得分有顯著增加（p<.0001），其中並以跨文化溝通相關知識的成長幅度最大，而唯一未達到顯著提升的構念是跨文化互動情意傾向。由於本次實施並未控制教師們於其大一英文實體課程的其它教學內容，老師們原先的實體課程可能已有文化相關教學活動。因此，此結果並不能證明線上課程是學生文化覺識提升的唯一原因，然而它應可以說是促進得分的重要因素之一。

至於學生的學習產出，則是可以由教師問卷中的指派作業類型填答結果看出。學習產出種類依有勾選到該類型的教師人數，由高至低依序為：口頭報告（15 位），寫作（14 位），與線上貼文（9 位）。半數的老師使用到其中兩類，約三分之一老師要求學生做單一類型作業，少數老師三種類型皆使用到。若進一步以個人或小組作業來區分，如圖 6 所示，最多老師（13 位）指派分組口頭報告，其次是個人寫作作業（11位），最少老師（4 位）要求學生分組至線上貼文。

使用多種類型作業活動的一位老師提到這個教學策略可以提升學習興趣，且整合聽說讀寫技能訓練的活動最能增進學習成效：「學生會透過觀察和閱讀文字來學習寫作，也會透過模仿聽到的學習口說。換言之，這說明了各種語言技巧之間的相互作用，可以相互加強。」（TR7）。另一位老師強調她認為應該透過個人與小組學習活動達成多元績效責任與評量的重要性："it was also important to have different types of accountability and assessment through individual and group work"（TR8）。

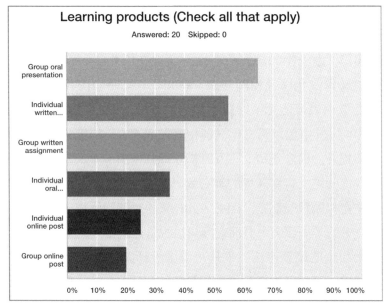

圖 6　學習產出類型

在另一方面，僅使用單一類作業的老師們（如：TR1、TR3）則是解釋他們的選擇主要是因為他們已於實體課程中指派了其它類型的作業。例如，在線上課程中，筆者要求學生做的作業皆為寫作，我如此設計的原因有二：一是我的大一英文課程於語言技能方面重聽與說，此線上課程正好可以用來提供學生較多的寫作機會。二是我認為此線上課程內容適合用來訓練高階思考力（higher-order thinking skills），而寫作允許學生較長時間思考、蒐集資料及整理想法，可以幫助我達到這個目的。

簡言之，老師們實施線上課程的方式明顯受到其原有大一英文課程內容影響，但共通點是他們的所有教學選擇皆是基於本身的教學理念與目標。

課程內容檢討

最後，筆者將引用師生們於問卷中提供的開放式意見對課程內容做一個簡短的討論。整體來說，老師與學生皆認為在大一英文課程中加入文化議題讓整個課程更豐富。有幾位老師提到本教材能幫他們訓練學生思考。例如：「線上課程提供豐富的討論問題和延伸網站，可有效培訓學生的觀察與邏輯力，並養成批判性思考，重視多元文化，消弭文化衝突的誤解」（TR7）。也有老師指出單元內各活動的強相關性是本課程一大優點：「每個單元的影片、小考、討論作業、及延伸的教學資源都環環相扣，這是讓我很喜歡這個課程的一個重點」（TR17）。亦值得一提的是，此教材尤其能讓外籍師生產生共鳴。例如，有位美籍教師分享了她的切身感受與她所觀察到班上來自不同文化的學生之間的積極互動：

I, personally, realized how important the lessons were, especially regarding stereotypes. I felt I was in a special position, as the American in the classroom, to share my experiences in Taiwan and other countries. It was especially interesting for students in classes with international students. One pair, a student from Japan and one from Taiwan, really dove into the issues and expressed a new appreciation for cross cultural communication. (TR8)

在學生反應方面，以下為幾則教師們對學生回饋的摘要敘述，如老師們所說，大多為正面回饋：

- 線上課程內容簡單明瞭，加上給予學生看待複雜社會現象的理論框架，學生多半覺得自學有所收穫，是導入自學很好的共同教材。（TR1）
- 課程的設計很豐富，mini-lecture 獲學生一致好評，小考部分可以檢驗學生對內容的了解，討論問題可以深化學生對議題的反思，resources 讓有興趣的同學更深入去探索。（TR4）

- 幾乎所有的學生都反映頁面操作簡單明瞭，影片要傳達的內容與主題也很清楚。影片設計的方法和之後的測驗也很適合學生在家自學。（TR18）

筆者班上學生於線上課程意見調查表中亦對此教材的學習價值表示肯定：

- 會有興趣去找更多資料去了解。（SW32）
- 畢竟是新知識，而且我也有興趣，幫助也甚大，可以思考人與人交際的一些現象。（SF37）
- 介紹了很多造成文化差異的因素，也讓我們不斷反思如何說話。（SF36）
- 有些議題並不是平時我自己會主動注意或關注的，藉由這些單元，即不會太占時間又能有初步了解，更能針對自己有興趣的部分深入了解，真的很不錯。（SW13）

即使如此，教師與學生反應仍顯示本課程有兩處可改進的地方。一是幾位老師（如：TR1、TR3、TR6）觀察到學生對第一單元理論的理解不夠透澈。例如：

我發現學生對於第一單元的理解比較不完整，因為第一單元的內容涉及學生較陌生的理論，所以事實上需要在課堂上花更多時間說明、講解和討論，讓學生確實了解每一個文化面相所代表的意義，以及如何可以應用在對不同文化現象的分析和比較。（TR6）

也有師生提到這個單元較為籠統（TR3、TR13、TR14），或學生覺得希望這單元中每個文化向度（dimension）都能多舉幾個實例幫助他們了解（TR17）。另一點可改進處是教師們表示少數學生覺得對某些跨文化議題——尤其是第三單元的教育議題——已很熟悉，因此那些部分對他們幫助較小（TR6、TR9、TR14、TR18）。這一點的確也出現在筆者班上學生的回應中，有學生解釋：第三單元「講得比較淺」（SF21）、「臺灣的教育正朝國外型態發展，所以沒太大差別」（SW11）。

關於理論章節的內容可能細節不足的這一點，線上課程委員會在製作過程中已深入討論過。由於 Hofstede 的理論對大部分學生是完全陌生的新知識，且有些文化向度較抽象，我們花了很多時間討論該在同一章或分章講述這個理論，也考慮過是否該捨棄較不重要的文化向度。然而，衡量各種選擇的優缺點之後，小組決定以目前方式呈現，並將各文化向度的詳細文字解說及參考資料置於學習資源中讓學生自行學習。於學期開始之前，我們也提醒授課老師們這個章節的內容難度比其它章節高。然而，有鑑於上述師生對此章節的反應，筆者建議未來可以考慮將本單元延長為兩週的課程，並且增加學習教材。

至於某些單元教學影片內容可能稍淺的問題，則是顯示了課程製作小組未來必須加強課程實施前與老師們的溝通。如上文介紹教學影片時所述，教學影片應被視為學習該議題的引言（orientation），而非傳統課程中的講課內容。事實上，此次實施已有老師感受到這一點，例如，有老師（TR12）推測教學影片可能因受限於長度，無法提供較深的內容，另一位則是認為影片的功能比較像個「楔子」（TR13）。未來，我們將考慮將此教學設計明白寫入課程介紹文字，或將教學影片的標題從 lecture video 改成較能反映影片性質的名稱以免造成誤解。另外，對於學生覺得第三單元主題較熟悉因此收穫相對較小這一點，據筆者從班上學生的作業發現，雖然教育文化差異對大部分學生可能不是新知識，但學生們的知識大多停留在對差異表象的了解，他們分析這些差異及其影響的能力仍有很大的改善空間。筆者認為用學生熟悉的現象來做為啟發他們的批判性思考的主題是適當的，但本課程製作小組將會繼續研究提升此單元對學生具挑戰性的方式，例如增加較具爭議性的影片或其它文化觀點等。我們也會在所有單元皆完成後，重新審視是否有調整各單元順序的必要。

五、結語

　　本章簡述了本中心如何在「多元文化語境之英文學習革新課程計畫」之下製作並實施線上課程 Introduction to Cross-cultural Communication。基於「主題式語言教學」理念，此課程旨於幫助學習者對幾個跨文化議題有入門的認識，並於過程中精進其英語語言技能。本課程前三單元第一次於本校所有大一班級實施的結果發現：老師與學生們對此課程大多持正面評價，且學生們的文化覺識有明顯提升。此外，教師們採用的教學策略以翻轉模式稍多。但由於各模式的實施細節並不完全相同，且各班原大一英文實體課程內容亦有不少差異，我們無法透過此次實施比較哪一種教學模式最佳。然而，重要的是，老師們的教學反思提供了彼此未來欲嘗試其它教學模式的寶貴參考意見，且此次實施也指點了我們改進課程的方向。本中心將在人力與經費許可下，於後續課程發展中尋求最適合的解決方式，以提升這門線上課程的品質。

參考文獻

Brinton, D. M., Snow, M. A., & Wesche, M. B. (1989). *Content-based second language instruction*. New York: Newbury House.

Richards, J. C. (2015). *Key issues in language teaching*. Cambridge: Cambridge University Press.

附錄 1

教學經驗及反思問卷

Teaching Unit 1~Unit 3 of "Introduction to Cross-cultural Communication" – Teacher Experiences and Reflections
線上《跨文化溝通課程》使用 – 我的經驗與反思

老師姓名

- Timing 時點 & Procedures 使用方式
- Advantages (and disadvantages) of not having face-to-face class meetings 無面授之優缺點
  （Only teachers who didn't hold face-to-face class meetings during those weeks need to answer this question. 此題僅有實施無面授的老師需填寫）
- Learning outcomes (Choose all that apply) 學習成果（可複選）可複製■符號填入

Outcome type	Individual or group work	Quantity (How many times were students required to generate the product?)
□ Oral presentation	□ Individual □ Group	
□ Written assignment	□ Individual □ Group	
□ Online text discussion	□ Individual □ Group	
□ Others (Please specify)	□ Individual □ Group	

- My reflections 使用心得
  （i.e., self-evaluation of your teaching practice, observation of student responses to the activities, possible modifications for future implementations, suggestions for improving the design of the online course 可包含對此次教學的檢討，對學生參與此活動的觀察，未來教其它三個單元可能做的教學改變，對本線上課程內容及設計的建議等）

附錄 2

線上課程意見調查表

「磨課師」線上課程使用意見調查表

說明：
經過了本學期的「磨課師」線上課程學習，我們想請問您對此線上課程的感想，以下的問題請自由填答，完全不具名。您的寶貴建議將會提供我們修正此課程的未來方向。

1. 整體來說，你覺得此線上課程幫助你初步瞭解了「跨文化溝通」的相關議題嗎？為什麼？

2. 每個單元的課程內容均包括簡短演講（mini-lecture）、測驗（quiz）、問題討論（discussion）及延伸資源（resources），請問你覺得哪一（幾）部分你受益最多？為什麼？

3. 你覺得這個線上課程的頁面設計很容易操作與使用嗎？有那些需要改進的地方？

（各位老師歡迎自行增加其它想問的問題）

非常感謝您的填答！